Vladimir Ze'ev Jabotinsky
Die jüdische Kriegsfront

Vladimir Ze'ev Jabotinsky

Die jüdische Kriegsfront

Aus dem Englischen
übersetzt von Lars Fischer

Herausgegeben von
Renate Göllner,
Anselm Meyer und
Gerhard Scheit

Günterstalstr. 37   www.ca-ira.net
79102 Freiburg   info@ca-ira.net

Umschlag und Gestaltung: Till Gathmann, Berlin
Satz: Philip Zahner, Wien
Druck: CPI buch bücher.de GmbH, Birkach

ISBN 978-3-86259-173-2

Die Deutsche Bibliothek verzeichnet diese Publikation in der Deutschen Nationalbibliografie; detaillierte bibliografische Daten sind im Internet über www.dnb.d-nb.de abrufbar.

Dank Für Druckkostenzuschüsse wollen wir uns bei der *Fakultätsvertretung Geisteswissenschaften* und der *Studienvertretung Politikwissenschaft* der Universität Wien bedanken. Besonderer Dank gilt außerdem Johannes Fiebich für seine tatkräftige Unterstützung beim Lektorat.

Die englischsprachige Originalausgabe des Buches erschien 1940 in Lodon unter dem Titel *The Jewish War Front* bei George Allen and Unwin Ltd. Im Jahr 1942 erschien die zweite Auflage unter dem Titel *The War and the Jew* in New York bei The Dial Press, Burton C. Hoffmann.

Inhalt

Vorbemerkung der Herausgeber

Das vorliegende Buch von Vladimir Ze'ev Jabotinsky erschien 1940 in London unter dem Titel *The Jewish War Front* bei George Allen and Unwin Ltd., 1942 in zweiter Auflage unter dem Titel *The War and the Jew* in New York bei The Dial Press, Burton C. Hoffman.[1] Es handelt sich um die letzte und posthum publizierte Schrift Jabotinskys, der am 4. August 1940 in New York verstorben war.

Die besondere historische Situation, in der Jabotinsky dieses Buch in kürzester Zeit, zwischen Januar und Februar 1940, niederschrieb, ist zuallererst hervorzuheben. Wie vielleicht in keinem anderen seiner politischen Texte – von den literarischen ganz abgesehen – überwiegen in diesem Buch, das ganz dem Imperativ gehorcht, möglichst viele Juden in Europa zu retten, strategische und taktische Momente in Sprache und Begrifflichkeit. Umso bemerkenswerter aber die konkreten Einsichten, die es zugleich in die Zusammenhänge von ökonomischer beziehungsweise politischer Entwicklung und der jeweiligen Bedrohung durch den Antisemitismus zu eröffnen vermag. Der neue, im September 1939 begonnene Krieg wird dabei noch weitgehend in den Dimensionen des Ersten Weltkriegs betrachtet, und danach werden auch die Möglichkeiten der Zionisten beurteilt, auf der Seite der Alliierten einzugreifen, an die sich das Buch vor allem richtet. Jabotinsky dokumentiert zwar bereits die ersten Aktionen zur massenhaften Ermordung der Juden in Polen und spricht von der »systematischen Vernichtung der Juden« in den »besetzten Gebieten«, sich aber vorzustellen, dass sie und die

1 Die Übersetzung folgt – abgesehen vom Titel – der zweiten Auflage. Diese enthielt ein Vorwort von Pierre van Paassen (*As I remember him*), das im Folgenden nicht übernommen wurde. Aus der Ausgabe von 1940 wurde indessen das 9. Kapitel, betitelt *Russisches Intermezzo*, das Jabotinskys Einschätzung der Sowjetunion enthält, wieder eingefügt. In der Ausgabe von 1942 hatte man es durch die gekürzte Fassung eines Anfang 1940 an die britische Regierung übermittelten Memorandums ersetzt. Dieser Text des Memorandums findet sich hier als zweite Version des 9. Kapitels abgedruckt. Soweit nicht anders angegeben, stammen die Anmerkungen in den Fußnoten von den Herausgebern.

stattfindenden Deportationen schließlich nur den Anfang der totalen Vernichtung darstellen sollten, ist selbst ihm nicht möglich. Als Konsequenz der Niederlage Hitlerdeutschlands, die er mit Gewissheit erwartet, sieht er Millionen polnischer Juden in Gefahr, die den Krieg an den Orten der Deportation überleben würden, danach aber erneut und umso mehr der antisemitischen Verfolgung ausgesetzt wären – so wie es die wenigen Überlebenden nach dem Zweiten Weltkrieg dann wirklich waren. Während also Jabotinsky 1940 noch den Plan einer großangelegten ›Evakuierung‹ von mehreren Millionen überlebender Juden nach Palästina entworfen hatte, konnte die Untergrundbewegung *Bricha* ab 1944 die Fluchthilfe nur noch für einige Hunderttausende organisieren.

Die Initiative zu dieser deutschen Erstausgabe ging 2018 von Joachim Bruhn aus, der mit seinen Arbeiten und Vorträgen über die *Einsamkeit Theodor Herzls* neue Voraussetzungen zur Bekämpfung des Antizionismus geschaffen hat.[2] Seinem Andenken – er starb am 28. Februar 2019 – sei diese Publikation gewidmet.

Unser Dank gilt dem Jabotinsky Institute in Israel, das uns mit Rat und Tat unterstützt hat.

2 Siehe zum Beispiel Joachim Bruhn: Die Einsamkeit Theodor Herzls. Der Hass auf Israel und die Arbeit der materialistischen Staatskritik. In: sans phrase 16/2020; Ders.: Die Logik des Antisemitismus. Die ökonomische/soziologische Reduktion des Wertbegriffs und ihre Folgen. In: sans phrase 17/21.

Teil 1 Ist es ein Kriegsziel?

1. Kapitel Zur Einführung

Als der gegenwärtige Krieg begann, unterzeichnete der Autor dieses Buchs einen Aufruf an die Juden, in dem es unter anderem hieß:

> »Ein brutaler Feind bedroht Polen, das Land, das seit bald einem Jahrtausend das Herzstück der jüdischen Diaspora bildet. Dem Land und der polnischen Nation treu verbunden, leben dort mehr als drei Millionen Juden.
>
> Frankreich, das aller Welt als das Vaterland der Freiheit gilt, sieht sich der gleichen Gefahr gegenüber.
>
> England hat beschlossen, sich diesen Kampf zu eigen zu machen. Auch, wenn dies sich jüngst geändert hat, sollten wir Juden nicht vergessen, dass England in Zion zwanzig Jahre lang unser Partner war.
>
> Die jüdische Nation sollte daher an allen Fronten stehen, an denen diese Länder für die Grundwerte jener Gesellschaften kämpfen, deren Magna Charta unsere Bibel ist.«

Seitdem sind fünf Monate vergangen, und es deutet nichts darauf hin, dass man das jüdische Volk als Alliierten zu behandeln oder die Not des jüdischen Volks als eines jener Anliegen anzuerkennen beabsichtigt, um derentwillen die Alliierten diesen Krieg führen.

In seltener Einmütigkeit hat die jüdische Nationalbewegung in all ihren Schattierungen um die Bildung jüdischer Einheiten für den aktiven Dienst an sämtlichen Fronten nachgesucht. Für die Erfüllung dieser Forderung gibt es einen auf der Hand liegenden Präzedenzfall: Im Jahr 1917 wurde ein »Judäisches« Infanterieregiment (die 38. bis 41. Königlichen Füsiliere) gebildet, das sich im Rahmen der Palästinakampagne Allenbys bewährte.[1] Zuvor war bereits eine jüdische Transporteinheit, das Zion Maultierkorps, in Gallipoli im Einsatz. Diesmal aber ging es darum, nicht nur im Osten, sondern überall zu kämpfen, wo es erforderlich sein könnte. Die einzige

1 Siehe Wladimir Jabotinsky: Die jüdische Legion im Weltkrieg. Berlin 1930.

Vorbedingung bestand darin, dass man die Juden als Juden kämpfen lassen sollte. In den Annalen dieses Kriegs sollte dereinst verzeichnet werden, dass die Juden eines der Völker waren, die für die gemeinsame gute Sache kämpften.

Bislang sind diese Forderungen zurückgewiesen worden. Gleichzeitig wird eine polnische Armee aufgestellt, tschechoslowakische Truppen werden rekrutiert und jüdischen Emigranten aus Polen und der Tschechoslowakei wird geraten, ja, zum Teil werden sie geradezu gedrängt, sich diesen Formationen anzuschließen, und dies, obwohl eine brüderliche Behandlung der jüdischen Rekruten in manchen dieser Einheiten durchaus nicht garantiert werden kann. Dies kommt einer doppelten Demütigung gleich. Einerseits wird anerkannt, dass eine zerschlagene Nation durchaus noch immer eine Nation sei, und dass ihren verstreut lebenden Angehörigen die Gelegenheit gegeben werden sollte, für die Wiedererrichtung ihrer Nation zu kämpfen. Doch soll dieser Anspruch für den Juden nicht bestehen. In voller Kenntnis dessen, dass seiner Community die den anderen Communitys zugestandenen Ansprüche verwehrt werden, soll er seine Hingabe, seinen Enthusiasmus, ja sein Leben für die Wiederherstellung von Nationen in die Waagschale werfen, die niemals auch nur so getan haben, als würden sie ihn schätzen.

Das Kalkül, das hinter dieser Weigerung, die Jüdische Legion wiederzubeleben, steckt, ist einleuchtend genug. Wird eine Nation erst als Partner im Kampf anerkannt, kann man sie auf Dauer schwerlich daran hindern, ihre Ansprüche mit Nachdruck geltend zu machen. In den Gremien, in denen die alliierten Staatsmänner beraten, will niemand den Juden die Möglichkeit geben, jetzt oder in Zukunft einen Anspruch darauf zu erwerben, ihre Forderungen nicht mehr als Bittsteller, sondern als gleichberechtigte Partner vorzubringen.

Die Verbitterung, die diese Haltung unter den Juden auslöst, muss man am Ausmaß und Grauen des jüdischen Elends in Ostmitteleuropa ermessen. Angesichts des gleichermaßen chronischen wie akuten Antisemitismus haben die Juden bislang ungleich mehr zu erleiden gehabt als die Tschechen, ja, Schlimmeres sogar als die Polen. Doch wird ihre Not in der britischen Presse kaum je erwähnt. Weder über ihren dringenden Wunsch, sich militärisch am Krieg zu beteiligen, und die Gründe für dieses Begehren noch über das, was sie zu erleiden haben, wird berichtet.

In den Diskussionen der britischen Staatsmänner bezüglich ihrer Kriegsziele findet das jüdische Problem keine Berücksichtigung. Dass diese Haltung die Juden vor den Kopf stößt, ist das eine, doch ist sie auch unter allgemeinen Gesichtspunkten töricht. Es wird dabei nämlich übersehen, dass die Eiterbeule des Nationalsozialismus sich in allererster Linie vom Judenhass genährt hat und ohne diese Krankheit niemals seinen gegenwärtigen Reifegrad erreicht hätte. Eine Operation, die die Wurzeln des Antisemitismus nicht ausreißt, kann daher keine Heilung bringen.

Wenn alliierte Staatsmänner gelegentlich doch einmal an die Existenz des jüdischen Problems erinnert werden, verweisen sie vage darauf, in einem künftigen, nach dem bevorstehenden Sieg der Alliierten demokratisierten Europa würden alle Menschen die gleichen Rechte genießen. Bislang ist nur einer von ihnen, Sir Archibald Sinclair[2], mutig genug gewesen, die Juden vorzuwarnen, dass es auch nach jenem Sieg nicht möglich sein werde, diese Gleichberechtigung tatsächlich wirksam zu garantieren. Was er öffentlich gesagt hat, muss anderen im Privaten ebenso klar sein. Gewiss sind sie ernstlich entschlossen, die Anerkennung der jüdischen Gleichberechtigung in künftigen Verträgen und Verfassungen festzuschreiben. Doch ohne einen großangelegten Exodus, der eine deutliche Entspannung ermöglichen würde, muss die wirkliche Gleichberechtigung inmitten der Drangsal ein Trugbild bleiben. Ohne einen solchen Exodus werden störrischer Hass, Boykottmaßnahmen und Hunger auch weiterhin die Regel sein. Es ist undenkbar, dass die alliierten Staatsmänner sich hierüber nicht im Klaren sein sollten.

Das Schlimmste an dieser Situation ist die Tendenz, die Bedeutung des Problems, wenn es schon nicht vollends ignoriert werden kann, um jeden Preis kleinzureden, und so zu tun, als glaube man, die jüdische Tragödie existiere nicht, als gehe es lediglich um ein paar lästige Blessuren, die man mit einigen wenigen Stichen werde in Ordnung bringen können. Dabei hat die Tragödie in Wirklichkeit ein enorm schmerzliches und verhängnisvolles Ausmaß erreicht.

Im Juli 1938 unternahm Roosevelt einen Versuch, eine internationale Plattform für die Initiierung des großen Exodus zu schaffen. Da hierzu aber eine Klärung der Palästinafrage hätte erzwungen werden müssen, wurde sein Unterfangen, die Evian-Konferenz, listig untergraben und sein Plan in ein wirkungsloses Flickwerk verwandelt.

Palästina wird zurzeit selbst dann nicht ins Auge gefasst, wenn Flüchtlinge an Orten zugrunde gehen, die schlimmer sind als ein

2 Sir Archibald Sinclair (1890–1970): Politiker, Mitglied der Liberal Party, 1918–1919 persönlicher Militärsekretär von Arthur James Balfour, 1940–1945 Luftfahrtminister.

Niemandsland: In den zugefrorenen Niemandsgewässern der Donaumündung, gestrandet, mitsamt Säuglingen, auf außer Dienst gestellten eisernen Öltankern. Die Zukunft Palästinas wird inzwischen durch die Vorgaben des Weißbuchs von 1939 bestimmt, das den Ambitionen der Zionisten den Garaus machen soll.

Fassen wir unsere Aussichten also knapp zusammen, so stehen die Dinge wie folgt: Wir haben keinen Zugang zu unserer nationalen Heimstätte. Dort wo die Not am größten ist, bleibt alles beim Alten. Und wir haben noch nicht einmal das Recht, als Juden zu kämpfen. Ja, selbst die Ehre der Anerkennung als Verbündeter in einem Kampf, dem wir mehr an Blut und Tränen gezollt haben und weiterhin zollen als jedes andere Volk auf Erden, wird uns verwehrt. Die Juden sind das einzige Volk, dem ein alliierter Sieg keine garantierten Verbesserungen bringen soll. Sie sollen sich damit zufriedengeben, dass die Nazis gestürzt werden. Einer kurzsichtigen Staatskunst scheint dies völlig ausreichend: Da die Juden die Nazis ohnehin fürchten und hassen, bleibt ihnen gar nichts anderes übrig, als sich auf die Seite der Alliierten zu schlagen. Warum also sollte man ihnen Aussichten auf eine Verbesserung ihrer Lage machen? Es ist dies eine armselige Logik. Der umsichtige Architekt eines Sieges wird wollen, dass alle, die seine Sache unterstützen, maximal motiviert sind. Doch sind Unterstützer, deren Motivation einzig auf ihrem Hass auf den Feind beruht, die aber auf keinerlei konkrete Verbesserung hoffen können, in der Regel von zweifelhaftem Wert. Ihnen stünde als passende Nationalhymne einzig ein Loblied auf das kleinere Übel zur Verfügung!

Alle, die sich in den alliierten und neutralen Ländern in der jüdischen Öffentlichkeit engagieren, sollten sich zu einer konzertierten Aktion zusammenfinden, um denen, die die Existenz und Bedeutung der jüdischen Kriegsfront leugnen, entgegenzutreten und ihren Bestrebungen einen Riegel vorzuschieben. Wäre sie stark und entschlossen genug, könnte diese Aktion von Erfolg gekrönt sein. Zu patriotischen Skrupeln besteht dabei kein Anlass. Je rigoroser das Vorgehen, desto besser wäre der Ausgang für alle Beteiligten. Es geht um das Recht, gemeinsam zu kämpfen und gemeinsam zu hoffen. Darum müssen diejenigen zurückgedrängt werden, die sich dieser gemeinsamen Anstrengung in den Weg stellen.

In diesem Krieg sollte das jüdische Volk als eine der alliierten Nationen anerkannt werden. Noch ehe sie mit dem Krieg zu Ende sein können, sollten die Alliierten dafür Sorge tragen, dass unsere Truppen an all ihren Fronten eingesetzt werden, unsere führenden Vertreter an ihren Verhandlungen teilnehmen können, die Juden für die an ihnen begangenen Schandtaten zu entschädigen sind und dass die Errichtung eines jüdischen Staatswesens in den Katalog ihrer Kriegsziele aufgenommen wird.

2. Kapitel Nicht im Blick

In diesem Krieg (jedenfalls scheint es zum Zeitpunkt dieser Niederschrift so) sollen die Juden nicht in den Blick geraten, weder als aktive Verbündete noch als Leidensgenossen noch als Gegenstand irgendwelcher spezifischen alliierten Forderungen oder Kriegsziele.

Arthur Szyk, der begabte Miniaturmaler, der jüngst in London seine gleichermaßen großartigen wie furchtbaren Zeichnungen gefolterter Polen und Juden unter der Knute der deutschen Invasoren ausgestellt hat, versteht sich auch auf treffende Formulierungen. Zur Bezeichnung der Einstellung der Mehrheit der alliierten Staatsmänner dieser ›jüdischen‹ Dimension des Kriegs gegenüber verwandte er den Begriff »Pornografie«.

»Sie behandeln uns«, erklärte er, »wie ein pornografisches Sujet. Die Pornografie befasst sich mit einem überaus wichtigen Aspekt des Lebens und der Natur. Das bestreitet niemand, doch gehört es sich in der feinen Gesellschaft nicht, darüber zu sprechen.«

Es gibt eine Art schamhafte Verschwörung, die jüdische Kriegsfrage zu verschweigen, die sich des Parlaments, der Presse und der breiteren Öffentlichkeit fast vollständig bemächtigt zu haben scheint.[3] Dabei soll der Begriff »Verschwörung« nicht unbedingt besagen, dass die Wortführer und Autoren sich aktiv verschworen hätten, oder dass sämtlichen Zeitungen von oben ein entsprechender Wink gegeben worden sei. Eine Verschwörung dieser Art kann sich spontan und instinktiv ergeben, was ihre herzlose Unbilligkeit allerdings nur umso beklagenswerter macht.

Bislang, und ich schreibe diese Zeilen Anfang 1940, ist keinem der Völker, die Deutschland angegriffen hat, soviel menschliches Leid zugefügt worden, wie dem jüdischen. Niemand, der die Situation aufmerksam beobachtet, wird dies anzweifeln wollen. Zugegeben, die Tschechen haben (hoffentlich nur vorübergehend) ihre

3 Es gibt einige Ausnahmen, darunter den *Manchester Guardian*. Der Autor bezieht sich hier auf Großbritannien, doch ist das öffentliche Interesse an dieser Frage in den Vereinigten Staaten kaum größer. [Anm. 2. Aufl.]

Unabhängigkeit eingebüßt, und die Polen haben noch viel mehr verloren. Doch wenn es um tatsächliche menschliche Not, um Hunger, Folter und Tod geht, führen die Juden selbst in Polen die Liste der Leidtragenden an. Offenbar übersteigt die Zahl der seit der Invasion umgekommenen jüdischen Zivilisten bereits jene der Gefallenen beider Armeen, der deutschen und der polnischen zusammengenommen. Diese Feststellung soll die erheblichen Verluste der Polen nicht schmälern. Mit einer Ausnahme sind sie gewiss ungleich größer als die in der Neuzeit abseits der Schützengräben und Schlachtfelder je von einer Nation erlittenen. Die eine Ausnahme bildet das jüdische Volk. Doch obwohl die Juden auch weiterhin ganz oben auf der Liste der Leidtragenden stehen, werden sie kaum je erwähnt.

Seit etlichen Monaten gehört es zu den Freizeitbetätigungen des Autors, aus den täglichen Meldungen der *Jewish Telegraphic Agency* jene Beiträge zu sammeln, über die in den führenden britischen Zeitungen (oder zumindest den in London erscheinenden) nicht berichtet wird. Hier sind einige Beispiele:

> »In Łódź steht es jedem Nazi frei, jedem Juden, dem er in der Straße begegnet, private Aufgaben zu übertragen, ohne ihn dafür zu bezahlen. Den Juden ist in Łódź inzwischen der Zugang zu sämtlichen Gewerben und Berufen verwehrt. Selbst jüdische Taxifahrer und Gepäckträger dürfen ihrer Tätigkeit nicht mehr nachgehen.
>
> In der Gemeinde Nove Miasto im Bezirk Warschau wurden zehn Juden von den Nazis hingerichtet. Die betroffenen Juden wurden willkürlich ausgewählt und ohne Angabe von Gründen erschossen.
>
> In der Gemeinde Grójec im Bezirk Warschau sind die Juden am vergangenen Samstag gezwungen worden, die Hauptsynagoge in Brand zu stecken. Mehrere jüdische Zwangsarbeiter aus der gleichen Gemeinde wurden nach der Arbeit auf dem Heimweg von den Nazis erschossen.
>
> In der nahe Katowice gelegenen Stadt Będzin wurden hunderte Juden, darunter auch Frauen und Kinder, getötet, als die Nazis die ausschließlich von Juden bewohnte Zachodnia-Straße in Brand steckten. Sämtliche Juden, die zu fliehen versuchten, wurden erschossen. Insgesamt kamen mehrere hundert Männer, Frauen und Kinder in den Flammen um oder wurden von den Nazis erschossen. Die Synagogen in Będzin sind alle durch Brandstiftung dem Erdboden gleich gemacht worden.

In den offiziellen Berichten nationalsozialistischer Polizeioffiziere wird freimütig eingeräumt, dass die Juden in vielen Städten in der Provinz Łódź systematisch hingerichtet worden sind. Auszüge aus den Berichten wurden in der in Breslau erscheinenden *Schlesischen Zeitung* veröffentlicht.

Unter Berufung auf einen dieser Offiziere berichtet die *Schlesische Zeitung* folgendes über die Ortschaft Lask: ›Einhundert Juden wurden wegen Widerstands gegen die deutschen Soldaten, die ihre Wohnungen nach versteckten Waffen durchsuchten, hingerichtet.‹ Die Polizei habe außerdem in Erfahrung gebracht, so der offizielle Bericht weiter, dass ungefähr eintausend Juden die Synagoge in Lask umzingelt hätten, um den Deutschen den Zutritt zu verwehren. Es sei daher auf die Juden geschossen worden, und ›hunderte seien noch vor Ort getötet‹ worden. Die Synagoge sei dann in Brand gesteckt worden. ›Dic jüdischen Straßen der Ortschaft‹, hieß es weiter, ›sind abgeriegelt und den Juden ist jeglicher Kontakt mit den Bauern in der Nachbarschaft, von denen sie Milch, Kartoffeln und Kohl zu erwerben bestrebt sind, untersagt worden‹.«

Zum Abschluss hier noch eine Meldung, die den Leser an die Methoden Enver Paschas bei der ›Liquidierung‹ der Armenier erinnern wird, wie Werfel sie in *Die Vierzig Tage des Musa Dagh* beschrieben hat:

»Genf, 16. Januar:
Am Abend des 30. Novembers (einem Donnerstag) ordneten die Nazi-Behörden in Chełm an, dass alle fünfzehn bis 60-jährigen jüdischen Männer am folgenden Tag, dem 1. Dezember, um halb neun Uhr morgens auf dem Markplatz zu erscheinen hätten. Rund 2000 Juden fanden sich dort ein. Sie wurden von nationalsozialistischen Hilfspolizisten, Schwarzgardisten und einer kleinen Einheit von Soldaten, die mit Maschinengewehren bewaffnet waren, eingekesselt. Ein Offizier der Gestapo hielt dann eine kurze Ansprache, in der er die Juden darüber informierte, dass von ihnen als Juden eine tödliche Gefahr für Deutschland ausgehe. Die Juden von Chełm seien daher von den nationalsozialistischen Behörden zum Verlust ihrer Bürgerrechte verurteilt worden und würden aus der Stadt ausgewiesen.

Um halb zwölf wurden die Juden in einer von Nazistoßtrupplern und Soldaten auf Lastwagen und Motorrädern bewachten Kolonne auf der Landstraße in Richtung Hrubilszow aus der Stadt getrieben.

Einige Kilometer außerhalb Chełms wurde die Kolonne in der Nähe eines im Wald gelegenen Militärkrankenhauses angehalten. Dort erklärten die Nazis den Juden, da einer von ihnen zu fliehen versucht habe, würden zwanzig von ihnen nun hingerichtet. Bei jedem weiteren Fluchtversuch würden fünfzig Juden hingerichtet. Zwanzig Juden wurden willkürlich ausgewählt und abgeführt.

Die nationalsozialistischen Behörden in Hrubilszow erließen Freitagabend eine ähnliche an die Juden ihrer Stadt gerichtete Anordnung. Um halb zehn wurden die Juden aus Chełm mit ihnen zusammengeführt.

Es wird davon ausgegangen, dass es sich dabei um 1100 Juden aus Chełm und 850 Juden aus Hrubilszow handelte. Bevor man sie abführte, wurden sie gewarnt, dass sie als Spione behandelt und hingerichtet würden, sollten sie nach Hause zurückkehren. Die Juden wurden von Hrubilszow aus über Felder und durch Wälder und Sümpfe in Richtung Mieniany, Cichoburze und Dołhobyczów getrieben. Alle fünf Minuten befahlen die Nazis denjenigen, die zu müde waren, um den Marsch fortzusetzen, aus der Kolonne herauszutreten. Diese wurden dann an Ort und Stelle erschossen, und ihre Leichen in den Feldern zurückgelassen. Die Juden erhielten während dieses furchtbaren Marschs nichts zu essen oder zu trinken, und diejenigen, die versuchten, sich aus Bächen Wasser zu beschaffen, wurden erschossen.

Als sie in Dołhobyczów ankamen, wurden die Überlebenden in zwei Gruppen aufgeteilt. In der einen befanden sich etwa 500, in der anderen rund 400 Juden.

Die größere Gruppe wurde aus Dołhobyczów in Richtung Sokal, die kleinere in Richtung Belzy (beides Grenzstädte) abgeführt. Die Juden in der zweiten Gruppe hatten dabei das größere Glück, denn nur wenige von ihnen wurden von den Nazis erschossen. Aus der größeren Gruppe hatten die Nazis ungefähr 250 erschossen, ehe sie die Brücke über den Bug, den Grenzfluss, der die von den Nazis und den Sowjets kontrollierten Teile Sokals trennt, erreichte. Insgesamt massakrierten die Nazis während des viertägigen erzwungenen Marschs zur sowjetischen Grenze also mehr als 1300 der aus Chełm und Hrubilszow vertriebenen Juden.

Während des viertägigen Marschs erhielten die Juden täglich für jeweils 30 Männer einen Laib Brot. Im Schnitt erschossen die Nazis während des Marschs alle fünf bis zehn Minuten einen Juden. Gelegentlich war zu vernehmen, dass die Nazis sich darüber austauschten, wie viele Juden sie jeweils erledigt hätten. So hörte man etwa einen von ihnen sagen: ›Ich habe bereits 76 erledigt‹, worauf ein anderer erwiderte: ›Ich habe nur 63 getötet.‹

Unter den getöteten Juden befanden sich immer wieder Väter und Söhne aus der gleichen Familie. Der 55jährige Buchhalter der Jüdischen Nationalbank in Hrubilszow Isaac Lewenfuss etwa war völlig erschöpft und kam fünfzehn Kilometer außerhalb Hrubilszows nicht mehr mit. Als die Nazis ihm befahlen, sich hinzulegen, was das Zeichen war, dass er hingerichtet würde, bot sein 20jähriger Sohn Mendel an, an seiner Stelle zu sterben, doch wurde sein Angebot abgelehnt. Darauf erklärte Mendel: ›Dann erschießen sie mich zusammen mit meinem Vater.‹ Die Nazistoßtruppler erwiderten lediglich: ›Ach so, sie wollen gerne sterben. Kein Problem.‹ Vater und Sohn wurden dann beide erschossen.

Die amtliche deutsche Nachrichtenagentur meldete Mitte Dezember mit Blick auf das Massaker: ›Ein geplanter jüdischer Aufstand in den Bezirken Chełm und Hrubilszow wurde rücksichtlos unterdrückt.‹«

Zu fragen, wie viel von alledem bis zu regulären Zeitungslesern durchgedrungen sei, wäre reine Zeitverschwendung. Doch sind diese Vorfälle nicht das Ergebnis irgendwelcher Erdbeben in abgelegenen Gebieten oder eines Wirbelsturms am anderen Ende der Welt, Dinge also, die uns vom Standpunkt unseres *Sacro Egoismo* aus gesehen »schließlich nichts angehen«. Sie sind die unmittelbare Folge der Eroberung Polens, eines Lands, für das die Alliierten feierlich bürgten. Stellt man dies in Rechnung, ist die besagte Verschwörung des Schweigens unverzeihlich.

Am unerträglichsten an dieser Verschwörung ist allerdings die unweigerlich vorgetragene Behauptung, die Alliierten weigerten sich aus Verlegenheit, die Juden als Leidensgenossen anzuerkennen. Sowohl in England als auch in Frankreich gibt es eine moralische Unterwelt, die stets bestrebt ist, das nichtdefätistische Lager unter Verweis auf den »jüdischen Krieg« zu verhöhnen. Diese Unterwelt scheint größer zu sein, als manche meinen, und sie ist offenbar in allen gesellschaftlichen Schichten verankert. Die Art, in der die Nazis die Juden behandeln, mag sie nicht nur nicht abschrecken, sondern womöglich sogar anziehen. (»Nur zu, zeigt es ihnen!«) Sollte dies zutreffen, ist es umso dringlicher, dass die integren gesellschaftlichen Kräfte diese Unterwelt in die Schranken weisen und deren Umtriebe vereiteln. Dass die feine Gesellschaft ebenfalls vor derartiger ›Pornografie‹ zurückschreckt, führt dazu, dass dem jüdischen Leidensgenossen selbst die letzte und elementarste Ehre des Leidenden verwehrt wird: die faire und angemessene Registrierung seiner Verluste, die ihm zumindest die Hoffnung bieten würde, seine Forderungen am Tag der allgemeinen Abrechnung, Wiedergutmachung und Vergeltung gleichberechtigt vortragen zu können. Erklären kann das verstörte Opfer sich diese Verschwörung, sei sie nun instinktiv oder intendiert, nur damit, dass die Juden offenbar daran gehindert werden sollen, ihre Forderungen jemals geltend zu machen.

Noch verstörender ist das Verschweigen der Juden in fast allen Erklärungen bestimmter führender britischer Politiker über die Kriegsziele. Man verzeihe es dem Autor, wenn er keine Namen nennt. Er will sich keiner Ungerechtigkeit schuldig machen. Er will die fraglichen Herren nicht als hartherzig an den Pranger stellen, denn ihrer eigenen Auffassung nach sind sie vermutlich von ernsthaftem Wohlwollen für das geplagte jüdische Volk beseelt. Sie würden jeden Verdacht einer Verschwörung mit ehrlicher Empörung von sich weisen und darauf beharren, die Forderung nach der Wiederherstellung der Rechte der Juden käme in den Erklärungen nur darum nicht vor, weil sie sich nun wahrlich von selbst verstehe. (Talleyrand antwortete einem Diplomaten, der sich auf das gleiche Argument berief, als eine ›kleine‹ Sache in einem Vertrag nicht berücksichtigt worden war: »Si cela va sans le dire, cela ira mieux en le disant«. Wenn es sich von selbst versteht, versteht es sich umso besser, wenn es ausgesprochen wird.)

Zwei prominente Männer seien jedoch zitiert, die die Juden bei ihren Überlegungen immerhin miteinbezogen haben. Beide sind untadelige Liberale und ihre Absichten sind ganz gewiss nur die allerbesten. Umso deprimierender sind die Schlussfolgerungen, die man als Jude aus ihren Äußerungen ziehen muss.

In der Broschüre *Allied War Aims* traut Sir Walter Layton[4] sich sogar, das Verhalten Deutschlands in der Judenfrage als eine jener Sünden anzuführen, die »Deutschland zu einem internationalen Ärgernis gemacht haben«:

4 Baron Layton (1884–1966): Zeitungsverleger, Nationalökonom.

> »In der Vergangenheit ist oftmals argumentiert worden, welches Regierungssystem oder welche politische Philosophie ein anderes Land wähle, gehe uns nichts an. Die Geschehnisse haben jedoch bewiesen, dass dies nur die halbe Wahrheit ist. In den sechs Jahren der Naziherrschaft ... hat die Verfolgung der Juden für andere Länder ein historisch präzedenzloses Flüchtlingsproblem geschaffen.«

Besonders kritische Geister würden in Erwägung dieser Klage vielleicht anmerken wollen, dass sie etwas eng gefasst sei. Sir Walter Laytons Formulierung legt nahe, dass kein Grund zur Klage bestünde, wenn die Nazis nur dem Beispiel Pharaos gefolgt wären und die Opfer an der Flucht in »andere Länder« gehindert hätten. Doch darauf kommt es hier nicht an. Entscheidend ist, dass die Klage bei unserem liberalen Autor keinerlei nennenswerte Konsequenzen nach sich zieht. Wenn er daran geht, seine Kriegsziele zu benennen, fordert er die Wiederherstellung eines freien Polens und einer freien Tschechoslowakei, eine freie Volksabstimmung in Österreich und Schritte hin zu einer Föderation mitteleuropäischer Staaten, in der es eine »gemeinsame Staatsbürgerschaft« geben sollte. Dort »sollten gewisse Grundrechte gewährleistet sein, darunter die Redefreiheit, das Recht, nicht ohne Prozess inhaftiert zu werden, und Freizügigkeit innerhalb der Föderation. Die Garantie derartiger Rechte würde erheblich dazu beitragen, die Situation der Minderheiten zu verbessern und Misstrauen zwischen den Volksgruppen abzubauen.«

Die andere Erklärung stammt von Sir Archibald Sinclair, Mitglied des Parlaments. Am 12. Oktober erklärte er im Unterhaus:

> »Ich möchte das Haus ohne Umschweife über eine Frage informieren, die mir wiederholt vorgetragen worden ist, weil sie manche Menschen mit Blick auf unsere gegenwärtige Position stutzig macht. Sie sagen mir, ›eines unserer Kriegsziele ist die Zerschlagung des Hitlerismus. Ein weiteres ist die Durchsetzung des nationalen Selbstbestimmungsrechts bezüglich der eigenen Regierungsform. Lassen sich diese beiden Ziele miteinander vereinbaren? Wenn die Deutschen den Hitlerismus wollen, haben wir dann das Recht oder die Befugnis, seine Zerschlagung zu fordern?‹ Die Antwort lautet doch wohl, dass wir das Recht einer Nation, sich nach eigenem Gutdünken zu regieren, selbst dann anerkennen, wenn diese sich für eine Diktatur entscheidet. Wir mögen über die Konsequenzen

> zutiefst erschrocken sein. Wir mögen damit konfrontiert sein, dass das verabscheuungswürdige Unwesen der rassischen und religiösen Verfolgung dort auf scheußliche Weise um sich greift. Die Unterdrückung durch die Gestapo und die Konzentrationslager mögen uns zutiefst beunruhigen. Wir haben das Recht und die Pflicht, diese Manifestationen der Barbarei zu verurteilen, doch steht es uns nicht zu, ein anderes Volk wegen seiner irregeleiteten Regierung zu kasteien oder im Interesse Pastor Niemöllers oder der deutschen Juden in den Krieg zu ziehen. Das deutsche Volk muss selbst Wege finden, um mit seinen Problemen fertig zu werden, und wir müssen sein Recht respektieren, seine inneren Angelegenheiten selbst zu regeln.«

Der Fairness halber sollte hinzugefügt werden, dass die meisten Wortführer, und gerade diejenigen unter ihnen, die das jüdische Thema schamhaft vermeiden, mit Blick auf die inneren Angelegenheiten in Mitteleuropa nach dem Sieg der Alliierten bestimmtere Vorstellungen haben. Sie gehen selbstverständlich davon aus, dass Deutschland, Österreich, Polen und die Tschechoslowakei wieder liberale Demokratien werden, und dass ein gestärkter Völkerbund sich um die Behandlung der Minderheiten kümmern wird. Doch wenn es um die Juden geht, haben auch sie nichts nennenswert anderes zu sagen. Die Aussichten sind also außerordentlich dürftig. Ihre Vorstellungen scheinen durchweg auf eine Wiederherstellung des vorherigen Zustands hinauszulaufen.

Immerhin gebührt Sir Archibald Sinclair dafür Dank, dass er als einziger unter den zahllosen Persönlichkeiten, die sich zum Thema geäußert haben, eine entscheidende Grundwahrheit ausgesprochen hat: Dass nämlich die wirksame und dauerhafte Überwachung der inneren Angelegenheiten eines souveränen Staats durch internationale Körperschaften nicht praktikabel ist, die Umsetzung von Regeln oder Vertragsklauseln, in denen die rechtliche Gleichstellung garantiert wird, also in Deutschland vom guten Willen der Deutschen und in Polen von dem der Polen abhängen wird. Rumänien und Ungarn sind noch nicht am Krieg beteiligt, aber es ist offensichtlich, dass die Erzwingung der rechtlichen Gleichstellung der Juden von außen auch in diesen beiden Ländern unmöglich wäre.

Betroffen sind von dieser Grundwahrheit rund fünf Millionen Juden, die weiterhin in jenem Gebiet leben, das seit zwanzig Jahren von der gleichermaßen akuten, wie chronischen Not der Juden geprägt wird. Sieht man von den schönen Sonntagsreden ab, wird ihnen in Wirklichkeit nur die Wiederherstellung des *status quo ante* versprochen. Wie wenig Hoffnung diese Aussicht bietet, hat die Öffentlichkeit, ja haben selbst viele Juden kaum erst zu begreifen begonnen. Für sie alle wird es nützlich sein, sich mit der nachfolgend diskutierten Frage zu beschäftigen. Der Leser möge mir meine Ausführlichkeit verzeihen. Er mag meinen, das Grauen des *status quo* liege so sehr auf der Hand, dass niemand dessen Wiederherstellung, selbst in veränderter Form vorschlagen würde. Doch wäre das ein Irrtum. Denn nach dem Krieg werden nicht nur die nichtjüdischen Machiavellis, sondern auch die jüdischen Geprellten mit dieser Finte der Verfolgung unserer nationalen Ansprüche sich in den Weg stellen. Die Schlacht um die jüdischen Kriegsziele wird sich in erster Linie an der Lüge entzünden, man könne sich im Ghetto behaglich einrichten.

3. Kapitel Des Monsters Leibgericht

Dieses im Januar und Februar 1940 niedergeschriebene Buch soll der Forderung Nachdruck verleihen, dass das jüdische Problem bei der Formulierung der alliierten Kriegsziele berücksichtigt werden muss. Allerdings neigen die Verantwortlichen dazu, mit Ungeduld zu reagieren, wenn ihnen nahegelegt wird, die ›Kriegsziele‹ sollten solange ausgeweitet werden, bis sie mehr oder weniger jedem erdenklichen Missstand Rechnung tragen. Vom militärischen Sieg abgesehen, entgegnen sie, sollte das ›Ziel‹ einer kriegführenden Nation ausschließlich darin bestehen, jene Faktoren zu beseitigen, die den Krieg verursachten. Andere Probleme, so dringlich sie auch sein mögen, müssten auf anderem Wege gelöst werden.

Damit haben sie vollkommen recht. Doch wenn die Faktoren, die diesen Krieg verursacht haben, tatsächlich beseitigt werden sollen, dann muss die Lösung des jüdischen Problems unter den entscheidenden und besonders dringlichen Kriegszielen ganz gewiss eine prominente Stellung einnehmen.

Wir sollten uns unbedingt klarmachen, dass die zahlreichen Probleme des Wiederaufbaus nach dem Krieg in zwei grundverschiedene Kategorien fallen werden. Dabei geht es einerseits um genuine ›Kriegsziele‹ und andererseits um das, was man eine umfassende ›Revision‹ nennen könnte. Durch die rigorose Unterscheidung zwischen diesen beiden Kategorien ließe sich einiges an Verwirrung vermeiden. Eine Forderung stellt dann ein Kriegsziel dar, wenn eine Nation ernstlich und unverstellt um ihre Erfüllung kämpft und es als Niederlage betrachten würde, sie nicht durchsetzen zu können. Sollte es den Alliierten also beispielsweise nicht gelingen, die Wiederholung von Gewaltakten in der Art der Invasion Polens künftig unmöglich zu machen, hätten sie den Krieg verloren. Folglich ist die Zerschlagung des Naziregimes ein Kriegsziel. Dagegen kann die Wiederherstellung des Freihandels zwischen den Nationen, so lobenswert sie wäre, nicht als Kriegsziel bezeichnet werden, denn ein Friedensvertrag würde auch dann noch als zufriedenstellend betrachtet, wenn in ihm von dieser Forderung keine Rede wäre.

Doch solange er die Hindernisse nicht überwindet, die einem wirksamen Wiederaufbau im Weg stehen, und die bösartigen Geschwüre, die eine wirkliche Erholung verhindern würden, nicht beseitigt, kann ein Friedensvertrag nicht wirksam werden.

Ein derartiges Geschwür stellt die jüdische Tragödie im Herzen Europas dar. Ohne seine Entfernung kann ein umfassender Wiederaufbau gar nicht in Angriff genommen werden. Insofern handelt es sich hier also sehr wohl um ein Kriegsziel im strengsten Sinne des Wortes.

Die jüdische Tragödie hat diesen Krieg nicht verursacht. Sie bot lediglich den kulturellen Nährboden, in dem der Verursacher heranreifte.

Wenn weder der Autor noch der Leser auf diesem Gebiet Experten sind, lassen sich die Rätsel der Massenpsychologie am besten mit Metaphern und Analogien erklären oder zumindest illustrieren, und kein Autor braucht irgendwelche Skrupel zu haben, wenn er seine Metaphern dabei vermischt. Es gibt mehrere Metaphern, mit denen sich die integrale Rolle der Judenverfolgung beim Entstehen und Voranschreiten der Kriegskrankheit illustrieren lässt. Sie ähnelt etwa der Rolle von Gewürzen oder Soßen, die es den Massen gestatten, eine Art von Gift zu schlucken, die andernfalls zu ätzend wäre. Oder jener eines Schmiermittels, das hilft, eine Ladung, die sonst womöglich stecken bleiben könnte, eine Röhre entlang zu befördern. Oder jener der brennenden Stöckchen, mit denen eine Hausfrau einen größeren Holzklotz oder Kohleklumpen in ihrem Kamin entzündet. Diese und weitere Metaphern mögen hilfreich sein, auch wenn keine von ihnen hinreichend ist. Schließlich lässt sich Nahrung auch ohne Gewürze oder Soßen konsumieren, eine Ladung lässt sich auch ohne Schmiermittel durch eine Röhre befördern usw. Doch hätte der Nationalsozialismus ohne den Antisemitismus niemals seine gegenwärtige Stärke erlangt. ›Kultureller Nährboden für den Erreger‹: das trifft es wohl doch am besten.

Der ›Mann auf der Straße‹ mag sich dieser intimen Verbindung zwischen den zugespitzten Formen des Antisemitismus und der Kriegsgefahr nicht bewusst sein. Er mag es sogar für eine maßlose Übertreibung halten, dass die Judenhetze in Nazideutschland, so abscheulich sie auch sein mag, im geringsten dafür verantwortlich sei, dass die Nazis beispielsweise die englischen und französischen Warnungen mit Blick auf Polen ignorierten und so den unmittelbaren Anlass zum Krieg boten. Es ist durchaus denkbar, dass der Mann auf der Straße eine derartige Behauptung als Symptom des

Größenwahns abtun würde: »Diese Juden bilden sich ein, alles – das Wetter, das Klima, selbst Erdbeben – hänge davon ab, was mit ihnen geschieht. Zugegeben, zum Programm und zur Praxis der Nazis gehört neben dem Griff nach der Weltherrschaft und der Gewaltverherrlichung auch die Verfolgung der Juden, doch handelt es sich dabei lediglich um eine Begleiterscheinung, sie ist für den Nationalsozialismus nicht wesentlich. Er wäre ebenso gefährlich, wenn es auf Erden gar keine Juden gäbe.«

Diese Sichtweise ist jedoch absolut irrig. Für zerstörerische Bewegungen vom Typ des Nationalsozialismus ist der Antisemitismus alles andere als eine ›Begleiterscheinung‹. Hätte er nicht auf dem antijüdischen Pferd reiten können, wären dem Nationalsozialismus seine raschen und durchschlagenden Erfolge unmöglich gewesen. Dass der Aufruf zur Liebe als Propagandamittel verglichen mit der Aufforderung zum Hass plump und schwerfällig ist, ist allgemein bekannt. Es ist der Hass, der als pikante Soße das Herunterschlucken und Verdauen von Ideen und politischen Orientierungen gleichermaßen beschleunigt. Und die Soße kann ihren Zweck nur in vollem Umfang erfüllen, wenn das Objekt des Hasses auf der Hand liegt, allen bekannt ist, und leicht und gefahrlos angegriffen werden kann. Hätte sich die Nazipropaganda von Anfang an nur darauf verlassen können, den Aufstand gegen die Bestimmungen des Versailler Friedensabkommens zu predigen und die Schlechtigkeit der Engländer, Franzosen oder Amerikaner anzuprangern, hätte sie vielleicht eine gewisse theoretische Anziehungskraft gehabt, doch wäre ihr tatsächlicher Fortschritt bei den Massen so schleichend gewesen, dass sich bezweifeln lässt, ob sie jemals genügend Energie für einen umfassenden Durchbruch mobilisiert hätte.

Der Versailler Friedensvertrag war als Gegenstand eines wirklich ernsthaften und handfesten Hasses nicht greifbar genug. Die Gefühle der Massen lassen sich mit einem Gegenstand, den man nur in der Bibliothek aufsuchen kann, nicht aufwühlen. Für den Hassenden selbst war der Hass auf die Engländer, Amerikaner oder Franzosen andererseits entweder, solange er sich nicht traute, seinen Hass in Taten umzusetzen, eine Qual, oder, sofern er dies vorzeitig zu tun versuchte, ein sehr gefährliches Unterfangen. Es gab nur einen idealen Gegenstand für eine derartige Ausbildung der Massen im kollektiven Hass, und das war und ist der Jude. Man kann seiner überall leicht habhaft werden, man kann an jeder Straßenecke auf ihn zeigen, und er kann mit nur minimalem Risiko beleidigt und angegriffen werden. Eine Bewegung vom nationalsozialistischen Typ aufziehen zu wollen, ohne täglich auf jüdische Angriffsziele zu verweisen, käme dem Versuch gleich, einen Umzug ohne vorherige Proben zu inszenieren.

Außerhalb Deutschlands begreift man nicht, in welchem Maße die Nazibewegung in den zwanzig Jahren ihrer Existenz ihre Vitalität und Antriebskraft durchgängig aus dem Hass auf die Juden bezogen hat. Theoretisch hätte man ohne jeglichen Bezug auf die Juden ein vollständiges nationalsozialistisches Evangelium erstellen können, das die Wiederbewaffnung, die Militarisierung des Rheinlands, die Wiedererlangung der Kolonien, den Anschluss Österreichs und die Annektierung des Sudetenlands umfasst (von der kindischen Sozialreform, die Feder 1923 konzipierte und die erst ins »unabänderliche« Programm der Partei aufgenommen, kurz darauf aber wieder aus dem Programm gestrichen wurde, ganz zu schweigen).[5] All diese Forderungen hätten ebenso vehement gepredigt werden können, wenn ihren Urhebern Israel und Judah niemals in den Sinn gekommen wären. Doch offenbar gingen sie von Anfang an davon aus, dass keine dieser Forderungen bei den Massen ohne entsprechende Würzung wirklich ankommen würde. Also wurde jeder Löffel dieses teuflischen Gebräus, ehe er dargeboten wurde, mit Antisemitismus abgeschmeckt.

Nur ein Narr könnte diese Verblendung [inflatuation] als ›Wahnsinn‹ [›mania‹] bezeichnen. Mit wenigen Ausnahmen sind die Naziobere so zurechnungsfähig wie die Anführer jeder anderen Regierung oder Partei in jedem anderen Land. Sie lässt sich auch nicht mit ›Sadismus‹ oder sonst irgendeinem anormalen Trieb in den Abgründen des Unbewussten von Männern erklären, von denen sich jeder einzelne, entfernte man seine Kriegsbemalung, im gewöhnlichen Licht der Alltagswirklichkeit wahrscheinlich als Durchschnittsmensch entpuppen würde. Es gibt glaubhafte Berichte, denen zufolge verschiedene führende Nazis eingestanden haben sollen, wie leid sie es seien, ständig über die Juden, die Juden, und nochmals die Juden schwadronieren zu müssen. Derlei Dinge tut man nicht zum Spaß. Man tut sie *ausschließlich*, weil sie erforderlich sind. Sie wussten, dass ihre Propaganda ohne diese pikante Soße nicht mit ausreichender Geschwindigkeit und Gier verschlungen würde. Nur dank der Soße hat sie so rasch so große Akzeptanz gefunden. Das

5 Gottfried Feder (1883–1941): Ingenieur, Wirtschaftstheoretiker, Mitglied der NSDAP; unter anderem Verfasser der Pamphlete: Das Manifest zur Brechung der Zinsknechtschaft des Geldes (1919); Kampf gegen die Hochfinanz (1933).

Wort »ausschließlich« wurde absichtlich kursiv gesetzt, um zu betonen, dass die Judenverfolgung kein integraler Bestandteil der Nazipropaganda ist. Sie ist einfach das Fett, ohne das die unverdauliche Mahlzeit niemals so reibungslos heruntergerutscht wäre.

Nichts an alledem ist neu, jedenfalls nicht für die Juden. Schon in den 1880er Jahren veröffentlichte eine russische sozialistische Partei nach einem Pogrom in der Ukraine ein Manifest zur Beruhigung aller Freunde der Freiheit. Der antijüdische Pogrom sei gar keine so schlechte Sache, sondern vielmehr ein Probelauf. Für die Muschiks,[6] so hieß es, sei der Angriff auf die Juden nur der Auftakt gewesen, als nächstes würden sie die Polizeikräfte massakrieren und schließlich die Autokratie zerschlagen. Jahre später tat ein jüdischer Revolutionär, wiederum in Russland, die vielzitierte Aussage, dass »die Räder des Fortschritts am besten mit jüdischem Blut geölt werden können«.

Der Erfolg des Naziexperiments hat sich als lehrreich erwiesen. Angesichts des gegenwärtigen Weltbrands sieht die gesamte Geschichte des letzten Jahrzehnts in der Rückschau wie eine riesige Rangierübung aus, in deren Verlauf etliche Nationen sich nach und nach in das eine oder andere der beiden großen Lager manövriert haben, deren Zusammenstoß nun unmittelbar bevorsteht. Bemerkenswert und bedeutsam ist dabei, dass sämtliche Nationen, die daran dachten, sich den Feinden des westlichen Blocks anzuschließen, selbst dann, wenn es sich nur um einen zögerlichen, alsbald wieder aufgegebenen Versuch handelte, stets auf die gleiche Weise damit begannen, sich für die Aufnahme in diesen Block zu qualifizieren, indem sie nämlich eine Dosis des ›jüdischen Gewürzes‹ verabreichten. Darum ging es etwa bei dem Goga-Intermezzo in Rumänien. Ende 1937 standen die herrschenden Kreise des Landes einen Augenblick lang kurz davor, einen antiwestlichen Kurs einzuschlagen. Das erste sichtbare Symptom dieser Entwicklung war die Anwendung des üblichen Schmiermittels. Es wurde ein fanatisches antisemitisches Kabinett eingesetzt und eine Breitseite antijüdischer Gesetze erlassen. Nach einigen Wochen schien die antiwestliche Orientierung nicht mehr angeraten, Goga wurde entlassen und seine Gesetzgebung verworfen.[7] Ich verweise auf diesen kurzlebigen

6 *Muschik* (russisch): leibeigener Bauer.

7 Octavian Goga (1881–1938): Lyriker. Nationalsozialistischer, antisemitischer Politiker, mehrfach Minister in konservativen rumänischen Regierungen. 1937 Ministerpräsident, wurde jedoch nach 40 Tagen vom rumänischen König Karl II. entlassen. Anders als Jabotinsky hier schreibt, blieben jedoch die Gesetze, die rumänische Juden der bürgerlichen Rechte beraubten, in Kraft.

Vorfall nur, um der offensichtlichen Moral der Geschichte willen, die nicht vergessen werden sollte.[8]

In Italien stach der analoge Vorgang noch mehr ins Auge als im rumänischen Fall. In Rumänien hatte es schon immer antisemitische Tendenzen in allen Bevölkerungsschichten, in der Ober-, Mittel- und Unterschicht, gegeben. Die Glücksspieler hatten also etwas, worauf sie setzen konnten. Doch in Italien? Dort war nicht nur die angebliche Notwendigkeit der Judendiskriminierung seit mindestens einem halben Jahrhundert in Vergessenheit geraten, man hatte überhaupt jedes Interesse an der Frage verloren, wer Jude sei und wer nicht. Doch als es darum ging, das Land in eine bestimmte Richtung zu lenken, spürte man sofort auf mysteriöse Weise, dass der neue Kurs ohne Anwendung des üblichen Schmiermittels schwerlich verfolgt werden könne. Allerdings wurde es in diesem Fall nur halbherzig und mit offensichtlichen Vorbehalten eingesetzt. Vielfach entschuldigte man sich und räumte letztlich ein, man ergreife die entsprechenden Maßnahmen nur widerwillig, bloß sei man eben dazu gezwungen, da es ohne die Anwendung des magischen Schmiermittels eben nicht vorangehe.

Der Autor ist weder Historiker noch Soziologe. Er behauptet nicht, erklären zu können, warum gerade dieses Mittel unverzichtbar sein sollte. Wie andere auch, hat er sich wiederholt gefragt, warum die unzähligen Kriege der Vergangenheit nicht auch der Vorbereitung durch eine besondere Betonung der jüdischen Frage bedurften. Warum scheint diese Betonung nun so notwendig?

Es gibt eine Erklärung, die beinahe tröstlich ist: Die Welt schreitet all unserer Skepsis zum Trotz voran. Ein einfacher Befehl genügt nicht mehr, um die Massen in den Tod zu schicken. Heute wollen sie nur um irgendeiner ›Religion‹ willen sterben. Jene Beobachter des Spanischen Bürgerkriegs, die meinten, dass die programmatischen Differenzen beziehungsweise realen Interessensgegensätze zwischen Burgos und Madrid verschwindend gering gewesen seien, hatten vielleicht recht. Es ging nicht so sehr um greifbare Gegensätze, vielmehr handelte es sich schlicht um einen Religionskrieg.

8 Die im Juli 1940 nach der Aufgabe seiner prowestlichen Orientierung von Rumänien eingenommene Haltung den Juden gegenüber bietet hierfür einen zweifelsfreien Beleg. Die gewaltsame Welle antijüdischen Terrors und die drastischen antisemitischen Gesetze, die sie begleiteten, waren keineswegs das Ergebnis direkten Drucks seitens der Nazis. Sie waren ein ausschließlich rumänisches Phänomen, das natürliche Resultat des Anschlusses an die Achsenmächte. [Anm. 2. Aufl.]

Um Deutschlands Griff nach der globalen Vorherrschaft zu rechtfertigen, bedarf es einer gewichtigen ›Religion‹. Im Gegensatz zu den jeweils 40 bis 45 Millionen Briten, Franzosen oder Italienern gibt es knapp 90 Millionen Menschen, die deutsche Mundarten sprechen und ein zusammenhängendes Gebiet bewohnen. Mit diesen Zahlen geht die Suggestion einer Vorherrschaft einher, nicht nur im Sinne einer führenden, überlegenen oder einflussreichen Position, sondern im Sinne einer tatsächlichen Unterwerfung, einer Form der Macht, die jener ähnelt, die der Sklavenhalter über seine Sklaven ausübte. Um die von dieser Suggestion ausgehende Versuchung in Schach zu halten, bedarf es einer machtvollen Form der geistigen Selbstdisziplin, also jener Kombination komplexer ethischer, philosophischer, religiöser, kultureller und demokratischer Traditionen, die wir als Zivilisation bezeichnen und deren Ziel der Fortschritt ist. All diese Traditionen mussten hinweggefegt werden, um in einem Land mit dem geistigen Rang Deutschlands die Uhren um ein Jahrtausend zurückzudrehen und es zur Annahme eines so primitiven wie zynischen Glaubensbekenntnisses zu bringen, das da lautet: »Wir Deutschen sind das Salz der Erde. Das Land unserer Nachbarn ist unser Lebensraum. Unsere Nachbarn haben als Menschen nur insofern einen Wert, als sie uns nützlich sind. Es ist unser Recht, ihre arbeitsfähigen Männer und Frauen zur Zwangsarbeit heranzuziehen. Es ist unser Recht, sie aus ihren Städten und Dörfern zu vertreiben, um dort an ihrer Stelle Deutsche anzusiedeln. Derartige Maßnahmen sind rechtmäßig und legitim und jeder Widerstand gegen sie ist verbrecherisch. Die Mittel, die zur Unterdrückung dieser Art des Widerstands erforderlich sind, unterliegen keinerlei ethischen Maßstäben, sondern einzig den Kriterien der Effizienz.«

Dass eine ähnliche Mentalität primitive Eroberungsfeldzüge wie die im Alten Testament beschriebenen bestimmte, ist unbestreitbar. Noch Jahrtausende später hat sie sich von Columbus an bis noch vor wenigen Generationen in der europäischen Kolonialpolitik niedergeschlagen. Es hat keinen Sinn, unsere Vorfahren verteidigen und die Sünden Gideons oder die barbarischen Akte Cortés' rechtfertigen zu wollen. Derartige Vorgänge in der Vergangenheit haben für unser Thema aber keine Bedeutung, denn in der fernen Vergangenheit war der kollektive Geist der Menschheit für derartige Rückfälle in die Bestialität noch derart anfällig, dass es keiner tiefgreifenden moralischen Revolution bedurfte, um einen solchen Rückfall vorzubereiten. Das vergangene Jahrhundert hat aber unzähligen Millionen Vorstellungen von Humanität und Gleichberechtigung nahegebracht.

Um diese wieder auszuradieren und den Boden für die Rückkehr der Bestie zu bereiten, bedarf es einer gewaltigen Anstrengung.

Und neben dieser gewaltigen Anstrengung bedarf es auch der ausgiebigen und intensiven Schulung durch Übung, des billigen und einfachen Experimentierens *in corpore vili*[9]. Obgleich die schlummernde Bestie in der deutschen Seele offenbar recht nah an der Oberfläche überwintert hatte, musste sie in ihrer Bestialität und Grausamkeit durch systematisches Training erst wieder abgerichtet werden. Existierten sie nicht bereits, hätten die Juden (ähnlich wie Voltaires Gottheit) erfunden werden müssen.

Es würde auf Seiten der westlichen Staatsmänner schon eine Form der mutwilligen Blindheit darstellen, wollten sie die historische Wahrheit dieser Aussage außer Acht lassen. Wenn die Nazis im In- und Ausland und ihre Helfershelfer in Großbritannien und Frankreich hinausposaunen oder flüstern, dies sei ein »jüdischer Krieg«, haben sie vollkommen recht. Der Erreger dieses Kriegs wäre abgestorben, wäre es ihm nicht gestattet worden, sich an der jüdischen Tragödie zu weiden.

9 Versuche an einem wertlosen Körper.

4. Kapitel Der subjektive Antisemitismus

Im Antisemitismus sind zwei deutlich unterschiedene Faktoren wirksam. Dabei handelt es sich einerseits um die Dimension des subjektiven Abscheus, dessen Stärke und Beständigkeit für alles ausreichen mag, vom Steckenpferd bis zur eigenständigen Religion. Auf der anderen Seite stehen die objektiven Verhältnisse, welchen die Tendenz innewohnt, den Juden auszugrenzen, ohne dass es dabei groß darauf ankäme, ob seine Nachbarn ihn mögen oder nicht. Diese Dimensionen werden wir als die des subjektiven und objektiven Antisemitismus bezeichnen. Ersterer lässt sich am besten in Deutschland beobachten, letzterer in Polen. In diesem Kapitel werden wir uns mit Deutschland befassen.

Zum Zeitpunkt dieser Niederschrift soll es innerhalb der durch den Friedensvertrag von Versailles bestimmten deutschen Grenzen rund 200 000 Juden geben, in Österreich 100 000, in Böhmen und Mähren nochmals 100 000, in der Slowakei 130 000 und in den von den Nazis besetzten Teilen Polens zwei Millionen.[10] Diese Zahlen stellen eher unsichere Schätzungen als verlässliche Angaben dar und dürften insbesondere wegen der von den Nazis bereits durchgeführten beziehungsweise für die nähere Zukunft geplanten Bevölkerungsumsiedlungen massiven Schwankungen unterworfen sein. Es mag Menschen geben, die ›hoffen‹, dass ein nennenswerter Anteil dieser Juden stirbt, ehe der Krieg um ist, da dies die Probleme nachhaltig vermindern würde, womit sich diejenigen auseinandersetzen werden müssen, denen die Durchführung des künftigen Wiederaufbaus obliegen wird. Doch würde die Situation der Juden auch dann noch eine massive Herausforderung darstellen.

10 Seitdem hat die Zahl der Juden in den von den Nazis kontrollierten Gebieten erheblich zugenommen. Sie umfasst die gesamte jüdische Bevölkerung Polens (1939 waren es 3,25 Millionen), die Juden der Baltischen Staaten (250 000), der Länder auf dem Balkan (100 000), der Niederlande und Belgiens (60 000), des besetzten Teils Frankreichs (ungefähr 500 000) und der besetzten Teile Russlands (bis zu zwei Millionen mehrheitlich russische Juden). Alles in Allem befinden sich also gut sieben Millionen Juden, und damit die Mehrzahl der europäischen Juden unter dem Joch der Nazis. [Anm. 2. Aufl.]

Der Autor geht davon aus, dass der Krieg ohne die Liquidierung des Naziregimes nicht beendet werden kann. Nach dessen Erledigung dürfte die Souveränität, wenn nicht sämtlicher, so doch zumindest der meisten von den Nazis annektierten Territorien vermutlich wiederhergestellt werden. Zudem dürften überall mit alliierter beziehungsweise amerikanischer Hilfe möglichst liberale und demokratische Verfassungen geschaffen werden. Schließlich ist mit der Schaffung eines neuen und erheblich verbesserten Völkerbunds zu rechnen. Jetzt schon die Einzelheiten jener Zukunft auch nur in gröberen, ganz elementaren Zügen erraten zu wollen, wäre sinnlos. Der Autor ist aber fest davon überzeugt, dass die politischen Aussichten im Wesentlichen positiv sind.

Gleichermaßen ist er davon überzeugt, dass die unterjochten Völker, wenn ihre Sicherheit und vernünftige Verhältnisse erst wiederhergestellt sind, sich dem Wiederaufbau ehrlich und besonnen zuwenden werden. Er geht davon aus, dass sie Maßnahmen zur Verhinderung eines neuen Kriegs begrüßen und mindestens eine Generation lang von jedem Gedanken an eine bewaffnete Revanche absehen werden. Er nimmt an, dass sie den neuen Völkerbund und die Europäische Föderation oder wie immer die betreffende Institution heißen mag, weit aktiver unterstützen werden als den alten Genfer Bund. Zugegeben, ein Punkt ist auch denjenigen, die vertrauensvoll in die Zukunft blicken, noch nicht so recht klar: Wie nämlich mit der heiklen Frage der ethnisch gemischten Provinzen so umgegangen werden kann, dass allen Beteiligten Genugtuung verschafft und der Irredentismus[11] beseitigt werden kann. Doch ist der Wille des Autors zum Optimismus so stark, dass er an die heiklen Fragen lieber nicht denkt. Kurzum, alles wird sich mit der Zeit irgendwie einrenken. Dazu wird es erheblicher Anstrengungen bedürfen, aber es wird keine weiteren Katastrophen geben. Manchen mag dieser Optimismus absurd erscheinen. Das würde der Autor aber bestreiten. Noch seine zuversichtlichsten Erwartungen sind nüchtern, gemäßigt und realistisch. *Credo, quia NON absurdum*.[12]

Eine diesem optimistischen Szenario zugrundeliegende Vorstellung wird allerdings selbst der Zuversichtlichste rücksichtlos und mit Stil und Stumpf ausreißen müssen: Den Glauben nämlich, dass

11 So hießen die Bestrebungen, Trentino und Triest der italienischen Nation einzuverleiben.

12 *Credo, quia absurdum*: Ich glaube, weil es absurd ist. (Ein in der christlichen Überlieferung gebräuchliches Dictum, das ursprünglich Augustinus oder Tertullian zugeschrieben wird.)

liberale Verfassungen und die Aufsicht eines neuen Völkerbunds das Karzinom des Antisemitismus beseitigen könnten. Gewiss, in die betreffenden Verfassungen und die Charta des neuen Bundes wird man all die erforderlichen Regelungen und eine Garantie des Anspruchs aller auf Gleichberechtigung in völlig angemessener Weise hineinschreiben. Doch wird man die Umsetzung der Verfassungen in den jeweiligen Ländern den dortigen Regierungen überlassen müssen, die infolge des demokratischen Wahlrechts in hohem Maße die Einstellungen der Massen widerspiegeln werden. Die Umsetzung der Klauseln, die sich auf die Gleichberechtigung beziehen, wird also, soweit es die Rechte der Juden betrifft, von der Einstellung der nichtjüdischen Massen abhängen. Mit den übrigen Minderheiten verhält es sich anders, denn sie leben überwiegend eng beieinander, in eigenen Bezirken oder Kantonen, und können sich gegenseitig einigermaßen beschützen. Dagegen leben die Juden in Städten und Dörfern verstreut, die überwiegend von Nichtjuden bewohnt werden. Auf Schritt und Tritt, auf der Straße, in der Öffentlichkeit und im Privatleben, sind sie den Auswirkungen des Wohlwollens oder der Missgunst der örtlichen Mehrheitsbevölkerung ausgesetzt. So zu tun, als könnten unter diesen Umständen mit gesetzlichen Mitteln wesentliche Ergebnisse erzielt werden, ist kindisch. *NON credo quia absurdum*.

Diese Tatsache wird dem Leser eher einleuchten, wenn er bedenkt, dass das Prinzip der rechtlichen Gleichstellung der Juden ja auch in Ostmitteleuropa nichts Neues ist. Ganz im Gegenteil. In fast jedem ostmitteleuropäischen Staat ist die rechtliche Anerkennung dieses Prinzips so alt wie der Staat selbst. Nur Österreich-Ungarn ist älter als das dort 1867 verabschiedete Gesetz zur jüdischen Gleichberechtigung. Als das Deutsche Reich 1871 gegründet wurde, schrieb die Reichsverfassung die Gleichberechtigung aller Bürger unabhängig von ihrem Glauben und ihrer Herkunft fest. Als der Berliner Vertrag von 1878 die Grenzen zwischen Rumänien, Serbien und Bulgarien endgültig festlegte, garantierte ebendieser Vertrag außerdem die rechtliche Gleichstellung aller Staatsbürger in diesen Ländern. Als die Friedensverträge von 1919 Polen, die Tschechoslowakei und die Baltischen Staaten schufen, wurden spezifische Minderheitenklauseln feierlich in die Verträge hineingeschrieben, und der Völkerbund wurde damit beauftragt, deren Umsetzung zu überwachen. Es wäre Zeitverschwendung, nochmals darauf zu verweisen, wie unwirksam diese ganzen Regelungen tatsächlich gewesen sind. Weitgehend unbekannt ist allenfalls die Tatsache, dass die Signatarmächte des Berliner Vertrags, zu denen auch Großbritannien und Frankreich gehörten, dem Staat Rumänien, der die Gleichberechtigungsklausel niemals ernstnahm und seine Juden stets als »Ausländer« behandelte, deswegen auch vor dem Ersten Weltkrieg niemals irgendwelche Schwierigkeiten bereiteten.

Erstaunlicherweise scheint die beachtliche Geschichte des deutschen Antisemitismus rasant in Vergessenheit zu geraten. In den demokratischen Staaten wird ein Mythos geschaffen, dem zufolge das Übel erst mit dem Auftritt einer 1888 geborenen Person namens Adolf Hitler begonnen habe, sodass mit seiner Entfernung das Problem auch wieder behoben werden könne. Doch hat Hitler mit dem Ursprung dieses Übels so wenig zu tun wie Napoleon mit der Erfindung des Schießpulvers, auch wenn er es auf überaus erfolgreiche Weise einzusetzen wusste (worin andere ihn seit seinem Abgang wiederum überboten haben).

Deutschland, und in dieser Hinsicht war Österreich schon lange vor dem Anschluss mit ihm eins, war stets die entscheidende Werkstatt des modernen Antisemitismus. Es war nicht irgendwo, sondern dort, dass man das Prinzip entdeckte und proklamierte, die Ablehnung des Juden sei nicht religiöser, sondern rassischer Natur, so dass er selbst dann verfolgt werden müsse, wenn er getauft sei. Es war nicht irgendwo, sondern dort, dass man den Antisemitismus in den Rang einer Wissenschaft und Philosophie erhob. In keinem anderen Land wurde der Hass auf die Juden als Weltanschauung von so vielen wirklich herausragenden Männern aufgegriffen, darunter einige der erstrangigen Eminenzen verschiedener geistiger Disziplinen: Schopenhauer, Feuerbach, Dühring, Treitschke. Houston Stewart Chamberlain musste sich, um mit dem Antisemitismus wirklich reüssieren zu können, in Deutschland ansiedeln. Und es war auch nicht irgendwo, sondern in Deutschland, dass die praktische Dimension des Antisemitismus modernisiert und vervollkommnet wurde. Was zuvor lediglich eine unbestimmte Neigung zu planlosen Straßenkrawallen gewesen war, wurde auf deutsche Initiative hin zu einem politischen System aufgewertet. Stoecker und Ahlwardt gründeten die Bewegung in Berlin und brachten sie in der Zeit um 1893 in den Reichstag.[13] Erstmals zogen ganz demokratisch gewählte Abgeordnete antisemitischer Parteien in ein Parlament ein. Zwei Jahre

13 Hermann Ahlwardt (1846–1914), antisemitischer Propagandist und deutscher Reichstagsabgeordneter; Adolf Stoecker (1835–1909), einflussreicher antisemitischer Politiker und evangelischer Theologe.

später eroberte Lueger mit einem Programm, dessen Haupt-, ja, dessen einziges Anliegen der Hass auf die Juden war, unter dem ekstatischen Jubel der Massen als Bürgermeister triumphierend das Wiener Rathaus, wo er jahrzehntelang blieb. Derartiges hatte sich bereits ein Dreivierteljahrhundert lang zugetragen, ehe an die Nazipartei auch nur gedacht worden war.

Es wäre unsinnig so zu tun, als würden die Deutschen sich nur auf Befehl antisemitisch gebärden und daher von ihrem Antisemitismus nach der Liquidierung des Nationalsozialismus prompt wieder abrücken. Auslandsdeutsche, die keinerlei Risiko eingehen, wenn sie Berlin die Gefolgschaft verweigern, haben immer wieder nachdrücklich unter Beweis gestellt, dass der Nationalsozialismus sie auch ohne die Drohung mit der Gestapo für sich einzunehmen vermag. Die Saarabstimmung von 1935 war hierfür das deutlichste Beispiel. Sie wurde unter vorbildlichen demokratischen Bedingungen abgehalten und britische Polizisten garantierten durchgängig die vollste Ausdrucks-, Gewissens- und Wahlfreiheit. Dennoch sprachen sich von den 525 000 Wählern, die gültige Stimmen abgaben, 477 000 für den Anschluss an Nazideutschland aus. Noch instruktiver ist vielleicht die Zahl der Deutschen aus Italien, Lettland und Estland, die dem Ruf zur Rückkehr nach Deutschland gefolgt sind. Dort fest verwurzelt als die Nachfahren von Eroberern und Siedlern, die vor Jahrhunderten in diesen Gebieten eintrafen, haben sie in vielen Fällen eine komfortable Existenz und ein hohes Maß an gesellschaftlicher Anerkennung aufgegeben, um die Atmosphäre Nazideutschlands genießen zu können.

Den deutlichsten Beleg liefern die Berichte über das freimütige und lautstarke Entzücken, das von allen Schichten des Wiener Pöbels in den ersten Wochen nach dem Anschluss Österreichs zur Schau gestellt wurde, als »jüdische Frauen in Pelzmänteln« gezwungen wurden, die Gehsteige zu putzen, und *tout Vienne* herbeiströmte, um jubelnd zuzusehen. Frauen hoben ihre Kinder über den Köpfen der vor ihnen Stehenden empor, damit ihnen das schöne Spektakel nicht entgehen möge. »Auf Befehl«? Gewiss, um die innere Bestie zu entfesseln, bedarf es eines Befehls. Entscheidend ist jedoch, dass die vielköpfige Bestie bereits unter der Oberfläche lauert.

Der Antisemitismus hat in Deutschland eine lange und organische Geschichte. Gewiss gibt es ihn nicht nur dort, aber in keinem anderen Land sitzt er so tief. Auch diese Tatsache wird der Autor, da er weder Soziologe noch Psychologe ist, nicht zu erklären versuchen, doch würde nur ein Narr oder Lügner sie bestreiten.

Der Zusammenbruch des Nationalsozialismus wird diese tiefsitzende und weit verbreitete Krankheit nicht nachhaltig heilen. Zugegeben, man sollte die übliche Gegenbewegung des Pendels in Rechnung stellen. Wenn Hitler verschwindet, könnte es ein gewisses öffentliches Gewusel und Gewurstel [scurry] geben, um die antisemitische Gewaltorgie zu sühnen, teils aus Opportunismus, teils gewiss auch aus wirklichem Abscheu vor den bestialisch unmenschlichen Formen, die die Verfolgung der Juden angenommen hat. Außerdem wird es im Friedensvertrag und in den neuen Verfassungen jene bereits erwähnten Gleichberechtigungsklauseln geben. Im Übrigen werden viele der Juden, die seit 1933 gezwungen wurden, Deutschland zu verlassen, teils ihrer abträglichen Erfahrung im Exil wegen, teils aufgrund ihrer ehrlichen Verbundenheit mit Deutschland und seiner Zivilisation, zweifelsfrei darauf erpicht sein zurückzukehren, und sie werden bereit sein, die Vergangenheit ruhen zu lassen. Wir stellen all das ohne Weiteres in Rechnung. All die oberflächlichen Optimisten seien aber davor gewarnt, dass das Ergebnis dieser Gegenbewegung sehr schnell, vielleicht schon innerhalb weniger Wochen nach dem Erlass dieses neuen *Édit de Nantes*[14], ein erneuter hasserfüllter Ausbruch des unheilbaren Übels sein würde.

Es kann einen nur davor schaudern, wie hasserfüllt er sein würde. Von den rassischen Abwehreffekten abgesehen werden rein materielle Interessen dabei eine erhebliche Sprengkraft entfalten. Der Wert des jüdischen Eigentums in Deutschland, das in der einen oder anderen Form in deutsche Hände übergegangen ist, liegt bei ungefähr 25 Milliarden Mark. Einer vorsichtigen Schätzung zufolge sind in Deutschland seit 1933 und in Österreich seit 1938 insgesamt mehr als 300 000 jüdische Hauptverdiener in allen Berufszweigen von den ruinösen Maßnahmen des Naziregimes betroffen gewesen. Die meisten (und ihr Anteil nimmt ständig zu) sind ihrer Stellung oder ihres Berufs völlig beraubt worden, während eine stetig abnehmende Anzahl sich noch an irgendeine Form von Beschäftigung klammert. Alles, was sie verloren haben, haben die ›Arier‹ an sich gerissen. Dazu gehören unzählige gewerbliche und industrielle Stellen, vom Direktor über die Schreibkraft bis zum Handlungsgehilfen. In den freien Berufen sind tausende, vom Kassenarzt bis zum Journalisten, betroffen.

14 Edikt zur Gewährung religiöser Freiheiten für die französischen Hugenotten, womit zugleich der Katholizismus als Staatsreligion in Frankreich festgelegt wurde.

Ein beachtlicher Anteil der Beamten, vom Lehrer über den Richter bis zum Polizeipräsidenten, waren Juden. Diese Stellen wurden von der Mittelschicht, der Intelligenzija und dem Großbürgertum besetzt, also von den sichtbarsten und eloquentesten Teilen der modernen Gesellschaft, die am leichtesten aus der Ruhe zu bringen sind. Für die Angehörigen dieser Schichten käme die Rückkehr der Juden einem massiven Zustrom überaus gefährlicher Konkurrenten gleich, die in vielen Fällen qualifizierter wären als diejenigen, die sich ihrer Stellen bemächtigt haben, und die vor der Alternative stünden, ihre Stellungen entweder zurückzuerobern oder zu verhungern. Sie alle hätten einen moralischen Anspruch auf die Wiedergutmachung eines eingestandenermaßen unerträglichen Unrechts.

Den Empfang, den sie zu erwarten hätten, kann man sich vorstellen. Ich bilde mir nicht ein, prophezeien zu können, wie schnell er in direkte Verfolgung umschlagen würde, oder wie die faktische Verweigerung der rechtlichen Gleichstellung getarnt würde, um sie mit der Verfassung und dem Friedensvertrag in Einklang zu bringen. Man sollte aber bedenken, dass im Geltungsbereich einer demokratischen Verfassung Parlamente und Regierungen unweigerlich in hohem Maße beeinflusst werden, einerseits von der bereits erwähnten tiefsitzenden Idiosynkrasie, andererseits von der Gefahr der Konkurrenz, die in diesem Fall noch viel zugespitzter wäre als je zuvor. Man sollte sich auch nicht von der tröstlichen Erinnerung daran, dass die Maßgaben des Antisemitismus in der guten alten Zeit Bismarcks und Wilhelms des Letzten ohne unschöne und regellose Brutalität auf bedachte und gemäßigte Weise in die Praxis umgesetzt wurden, in die Irre führen lassen und daraus folgern, da unter dem neuen Nachkriegsregime jegliche Brutalität vertraglich streng untersagt sein würde, könne es zumindest für die Juden, die ohnehin keine andere Wahl haben, so schlimm schon nicht kommen ... Diese Erinnerung tut hier nichts zur Sache. In der Zwischenzeit ist die Bestie entfesselt worden und sie hat Blut geleckt.

Um sich die Aussichten weiter zu verdeutlichen, möge der Leser, sofern er Nichtjude ist, einmal außer Acht lassen, dass der Teufel in der Not Fliegen frisst, und sich vorstellen, dass nicht uns, sondern ihm und seinen englischen Landsleuten ein derartiges Angebot unterbreitet würde. Er solle also einer Minderheit angehören, die ein Prozent der Bevölkerung ausmacht und von den restlichen 99 Prozent abhängig ist, denen über Generationen hinweg der Hass auf die Engländer antrainiert wurde. Verlassen kann diese Minderheit sich dabei auf nichts als papierne Bestimmungen und das Mandat des Völkerbunds (oder was immer ihn ersetzen wird). Und obgleich ihm im Gegenzug nichts anderes als genau diese Aussicht versprochen wird, solle er sich mit unbändigem Eifer für den Sieg der Alliierten einsetzen.

Teil 2 Der ›objektive‹ Antisemitismus

5. Kapitel Das Jagdrevier

Deutschland war wegen des reichlichen würzigen Futters, das es bot, das bevorzugte Grasland des Kriegsmonsters. Polen dagegen begehrte das Monster als sein Jagdrevier. Es war ihm noch schutzloser ausgeliefert und stellte eine noch größere Versuchung dar, da das gleiche scharfe Kraut auf seinem Boden noch üppiger wuchs.

Die Rolle Polens in der ›jüdischen‹ Vorgeschichte des Kriegs stellt ein eigenständiges Drama dar, auf das der Autor weiter unten noch eingehen wird. An dieser Stelle möchte er lediglich auf die seltsame und tragische Dualität der historischen Rolle des Landes während der zwanzig Jahre seiner erneuten Existenz, in denen zugleich der neue Weltkrieg ausgebrütet wurde, hinweisen. Die polnische Regierung versuchte auf vielfältigen Wegen, den Krieg zu verhindern. Gleichwohl galt Polen neben Deutschland objektiv als der wichtigste Nährboden, in dem der Erreger des Kriegs gedieh.

Es gibt die folgende Geschichte von einem Gespräch, das der inzwischen verstorbene Marschall Piłsudski kurz nach der Machtübernahme der Nazis in Berlin mit einem wichtigen französischen Gesandten geführt haben soll. Der Franzose habe versucht, ihn dazu zu bewegen, dass er sich mit Frankreich und England (und damit natürlich auch mit der Sowjetunion) gegen Deutschland verbünde. Piłsudski habe seinem Gast eine große Landkarte an der Wand gezeigt, auf der das zwischen der UdSSR und Deutschland eingeklemmte Polen zu sehen gewesen sei. »Wenn es eines Tages zum Konflikt zwischen beiden kommt«, habe er gesagt, »werden all ihre Schlachten auf unserem Boden ausgefochten werden. Nun stellen Sie sich vor, dieser Boden sei nicht der Polens, sondern Frankreichs, und sagen Sie mir, wie Sie sich dann verhalten würden!«

Von dem Augenblick an, da Piłsudski 1926 an die Macht kam, vielleicht auch schon vorher, wurde die Politik der Republik Polen zuallererst von der Maßgabe bestimmt, dass es keinen Krieg auf polnischem Boden geben dürfe. Und das hieß, oder so schien es zumindest, dass es überhaupt keinen Krieg geben dürfe. Von all den Ländern, die nachdrücklich und durch und durch dem Frieden verpflichtet waren, sorgte sich wohl Polen am ehrlichsten um den Weltfrieden, nicht, weil es im landläufigen Sinne pazifistisch war, sondern weil es von etwas weit Effektiverem als dem Pazifismus angetrieben wurde: von unverkennbarem, auf der Hand liegendem Eigeninteresse.

Gleichzeitig wurde ganz Ostmitteleuropa, von Riga im Baltikum bis nach Constanza am Schwarzen Meer, von einem gesellschaftlichen Fieber der perniziösesten Art gepackt, dessen primärer Infektionsherd Polen war. Es handelte sich dabei selbstredend um das altbekannte Übel: das Fieber des Antisemitismus.

Es war das Resultat der statistischen Tatsache, dass die Juden zehn Prozent der Gesamtbevölkerung Polens und ungefähr ein Drittel seiner städtischen Bevölkerung ausmachten. Diese unausweichliche Tatsache untergrub und pervertierte sämtliche zivilgesellschaftlichen Werte. Unter diesen Umständen lief die Einführung der Demokratie darauf hinaus, dass die Polen in den Rathäusern von Warschau, Kraków, Łódź und jeder anderen bedeutenden Stadt die Macht annähernd paritätisch mit den Juden würden teilen müssen. Jedenfalls nahmen die Menschen an, es werde darauf hinauslaufen. Die »rechtliche Gleichstellung« würde darauf hinauslaufen, dass der seit Langem an das Stadtleben gewöhnte Jude seinem polnischen Konkurrenten, dem Sohn oder Enkel schlichter Bauern in jedem Wirtschaftszweig, in dem ein gewisses Maß an Bildung erforderlich ist, eindeutig überlegen wäre. Jedenfalls nahmen die Menschen an, es würde darauf hinauslaufen. In diesem Zusammenhang auf die moralische Erhabenheit des Fairplay rekurrieren zu wollen, hat keinen Zweck. Tatsache ist, dass die gegen die Juden gerichtete Missgunst und Furcht der Polen das öffentliche Leben in dem Land vergifteten. Wir werden noch sehen, wie wahr es ist, dass in manchen Ländern nicht der subjektive Antisemitismus, sondern jener der Verhältnisse der entscheidende Faktor ist. Hier erhaschen wir erstmals einen Blick auf diesen objektiven Antisemitismus.

Infolge dieser statistischen Tatsache stand Polen zwanzig Jahre lang ständig am Rande innerer Unruhen. Ich will damit nicht nahelegen, dass die jüdische Frage Polens einziger wunder Punkt war. Das Land stand noch vor anderen, möglicherweise noch schwerwiegenderen Herausforderungen. Man denke nur an das ukrainische Problem. Doch weder diesem noch einem anderen ›nichtjüdischen‹ innenpolitischen Konflikt wohnte die spezifische und verwünschte Besonderheit des Antisemitismus inne: seine unermüdliche Vitalität und seine Fähigkeit, gesellschaftliche Giftstoffe zu bündeln. Für sich genommen ist er wie eine schwere chronische Kopfgrippe und damit kaum eine schwerwiegende Erkrankung, doch zugleich stellt er ein ständiges Einfallstor für alle möglichen anderen Krankheiten dar. In diesem ›pathologischen Klima‹ wurde aus Zwietracht zwischen den Parteien mörderischer Hass, Kritik zu Rufmord und das öffentliche Leben in seiner Gesamtheit von hitzigen und übellaunigen Konflikten bestimmt.

Und hierbei ging es immerhin um Polen, das Land, das geografisch und demografisch den Mittelpunkt Ostmitteleuropas darstellt. Wäre ihm durch Gott oder das Schicksal die Möglichkeit zu einer ruhigen, schrittweisen Entwicklung gegönnt worden, hätte sein Einfluss zur Stabilisierung der gesamten Region geführt und die Schaffung eines wirklichen »dritten Europas«[15] ermöglicht, einer geschlossenen Kraft, die imstande gewesen wäre, den deutschen Nachbarn trotz seiner zahlenmäßigen Stärke zur Besinnung zu bringen (schließlich beläuft sich die Gesamtbevölkerung Ostmitteleuropas auf knapp 100 Millionen Menschen). Stattdessen hat die fieberhafte Anspannung in Polen auf seine raffgierigen Nachbarn wie eine ständige Provokation gewirkt.

Worauf das alles hinausläuft, ist klar: Keine Form des Wiederaufbaus in Mittel- oder Ostmitteleuropa kann jemals zu einem dauerhaften Frieden führen, solange das Geschwür des Antisemitismus nicht entfernt wird. Allerorten gehörte das Bestreben, den Juden zu schaden, zu den Faktoren, deren Zusammenspiel den gegenwärtigen Krieg herbeigeführt hat. Dieser Krieg würde umsonst geführt, der Sieg auf weit Schlimmeres als nur Heuchelei hinauslaufen, sollte diese Saat im Boden belassen werden, um die Zukunft zu vergiften.

15 Bekannter unter dem Namen Intermarum (polnisch *Międzymorze*): Józef Piłsudski entwarf nach dem Ersten Weltkrieg den geopolitischen Plan einer Konföderation, die vom Schwarzen Meer bis zur Ostsee reichen sollte.

6. Kapitel Der objektive Antisemitismus

Manchen jüdischen Lesern mag es so vorkommen, als werde in diesem Kapitel mit verschiedenen zwischen 1920 und 1939 amtierenden polnischen Regierungen, die immerhin für die fortschreitende wirtschaftliche Erniedrigung der polnischen Juden, die systematische Aushebelung ihrer durch den Vertrag von Versailles und die polnische Verfassung gleichermaßen verbrieften rechtlichen Gleichstellung und die zahlreichen unkontrollierten Ausbrüche brutaler antijüdischer Gewalt verantwortlich waren, allzu großzügig verfahren. Damit haben sie insofern recht, als es dem Autor in diesem Zusammenhang darum geht, die Schuld der Menschen ganz bewusst bei Seite zu lassen, um etwas viel Wichtigeres zu untersuchen: Jene objektiven Triebkräfte nämlich, die dem Wohlbefinden einer verstreut lebenden Minderheit in Mitteleuropa aus grundsätzlichen und organisch erwachsenen Gründen unversöhnlich gegenüberstehen. Regierungen können diese Triebkräfte nur in begrenztem Maße beeinflussen. Genauer gesagt: Regierungen können das Maß der durch sie verursachten Bedrängnis zwar bis an die Grenze des menschlich Erträglichen (oder auch darüber hinaus) steigern, aber nur sehr wenig tun, um den Druck, den sie unweigerlich verursachen, abzuschwächen oder zu vermindern, und gar nichts, um ihn zu beseitigen.

Zugegeben: Insbesondere in der Zeit vor Piłsudskis Putsch erhöhten manche dieser Regierungen den Druck mit etlichen Maßnahmen, und keine von ihnen kann für sich beanspruchen, ihrer Pflicht, ihm entgegenzutreten, auch nur andeutungsweise nachgekommen zu sein. Dies gilt auch für die besten unter ihnen und ist allerdings bedauerlich. Nun, da sie alle besiegt und hinweggefegt worden sind, wäre nichts einfacher, als sie mit der verdienten Schärfe zu denunzieren. Wenigstens nachträglich könnte eine derartige Anprangerung den langen unterdrückten Empfindungen der Empörung und Indignation vielleicht etwas Genugtuung verschaffen. Doch muss der Autor gestehen, dass sie ihm keinerlei Satisfaktion verschaffen würde. Er hält sich lieber an die Fragestellung, die er sich vorgenommen hat, und befasst sich statt mit den Sünden der Menschen mit grundlegenden gesellschaftlichen Vorgängen und Entwicklungen.

Die betreffenden Männer, seien sie Minister oder Beamte, Autoren oder Priester, haben gewiss immer wieder unverzeihliche Schuld auf sich geladen, und eine lange Spur jüdischer Tränen, oft auch mit Salzigerem als Tränen vermischt, führt zu ihren Türen. Sollte es eine jenseitige Gerichtsbarkeit geben, werden sie für ihre Sünden zur Rechenschaft gezogen werden. Aufrichtige Historiker werden sie verurteilen. Doch in diesem Buch geht es darum, Juden und Nichtjuden gleichermaßen zu der Einsicht zu zwingen, dass der Fluch der jüdischen Existenz in der Zone ihrer ärgsten Not im Kern durch etwas ungleich Grundlegenderes verursacht wird als politische Maßnahmen, Ideologien oder Propagandaanstrengungen, seien sie positiv oder negativ. Daher darf die Aufmerksamkeit des Lesers nicht von der erforderlichen streng fokussierten Befassung mit den wesentlichen Ursachen dieser unlösbaren Tragödie auf naheliegende und billige Emotionen umgelenkt werden.

Das Ghetto war in Ostmitteleuropa von alters her dem Untergang geweiht. Keine Regierung, kein Regime, kein Engel und kein Teufel hätte es in etwas umwandeln können, das auch nur entfernt einer normalen Heimstätte geglichen hätte. Inzwischen ist seine Wiederherstellung absolut undenkbar, es sei denn, es kommt zu einer drastischen Veränderung der zahlenmäßigen Proportionen zwischen den ethnischen Gruppen.

Manche Menschen sind in diesen Dingen so empfindlich, dass sie es für einen Verrat an der Sache der jüdischen Emanzipation halten, wenn man Belege dafür anführt, dass die rechtliche Gleichstellung für sich genommen den Juden nicht die geringste Gewähr einer normalen Existenz bietet, und in Ostmitteleuropa schon gar nicht. Die gleiche Art der politischen Prüderie gab es einst im russischen Zarenreich. Die russischen Liberalen waren derart in die Forderung nach einer Verfassung und einem Parlament vernarrt, dass sie jeden noch so vorsichtigen Hinweis als politischen Verrat betrachteten, das Leben könnte auch in einem streng konstitutionell und parlamentarisch regierten Land nicht automatisch gegen die Probleme der Ungerechtigkeit, der Unterdrückung, der Korruption oder des Antisemitismus gefeit sein. Immerhin war ihre Ignoranz insofern verzeihlich, als sie nie unter einem konstitutionellen Regime gelebt hatten. Auf diese Ausrede können die Juden Ostmitteleuropas sich heute nicht mehr berufen. Sie alle wissen aus Erfahrung, was die rechtliche Gleichstellung wirklich wert ist. Die Juden in Deutschland und

Österreich, in der westlichen Hälfte Polens und auf dem Balkan machen seit drei Generationen ihre Erfahrungen damit, jene im Osten Polens und im Baltikum seit zwei Jahrzehnten. Sie alle sind ohne Ausnahme und Vorbehalt zu der uneingeschränkten Überzeugung gelangt, dass die rechtliche Gleichstellung allein jene Krankheit nicht zu heilen vermag, die ihre Existenz vergiftet hat und weiterhin vergiften wird. Die alliierten Staatsmänner, von denen zumindest einige diese Erfahrung vielleicht wirklich vergessen haben und daher der Illusion, das Problem könne auf zufriedenstellende Weise gelöst werden, indem man erneut Gleichberechtigungsklauseln in die Friedensabkommen, Verfassungen und Bündnisverträge hineinschreibt, ehrlich anhängen, jetzt nicht an diese Erfahrung zu erinnern, wäre auf unverzeihliche Weise kurzsichtig. Nichts könnte heute dringlicher sein, als allen Beteiligten ein für alle Mal klarzumachen, dass das Prinzip der Gleichberechtigung für sich genommen in Ostmitteleuropa nicht zur Gleichstellung, sondern lediglich zur Wiederherstellung des bekannten Chaos führen kann. Um Außenstehenden dies klarzumachen, müssen einige bittere Wahrheiten eingestanden und erläutert werden, so schmerzlich dies für übermäßig empfindliche Menschen auch sein mag. Sie beziehen sich auf das wesentliche und alles andere dominierende Merkmal der Osteuropäischen Realität. Es gibt bestimmte unvermeidliche Aspekte der normalen gesellschaftlichen Entwicklung in Osteuropa (wobei es auf die Begriffe ›unvermeidlich‹ und ›normal‹ ankommt), die für die Existenz der Juden auf grundlegende, objektive und organische Weise fatal sind.

Diese Tatsache wird in den folgenden Kapiteln ausführlich erläutert. Einführend wird hier auf den klassischen Sachverhalt eingegangen, der allgemein zur Begründung der Unvereinbarkeit zwischen der normalen Entwicklung der ostmitteleuropäischen Wirtschaft und der Stellung der Juden in jener Wirtschaft angeführt wird. Es geht dabei um die nichtjüdische Genossenschaftsbewegung, insbesondere in den ländlichen Regionen. In Polen lebten etwa eine Dreiviertelmillion Juden in den Dörfern. Sie machten im Schnitt 3,2 Prozent der ländlichen Gesamtbevölkerung aus. Mit wenigen Ausnahmen lebten diese 750 000 Menschen davon, dass sie als Ladenbesitzer und Hausierer Waren an die Bauern verkauften. Die Genossenschaftsbewegung nahm lange vor dem Ersten Weltkrieg ihren Anfang, erreichte ihren Höhepunkt aber im vergangenen Jahrzehnt.[16]

16 Die polnische Genossenschaftsbewegung ist gegen Ende des 19. Jahrhunderts entstanden, wobei es erste Genossenschaften schon in den 1820er Jahren

Im Jahr 1938 gab es in den ländlichen Teilen Polens 3207 Konsumgenossenschaften (mit 350 000 Mitgliedern), 1475 Genossenschaften für den Vertrieb von Molkereiprodukten (mit 626 000 Mitgliedern) und weitere 453 für den allgemeinen Vertrieb (mit 76 000 Mitgliedern). Diese Entwicklung grub den jüdischen Händlern systematisch das Wasser ab. Bemerkenswerterweise war die Situation gerade in den ukrainischen Landesteilen am verheerendsten, wo die gezielte antisemitische Propaganda viel schwächer war als unter den Polen, und das Bestreben der Regierung, den jüdischen Einfluss zurückzudrängen, bei weitem nicht so ausgeprägt, wie in den ausschließlich polnischen Provinzen. Dieser Sachverhalt belegt, dass das Problem nicht so sehr auf den Vorsatz zurückzuführen ist, den Juden als Juden schaden zu wollen, sondern der Entwicklung wesenhaft innewohnt. Der ländliche Ladenbesitzer wäre von ihr nicht weniger betroffen gewesen, wäre er ein Armenier oder Chinese gewesen. Zufällig war er aber ein Jude, der sonst nirgends hinkonnte.

Sollte es in den ukrainischen Landesteilen auch einige christliche Ladenbesitzer gegeben haben, mussten sie vor dem Ansturm der Genossenschaften gewiss ebenso die Waffen strecken. Nur würde der ruinierte christliche Händler, weil er sich als Fachmann von den einfältigen Bauern abhob, in der Regel in den Verwaltungsapparat der Genossenschaftsbewegung integriert. Der Jude kann mit derartiger Beschäftigung nicht rechnen. Dass es nicht angehen würde, einen verdrängten jüdischen Händler in den Vorstand einer landwirtschaftlichen Genossenschaft aufzunehmen, versteht sich für alle Beteiligten dermaßen von selbst, dass kein Jude auch nur daran denken würde, um eine solche Absurdität anzusuchen. Sollte man auch dies als Ausdruck des Antisemitismus bezeichnen? Die Manager in der Genossenschaftsbewegung, von denen die meisten durchaus aufklärerischen Idealen verpflichtet sind, würden dies empört zurückweisen. Es handle sich lediglich darum, dass man sich zuerst um die eigenen Leute kümmern müsse.

Das gleiche Phänomen lässt sich in noch viel gravierenderer Form in mindestens einem der baltischen Staaten beobachten, wo antisemitische Gewalt allerdings nicht geduldet würde. Es kommt dort eine an sich durchaus verdienstvolle Entwicklung zur Entfaltung: Nach und nach übernimmt der fragliche Staat in der einen oder anderen Form die mehr oder weniger direkte Verwaltung aller

gab. Zu jener Zeit existierte keine unabhängige Nation Polen, die Genossenschaften übernahmen daher quasi-staatliche politische Funktionen.

wichtigen Industrie- und Handelsunternehmen. Dabei werden die Eigentümer auf (zumindest einigermaßen) angemessenem Niveau entschädigt. Die nichtjüdischen Eigentümer leiten die Unternehmen in der Regel weiter. Dagegen werden die jüdischen Eigentümer nach und nach durch Nichtjuden ersetzt. Dabei wird zwar in der Regel nichts übers Knie gebrochen, gleichwohl aber in durchaus systematischer Weise vorgegangen. Eines der Opfer beschrieb den Vorgang dem Autor gegenüber wie folgt:

> »Wenn die Regierung in Polen eine Fabrik aus jüdischem Eigentum übernimmt, werden alle dort beschäftigten Juden entlassen. Hier wird nicht mit derartig unanständiger Eile vorgegangen. Neunzig Prozent meines ehemaligen Personals wurden zunächst weiterbeschäftigt. Das war vor drei Jahren. Nach einem Jahr waren nur noch 70 Prozent dieser Beschäftigten übriggeblieben, letztes Jahr waren es 50 Prozent, und inzwischen ist das Ende absehbar.«

Man zitiert dort häufig eine bemerkenswerte Äußerung, die von einer recht hochstehenden Persönlichkeit stammen soll: »Man bemühe sich nicht, die Fliegen zu töten, man sorge nur dafür, dass sie keine Krümel vorfinden.« Dieser Aphorismus gilt als Ausdruck eines vorsätzlichen, aber »höflichen« Antisemitismus. Ob er je von jener Persönlichkeit ausgesprochen wurde, sei dahingestellt. Darauf kommt es kaum an. Die entscheidende Frage ist, ob eine Regierung, die sich unter den Bedingungen in Ostmitteleuropa auf das fraglos fortschrittliche Abenteuer der Vergesellschaftung der Schlüsselindustrien einlässt, sich anders verhalten könnte. Die Gesamtbevölkerung des Staats ist so groß wie die eines Londoner Stadtbezirks, doch gibt es dort eine Universität, eine Fachhochschule für Ingenieure und mehrere tausend Studenten. Jahr für Jahr begeben sich mehr und mehr hochqualifizierte ›eigene Leute‹, meist vorzügliche, eifrige, begabte, ehrliche und leistungsstarke junge Männer, auf die Suche nach Stellen. Wie lange würde eine Regierung geduldet, die sie im Abseits stehen ließe, während Juden weiterhin die staatlichen Unternehmen leiteten und ihr Personal stellten? Und was tut es da zur Sache, dass es sich in vielen Fällen um vormals jüdische beziehungsweise mit jüdischem Kapital gegründete Unternehmen handelt?

Eine üble Ungerechtigkeit, zweifellos. Doch Missbilligung allein kann da auch nichts ausrichten. Dem Problem liegt nicht der Hass auf die Juden zugrunde, den man vielleicht nicht beseitigen, aber immerhin bekämpfen könnte. Vielmehr geht es hier um Elementareres und Ursprünglicheres: Das Mitgefühl für die ›eigenen Leute‹. Diesen Instinkt kann man schwerlich kritisieren, denn er ist so natürlich wie die Tatsache, dass man die eigenen Kinder denen der Nachbarn vorzieht.

Allerdings ist auch der objektive Antisemitismus in letzter Instanz auf bestimmte subjektive Einstellungen zurückzuführen. Dennoch ist die hier vorgenommene Unterscheidung zwischen den beiden Arten des Judenhasses, dem subjektiven und dem objektiven, nicht bloß aufgesetzt. Der subjektive Antisemitismus stellt eine Form der aktiven Feindschaft dar, er äußert sich in dem ständigen Bedürfnis, der verhassten Rasse zu schaden, ihre Angehörigen zu demütigen und zuzusehen, wie sie sich krümmen und winden, wenn man sie tritt. Eine derart aggressive und sadistische Mentalität kann man natürlich nicht in jedem gewöhnlichen Mitglied der Gemeinschaft auf Dauer am Siedepunkt halten. Die Temperatur steigt und sinkt, es gibt Zeiten der Eruption und des Winterschlafs. Und selbst wenn sie am stärksten ist, wird diese Mentalität in ihrer akuten und verzehrenden Form nur von einer kleinen Elite artikuliert. Die Mehrheit folgt ihr nur nach und zieht bloß ein begrenztes Vergnügen aus dem Spaß. Da er also einigermaßen elastischer Natur ist, kann der subjektive Antisemitismus mitunter mit einem gewissen Maß an Erfolg bekämpft werden. So kann man beispielsweise von den Deutschen als einer Nation mit einer beachtlichen Begabung für kollektiven Gehorsam erwarten, dass sie ihn auf Befehl abschwächen werden, sofern sie nicht durch einen allzu starken Zustrom von jüdischen Rückkehrern gereizt werden.

Einem Hass von derart vulkanischer Hitze scheint etwas Pathologisches anzuhaften. Gleich wie stark die rassische Abscheu, gleich wie haarsträubend die Sünden Israels, es ist offensichtlich, dass sie nicht einmal einen Bruchteil des Aufruhrs rechtfertigen. Man kann sich des Verdachts nicht erwehren, dass diese Haltung, wie der Sadismus im Allgemeinen, im Unbewussten nicht nur auf Abscheu, sondern auch auf Anziehung beruht. Ein bemerkenswertes Merkmal dieses ›vulkanischen‹ Antisemitismus ist seine Unfähigkeit, die Bestrebungen des Zionismus und andere vergleichbare Aspirationen zu würdigen. Logisch betrachtet müssten die Nazis eigentlich geneigt sein, jegliche Bewegung zu unterstützen, der es darum geht, die Juden aus Deutschland zu evakuieren. Doch, obwohl dies den Exodus nur behindern kann, haben sie in der Praxis mehr als jede andere Regierung unternommen, um in Palästina antijüdische Unruhen anzustiften. Würde man anstelle Palästinas Uganda, Angola oder Mindanao zur nationalen Heimstätte der Juden erklären, würden die Nazis dort allem Anschein nach ebenso verfahren. Der Sadismus möchte sein Opfer nicht verlieren. Der biblische Bericht über den Exodus ist die erste Darstellung dieser kuriosen Wechselwirkung zweier gegenläufiger Leidenschaften. Die eine will die verhasste Brut auslöschen, die andere ihren Auszug verhindern.

Beobachter dieses morbiden Phänomens haben weitere bemerkenswerte Hypothesen zu dessen Erklärung entwickelt. Der beliebtesten wurde vor einigen Jahren von Henri Bernstein in einem Theaterstück mit dem Titel *Israel* neues Leben eingehaucht.[17] Darin geht es um einen jungen französischen Aristokraten und erbitterten Feind der Juden, der erfährt, dass in Wirklichkeit nicht *son cher papa*, sondern ein mondäner jüdischer Bankier sein Vater ist. Suggeriert wird also, dass es sich bei dem ›vulkanischen‹ Antisemitismus um eine Form der abnormen Vernarrtheit handelt, der eine physiologische, vermutlich rassische Wurzel zugrunde liegen muss. Der große ungarische Staatsmann Baron Etövös (was in etwa als ›Etwesch‹ ausgesprochen wird) schrieb vor fast einem Jahrhundert: »Ein Antisemit ist jemand, der die Juden mehr hasst, als er sollte.« Woher stammt dieser Überschuss? Woher kommt die Aufgeregtheit? Die einfachste Erklärung lautet, dass der Antisemit von Juden besessen ist, und dass diese Obsession von einem Tropfen jüdischen Bluts in den eigenen Adern herrührt, der in der Psyche des Mischlings eine rätselhafte und atavistische Reaktion hervorruft. Dieser Theorie zufolge hat der ›vulkanische‹ Judenhasser, die Sorte Judenhasser also, dessen Abneigung gegen die Juden über das angemessene Maß hinausgeht, sehr wahrscheinlich jüdische Vorfahren. Die jüdischen Vorfahren mögen lange zurückliegen oder durch den Tatbestand außerehelicher Empfängnis verborgen sein, so dass keine Dokumente ihr Vorhandensein belegen. Sie mögen sich auf die Form der Nase oder die Gestalt der Augen nicht ausgewirkt haben, doch gilt das nicht als entscheidend. Der ›Judenkomplex‹ firmiert auch ohne weitere Indizien als ein Beleg des rassischen Atavismus.

17 Henri Bernstein (1876–1953): Theaterautor, floh während des Zweiten Weltkriegs in die USA; 1911 organisierte die Jugendorganisation der *Action française* antisemitische Krawalle gegen eines seiner Stücke. Das Stück *Israel* entstand 1908 im Zuge der Dreyfus-Affäre, und erzählt die Geschichte eines antisemitischen Aristokraten, der seinen Club »judenrein« machen will, und herausfindet, dass er selbst Sohn eines Juden ist, worauf er sich das Leben nimmt. Das Stück wurde leidenschaftlich diskutiert, vor allem als es in New York auf die Bühne kam. Jüdische Stimmen waren unter anderem der Meinung, dass das Stück eine Beleidung jedes sich selbst respektierenden Juden sei und forderten die Absetzung.

Mag daran nun etwas wahr sein oder mag es nur reine Einbildung sein, ein Experte in kollektiver Psychopathologie möge der Theorie gerne nachgehen. Den Juden ist es einerlei. Sollte sich herausstellen, dass Dr. Goebbels von Rabbinern abstammt, würde ihnen das weder schmeicheln, noch würde es ihre Schwierigkeiten vermehren oder vermindern. Dem Autor geht es in diesem Exkurs darum, im Gegensatz zum beständigen, dauerhaften und unabänderlichen Charakter des folglich viel gewichtigeren objektiven Antisemitismus das morbide, hektische und fluktuierende Wesen dieses subjektiven Antisemitismus herauszustreichen.

Es rührt von der gefühlsmäßigen Unterscheidung her, die jeder normale Mensch zwischen seiner oder ihrer ›eigenen Art‹ einerseits und Außenseitern aller Art andererseits vornimmt. Dieser Antisemitismus muss nicht in Hass münden, ja, er muss nicht einmal etwas mit tatsächlicher Abneigung zu tun haben. In der Regel mag er, mitunter über Generationen hinweg, latent bleiben und sich nur dann regen, wenn die Konkurrenz um ein bestimmtes Gut sich extrem zuspitzt, so dass man sich zwischen der eigenen Herkunft und den Außenstehenden entscheiden muss, und der Selbsterhaltungstrieb folglich in den Vordergrund tritt. Auch dann muss er sich nicht in glühendem Zorn entladen, obwohl das durchaus eine Möglichkeit ist. Wie das baltische Beispiel zeigt, kann er auch auf äußerlich korrekte und höfliche, darum allerdings keineswegs weniger gnadenlose Weise umgesetzt werden. Oder er kann, wie er das mitunter in Polen tut, Amok laufen. Entscheidend ist nicht die Form, sondern der Geist. Es geht um das unauslöschliche Bewusstsein einerseits jedes Nichtjuden, dass sein jüdischer Nachbar nicht zu Seinesgleichen zählt, und andererseits jedes Juden, dass seine ›arischen‹ Freunde nicht Seinesgleichen sind. Dieses Bewusstsein ist nicht an sich schädlich. Es steht einem gedeihlichen Zusammenleben, gegenseitigem Beistand, auch freundschaftlichen Beziehungen nicht im Weg, vorausgesetzt, das gesellschaftliche Klima ist günstig. Im Klima Ostmitteleuropas wird es jedoch für die Juden zum Todesurteil.

7. Kapitel Das polnische Ghetto

Dafür, dass der subjektive Antisemitismus in der polnischen Volksseele jemals ein Fixpunkt gewesen sei, gibt es keinen Anhaltspunkt. Der Autor will sich hier nicht auf die bekannten Zeugnisse von Vertrautheit und Wohlwollen gegenüber den Juden in den Werken der polnischen Dichter und Denker berufen, denn sie tun nichts zur Sache. Ihm geht es vielmehr darum, dass es seines Wissens aus der gesamten Zeit von der polnischen Teilung bis etwa 1909 keinerlei Berichte über eine sich selbst als solche begreifende antijüdische Bewegung in der polnischen Literatur oder Gesellschaft gibt.

Das soll nicht heißen, dass es keine Entfremdung gegeben hat; dass es nicht gelegentlich zu Verwünschungen, Hetze und Übergriffen gegen die Juden kam. Unter den gegebenen Umständen lernt der Jude zwischen den nicht allzu gewichtigen Vorbehalten, die der nationalen Gastfreundschaft im Alltag Grenzen setzen, und dem spezifischen und vorsätzlichen Phänomen einer ›Bewegung‹ zu unterscheiden.

Doch seit 1909, im Zuge des Ersten Weltkriegs und in den Jahren zwischen den beiden Weltkriegen ist Polen zum Schauplatz nicht mehr endender Angriffe auf sämtliche Positionen der Juden geworden. Bei diesen Angriffen sind alle denkbaren Mittel eingesetzt worden: Worte, Fäuste, der wirtschaftliche Ausschluss und verschiedene Regierungsmaßnahmen, die lediglich vor der expliziten rechtlichen Diskriminierung Halt machten. Sie stürzten die 3,3 Millionen Juden des Landes, deren Vorfahren meist schon seit Generationen in Armut lebten, in eine unbeschreibliche wirtschaftliche Not und hätten eine Massenflucht ausgelöst, wäre der Weg zu den meisten infrage kommenden Zielen nicht versperrt gewesen.

So hat das polnische Ghetto schließlich in der langen Geschichte der Zerstreuung den Titel des tragischsten aller Ghettos erworben. Es verweist so umfassend und exemplarisch wie kein anderes auf die morbiden und schmerzlichen Folgen der Existenz im Ghetto, vor allem aber auf den natürlichen Kulminationspunkt einer derartigen Existenz: Den automatischen Ausschluss einer verstreut lebenden

Minderheit durch die jeweiligen Mehrheit vor Ort. Wir bezeichnen ihn als »automatisch«, weil er unweigerlich erfolgt, ganz unabhängig von irgendeiner vorsätzlichen antijüdischen ›Bewegung‹ oder Gesetzgebung. Gibt es eine Bewegung, beschleunigt sie den Vorgang etwas, Gesetze können ihn gegebenenfalls etwas verlangsamen. So oder so schreitet er aber mit der Beharrlichkeit einer Wanderdüne voran.

Ob sie es wissen oder nicht, ob sie es einräumen oder leugnen würden, die polnischen Juden sind sich alle über diesen Automatismus im Klaren, sie wissen, dass zwischen ihren unheilvollen wirtschaftlichen Aussichten und der Stimmung der Massen und Minister kein wirklich kausaler Zusammenhang besteht. Unter jüdischen Emigranten aus Polen ist dem Autor noch nie die Spur eines tiefsitzenden Ressentiments gegen das polnische Volk oder auch nur gegen den polnischen Staat untergekommen. Dagegen sind die jüdischen Flüchtlinge aus Deutschland unleugbar von einem tief empfundenen, vorwurfsvollen Groll beseelt, der sich nicht nur gegen den Nationalsozialismus richtet, sondern gegen das gesamte nationale Umfeld, das ihn duldet. Die aus Deutschland Vertriebenen meinen, sie hätten es mit einem in der menschlichen Natur liegenden Grundübel zu tun, das sich der Männer und Frauen auf der Straße bemächtigt und ein vormals zivilisiertes Land in eine Wüstenei verwandelt habe. Was der polnische Jude, ob sesshaft oder ausgewandert, über den Anteil subjektiver Missgunst an der Produktion des Elends im Ghetto denkt, offenbarte dem Autor einst die melancholische Klage eines galizischen Rabbiners:

> »Ich frage mich, wie viel ich selbst als König zur Verbesserung der Lage der Juden in diesem gesegneten Land tun könnte. Es kommt ja nicht nur darauf an, welche Befehle man erteilt oder wie viele Randalierer man einsperrt. Es ist eher, als wolle man den Regen oder den Schnee am Fallen hindern.«

Diese Nachsicht einem Regierungssystem gegenüber, unter dem die polnischen Juden so schrecklich gelitten haben, ist von erheblicher Bedeutung. Der Autor muss zugeben, dass es ihm in zweifacher Hinsicht Genugtuung bereitet, sie ins Feld zu führen: Einmal als Beleg für die instinktive Fairness und Anständigkeit der Juden, zum anderen, weil es sich in Teilen der westlichen Presse in jüngster Zeit eingebürgert hat, sich abfällig über die besiegten vormaligen Verbündeten und so auch über die Staatskunst Piłsudskis, ja, sogar über

Piłsudski selbst zu äußern. Insbesondere der zuletzt als polnischer Außenminister tätige Oberst Beck[18] wird mitunter als ein spezieller Reaktionär dargestellt, als ein Unterstützer der Nazis und Nachahmer der biblischen Figur Haman[19]. Derartige Behauptungen sind nicht nur geschmacklos, sie zeugen auch von einem mangelhaften Erinnerungsvermögen. Ohne als Apologet auftreten zu wollen, kann der Autor an dieser Stelle vielleicht einiges von Interesse zum Verständnis jenes unglücklichen, seit langem zum Scheitern verurteilten Häufchens beitragen, das Piłsudski an der Spitze seines Polens zurückließ.

Ja, *seines* Polens. Der Autor hat Piłsudski nie gesehen oder gehört, ist aber gleichwohl davon überzeugt, dass der Eindruck, den er von der patriotischen Philosophie des Marschalls gewonnen hat, zutreffend ist. Für Piłsudski war der Patriotismus eine strenge, karge und asketische Religion, die für Emotionalität nur Verachtung übrighat. Es galt allgemein als ausgemacht, dass Piłsudski »die Russen ebenso leidenschaftlich hasste, wie er die Polen liebte«, doch war das vermutlich Unsinn, denn der Mann war für Backfischsentimentalitäten wie die Anbetung der einen und Abscheu gegenüber der anderen Partei von Haus aus völlig unempfänglich. Man fragt sich, was er wohl geantwortet hätte, wenn man ihn dazu befragt hätte. »Das ist absurd«, hätte er vielleicht gesagt. »Mit der Ausnahme meines eigenen Volks stehe ich allen Völkern mit höflicher Indifferenz gegenüber. Dem eigenen Volk gegenüber kann ich nicht höflich sein, denn seine Schwächen gehen mir immerzu auf die Nerven.«

Das ist das einzige wirkliche Kriterium für authentischen und ungetrübten Patriotismus: Er besteht in der beständigen nüchternen und pragmatischen Anteilnahme ohne allen Firlefanz. Piłsudski war ein ausgesprochener Pragmatiker. Ständig runzelte er die Stirn über

18 Józef Beck (1894–1944): 1932–1939 polnischer Außenminister, versuchte eine Politik des Ausgleichs mit Deutschland und der Sowjetunion, daher schloss er 1932 den polnisch-sowjetischen Nichtangriffspakt und 1934 den polnisch-deutschen Nichtangriffspakt. Beck wurde immer wieder der Vorwurf gemacht, dass er den Krieg mit Deutschland provoziert hätte, weil er nicht bereit war, Danzig an das Deutsche Reich abzutreten, und die Hoheit über den Danziger Korridor aufzugeben.

19 Haman, zentrale Figur des Buchs Esther, war höchster Regierungsbeamter am Hofe des Perserkönigs Ahasveros/Xerxes, der bestimmte, dass seine Dienerschaft sich vor ihm niederzuknien hatte. Als einer von ihnen sich weigerte, veranlasste er beim König ein Edikt, wonach alle Juden am 13. Adar umgebracht und ausgeplündert werden dürfen. An Purim wird aus dem Buch Esther gelesen, und jedes Mal, wenn der Name Haman fällt, stampft die Gemeinde laut auf den Boden, um ihr Missfallen auszudrücken.

irgendeine polnische Unzulänglichkeit, die ihm auf die Nerven ging, immerzu war er damit beschäftigt, etwas wiederaufzubauen, zu reparieren oder aufzuräumen. Obwohl er sich zu Beginn seiner Karriere zu dem einen oder anderen bekannt haben mag, hatte er streng genommen nie ein Programm, sofern man darunter eine Aneinanderreihung von konkreten sachbezogenen Vorhaben versteht. Doch belegt, wofür er ein Leben lang arbeitete, dass er stets einen klaren Aktionsplan hatte und befolgte, der so geradeaus und einfach war, dass es möglich sein sollte, ihn in knappen Worten zusammenfassen. Er dürfte sich kaum damit abgegeben haben, Russland zu hassen (was nicht heißen soll, dass ihm die Abwehr des Heißhungers nach Übergriffen, den Russland an den Tag legte, nicht wichtig war). Allerdings fürchtete er sich vor dem schädlichen Einfluss jener semi-asiatischen Liederlichkeit, Schlamperei und Oberflächlichkeit, die stets den Charme (und wiederholt auch das Verderben) Russlands ausgemacht haben. Den bekannten Unsinn von der *l'âme Slave*[20], die Melange von erhabenen Träumen und gedeihenden Läusen, das tiefgründige mystische Grollen, das sich als Schnarchen entpuppt, all dies mochte Piłsudski in Polen nicht dulden. *Sein* Polen sollte aufgeräumt, reinlich, pünktlich, effizient, züchtig, kurzum: ›westlich‹ sein. Man könnte vielleicht sagen, dass er Polen auf der Landkarte weiter nach Westen, gewissermaßen näher an die Schweiz heranrücken wollte. Das soll nicht heißen, dass er allen Eigenschaften des Westens mit uneingeschränkter Bewunderung gegenüberstand, doch zog er den Westen verschiedenen Besonderheiten des Ostens, wie sie von Sowjetrussland verkörpert wurden, allemal vor. Er erinnere sich an Russland als »interessant, aber einigermaßen ungewaschen«, sagte Piłsudski einmal einem Besucher. Er wollte, dass Polen sich ordentlich wäscht, dass es in jeder Hinsicht reinlich ist, materiell und moralisch. Zu den Schandflecken, von denen er wollte, dass das Land sie auswäscht, gehörte die entehrende Angewohnheit der Judenhetze.

Piłsudski war weder ein Freund noch ein Feind der Juden. Auch ihnen gegenüber wahrte er seine höfliche Indifferenz – ausgesprochen höflich bei allen öffentlichen Gelegenheiten. Obgleich er es nie gesagt hat, liegt der Verdacht nahe, dass er es durchaus nicht bedauert hätte, wenn die Juden statt zehn nur ein Prozent der polnischen Gesamtbevölkerung gebildet hätten. Und da es nie genügend Arbeit für alle gab, kann man sich, obgleich er sich nie dazu geäußert hat, vorstellen, dass er es vorgezogen hätte, wenn die Arbeitsplätze

20 *L'âme Slave* (französisch): die slawische Seele.

statt an die Juden an die Polen gegangen wären. Doch für Pogrome, Ghettogesetze und derlei mehr hatte er in etwa so viel übrig wie für ein Furunkel auf der Nasenspitze einer Geliebten. In seinem Polen hätte Piłsudski sie nicht geduldet.

Inwieweit es ihm gelang, das Antlitz Polens von diesem Makel zu befreien, ist allerdings eine andere Frage. Seine Anstrengungen waren nicht besonders erfolgreich, und er hätte sich wohl durchaus intensiver bemühen können.

Für seine Nachfolger gilt das allemal. Sie hätten sich auf jeden Fall größere Mühe geben können. Der Autor ist manchen von ihnen, darunter Oberst Beck, Marschall Śmigly-Rydz, General Sławoj Składkowski und eine Reihe jüngerer Männer, deren Rolle der des berühmten Lloyd-George-Sekretariats[21] ähnelte, persönlich begegnet und hatte auch darüber hinaus Gelegenheit, die allgemeine Tendenz ihrer Wünsche und Bestrebungen einzuschätzen. Keiner von ihnen gab vor, ein Freund der Juden zu sein. Gleichwohl könnten wir bei unseren ehrlichsten Freunden in Westeuropa lange nach einer ähnlich intimen, aus Jahrhunderten des engen Zusammenlebens erwachsenen Intuition mit Blick auf die *Weltanschauung* [deutsch im Original] der Juden, die Atmosphäre im jüdischen Heim und die jüdische Seele suchen. Sie als politische Antisemiten einzustufen, wäre unangemessen. Die sie entehrende und besudelnde Vulgarität der Pogrome und der pogromhaften Teile des Gesetzbuchs war ihnen nicht weniger zuwider als ihrem Lehrer Piłsudski. Doch mussten sie mit einer Vielzahl urwüchsiger Kräfte zu Rande kommen, die auf antijüdische Gesetze drängten und sich in mörderischen Ausschreitungen entluden. Es gab nach Piłsudskis Tod Augenblicke, in denen nur die Regierung und die kleine Herrschaftsclique, die sie unterstützte, die als »die Obristen« bekannte Piłsudski-Clique also, einen Kreuzzug aller Nichtjuden gegen die Juden verhinderten. Die Obristen waren eine kleine, isolierte Gruppe ohne nennenswerte Wurzeln in einer der wichtigen gesellschaftlichen Schichten. Sie wehrten dem allgemeinen Geschrei nach brutalen Nazimethoden, indem sie eine würdigere Alternative boten. In Genf setzten sie sich dafür ein, dass die Auswanderung nach Palästina erleichtert würde, und sie förderten verschiedene Projekte zur Ansiedlung von Juden in Australien

21 Jabotinsky meint mit »Llyod-George-Sekretariat« vermutlich das Kriegskabinett während des Ersten Weltkriegs, das unter Llyod George und Asquith tagte. In den 1930er Jahren gehörte Lloyd George dann zu den Vertretern der Appeasement-Politik und versuchte im Auftrag der britischen Regierung, zwischen England und Hitler-Deutschland zu vermitteln.

und Madagaskar. Etliche Juden, die mit ihnen bekannt sind, würden für die Ehrlichkeit dieser Bestrebungen bürgen, so sehr sie auch wünschen mögen, sie seien mit zehnmal mehr Entschlossenheit und Nachdruck verfolgt worden. Entscheidend ist dabei jedoch, dass der Ansturm, den sie abzuwehren versuchten, von ungeheurer Intensität war und von den Angehörigen aller Klassen unterstützt wurde. Widerstand dagegen gab es nur vereinzelt. Dieser Ansturm stellte wahrlich einen ›elementaren‹ Kreuzzug dar: ›Alle gegen die Juden‹.

Wie wir sahen, ging dieser Ansturm in Polen (im Gegensatz zur Situation in Deutschland) nicht auf eine auf Gefühlen oder Überzeugungen beruhende Bewegung zurück. Sieht man von den Randalierern ab, gibt es in der polnischen Gesellschaft kaum wirklichen Hass auf die Juden. Oftmals schworen diejenigen, die die Forderung nach antijüdischen Gesetzen zu unterstützen bereit waren, dass es ihnen um den Schaden leidtue, den ihr Vorgehen den Juden verursachen würde. Nur gebe es eben keinen anderen Weg: »Es gibt nur einen Laib und den bekommt entweder mein Sohn oder der des Juden.« So erklärt sich die Halbherzigkeit selbst der Sozialisten im Kampf gegen den Antisemitismus. Auch sie mussten die eingefleischte Haltung der organisierten Arbeiter in Rechnung stellen. Dem polnischen Arbeiter war das »Eindringen« des jüdischen Proletariats in die höherentwickelten Bereiche der Industrie nicht recht und er fragte sich: »Wenn sie alle hineinkommen, was wird dann aus mir?«

Was diesem elementaren Problem letzten Endes und im Einzelnen zugrunde liegt, wird sich nur über Generationen hinweg erforschen lassen. Der Leser ist bereits darauf hingewiesen worden, dass der Autor dieser Studie kein Experte ist. Er kann diese Frage nicht beantworten, doch scheint ihm eine der vielen Erklärungen, die er gehört hat, glaubhaft. Sie beruht auf den soziologischen Besonderheiten des Ghettos einerseits und der industriellen Entwicklung Polens andererseits.

Die gleichen allgemeinen Bedingungen, die seit der industriellen Revolution in den westlichen Ländern zur massiven Abwanderung der Dorfbevölkerungen in die Städte geführt haben, sind auch in Polen wirksam gewesen, entwickelten sich dort aber erst viel später und machten sich nur in geringerem Maße bemerkbar. Nach dem Scheitern des zweiten polnischen Aufstands gegen Russland im Jahr 1863 konzentrierte die Nation ihre Energien auf die sogenannte ›organische Arbeit‹ [»Organic Work«], vorwiegend also auf Unternehmertum, Handel und Industrialisierung. Der Aufstieg der polnischen Fabrikanten nahm hier seinen Anfang, und die Juden, die in dem

Land ungefähr ein Drittel der städtischen Bevölkerung stellten, waren an dieser Entwicklung maßgeblich beteiligt. Zugleich drängte die Bevölkerung der polnischen Dörfer in die Städte. In den ersten vier Jahrzehnten führte dieser Zustrom nicht unbedingt zu einem Konflikt mit den Juden, denn die wachsenden Industrien brauchten immer mehr Arbeiter, absorbierten die Dorfjugend und beließen die Juden weitgehend ungestört in ihren traditionellen Berufen als Groß- oder Kleinhändler wie ganz allgemein als Mittelsmann, Organisator, Arzt, Anwalt usw. Dabei kreiste um die Aristokratie der Geldverdiener eine im östlichen Judentum stets überaus augenfällige und umfangreiche Klasse von in keinerlei Beschäftigung vermittelbarer Juden.

So verlief die Entwicklung bis ins Vorkriegsjahrzehnt hinein friedlich. Dann setzte eine neue Stufe in der industriellen Entwicklung ein, die sich allerdings erst nach dem Krieg vollends durchsetzte. Ihr Merkmal war der Aufstieg des Roboters, der Einzug der Rationalisierung und zunehmender Pferdestärken, die begannen, die Interessen des menschlichen Motors zurückzudrängen. Da die Arbeiter im Westen sie seit den anfänglichen Ausschreitungen gegen die ersten Dampfmaschinen in den Webereien vorhergesehen hatten, kann von einer wirklich neuen Entwicklung vielleicht nicht die Rede sein. Doch selbst in den Ländern, die den technischen Fortschritt weltweit anführten, hatten sich die diesbezüglichen Befürchtungen der Arbeiter zunächst ein Jahrhundert lang als verfrüht erwiesen. Während dieses Jahrhunderts hatte sich die Produktivkraft der Dampfmaschinen arithmetisch vermehrt, während die Märkte für sämtliche Produkte dank des Dampfers und der Lokomotive eher geometrisch angewachsen waren. Die Industrie war weiterhin imstande, die überschüssige Arbeitskraft zu absorbieren, und verlangte nach mehr, insbesondere im rückständigen Osten Europas, wo die Automation natürlich nur langsame Fortschritte machte.

Doch zu Beginn des 20. Jahrhunderts wendeten die Verhältnisse sich allmählich. Die Kraft der Maschinen, die nun von stärkeren Motoren als jenen der alten Dampfmaschinen angetrieben wurden, nahm in geometrischer Progression zu, während das Wachstum des Markts selbstredend nachließ. Das Ergebnis, das sich erst in den 1920er Jahren vollends abzeichnete, war die Beförderung der Arbeitslosen von einer in der Regel mäßig großen, fluktuierenden Reserve in den Stand einer beständigen sozialen Klasse erheblichen Umfangs, selbst unter regulären Bedingungen. Es sieht nun so aus, als bedürfe die moderne Industrie keiner weiteren Arbeitskraft. Alsbald könnte sich die Frage stellen, wie lange der Daseinszweck des »Proletariats« (im klassischen Marx'schen Wortsinn) als zentraler Faktor in der industriellen Produktion fortbestehen wird. Allem Anschein nach kann diese Entwicklung nur noch unter abnormen Umständen kontrolliert werden. In technologisch fortgeschrittenen Ländern wie Deutschland geschieht dies mit Hilfe der Rüstungsindustrie. In einer rückständigen Wüstenei wie Sowjetrussland, wo ein Arbeiter mit der durchschnittlichen Produktivität seines westlichen Gegenübers als *Stachanowist*[22] gilt, und der durchschnittliche Arbeiter im Vergleich ein Faulenzer ist, geschieht dies mit Hilfe eines fieberhaften »Fünfjahresplans«, mit dem aufgeholt werden soll, was der Westen in fünfzig Jahren erreicht hat. Beides sind offensichtlich kurzlebige Stimuli. Sieht man von diesen beiden Ausnahmen ab, gilt, dass ein fortgesetzter Zustrom von Arbeitskraft der Fabrik keinen weiteren Profit einträgt, selbst in Polen nicht.

Es liegt nahe, dass dies der Hauptgrund dafür ist, dass in Polen zunächst ab 1905 und insbesondere ab 1920 die wirtschaftlichen Stellungen, die Juden bislang zugestanden worden waren, nun heiß umkämpft waren. Der junge Bursche, der vom Dorf in die Stadt zog, fand in der Weberei keine Anstellung mehr. So war er gezwungen, sich andere Formen der Beschäftigung zu suchen, in erster Linie im Einzelhandel beziehungsweise als Hausierer, wo sein Analphabetentum kein Hindernis darstellen würde. Doch musste er feststellen, dass die halb verhungerten Juden dort sämtliche Stellen für sich beanspruchten. Dies war natürlich nur ein Aspekt der Interaktion, die die Verhältnisse nun unweigerlich mit sich brachten. In dem Maße, in dem die verschiedenen Sektoren einander zunehmend überschnitten, war es unvermeidlich, dass die Nichtjuden sich nach und nach zusammenschlossen, um sämtliche von Juden gehaltenen Positionen für sich zu fordern. Das hatte nichts mit Theorien oder nationalen Idiosynkrasien zu tun. Hätte es in Polen keine Juden gegeben, wäre der Kreuzzug vermutlich genauso brutal, wenn auch in Ermangelung einer so eindeutig identifizierbaren Zielscheibe weniger fokussiert gewesen. Statt eines Kampfes aller gegen die Juden wäre er ein Kampf aller gegen alle geworden. Entscheidend ist, dass die polnische Volksgruppe nicht über genügend Arbeitsplätze für alle verfügt, und aus tausenderlei Gründen bieten die Juden eine

22 Unter Stalin war eine großangelegte Kampagne zur Steigerung der Arbeitsproduktivität nach einem Bergmann namens Alexei Grigorjewitsch Stachanow benannt worden.

zweckdienliche Zielscheibe in dem alten Spiel, das die Franzosen *ôte-toi de là que je m'y mette* nennen.[23] Dazu trägt insbesondere bei, dass es mehr als drei Millionen Juden gibt, die zehn Prozent der Gesamtbevölkerung und ein geschlagenes Drittel der Bevölkerung in den Großstädten ausmachen.

Diese ›technische‹ Interpretation des grundlegenden Charakters der jüdischen Tragödie in Polen mag vollständig oder teilweise korrekt, vollständig oder teilweise falsch sein. Fest steht jedenfalls, dass wir es mit einer Situation zu tun haben, in der der subjektive Antisemitismus der Menschen im Vergleich zu dem unerbittlichen Druck der Verhältnisse kaum ins Gewicht fällt. Manche Polen mögen die Juden hassen. Viele andere mögen die Notwendigkeit, die Juden zu vertreiben, verabscheuen. Doch darauf kommt es nicht an. Regierungen können sich den Randalierern in den Weg stellen beziehungsweise sie bestrafen, die durch die Sozialstruktur geschaffenen Verhältnisse können sie aber nicht verändern. Jener galizische Rabbiner, der bezweifelte, ob er, selbst wenn er mit der Machtfülle eines Autokraten ausgestattet wäre, die Vertreibung der Juden verhindern könnte, hatte recht. Jedenfalls ist keine polnische Regierung dazu imstande, und es ist auch unwahrscheinlich, dass sie es versuchen würde.

Manche, wenn auch keineswegs alle jüdischen Sozialisten behaupten allerdings, es gebe eine Lösung. Sozialismus in ganz Polen würde Arbeit und Wohlfahrt für alle bescheren, sodass weder Juden noch Nichtjuden weiter ausgeschlossen würden. Ehe sie diese Lösung propagieren, täten sie wohl daran, sie im Privaten mit ihren nichtjüdischen Genossen zu besprechen. Diese mögen keine Antisemiten sein. Das heißt aber nicht, dass sie sich unter einem sozialistischen Polen ein Land vorstellen, in dem Juden weiterhin 30 Prozent der städtischen Bevölkerung ausmachen. Jeder ernsthafte und ehrliche polnische Sozialist, bittet man ihn um seine aufrichtige Meinung, wird zugeben, dass eine massive Auswanderung der Juden die Lage, ob mit oder ohne Sozialismus, nur verbessern könne, und dies umso mehr, je massiver sie ausfallen würde.

Doch führt diese Frage über unsere mit den Kriegszielen der Alliierten befasste Untersuchung hinaus. Der Autor meint, dass das Schicksal einer verstreut lebenden ethnischen Minderheit in einem sozialistischen Staat ebenso schmerzlich sein würde wie in einem

23 »Hebe dich hinweg, damit ich deine Stelle einnehme!« Die Formulierung wurde von Saint-Simon gebraucht, um die Bestrebungen der sogenannten *Légistes* zu kennzeichnen, worunter man die unter der Fahne des Liberalismus nach der Herrschaft strebenden Advokaten und Rechtsgelehrten verstand.

nichtsozialistischen. Manche mögen das anders sehen, doch kommt es darauf im Moment so oder so nicht an. Eine sozialistische Revolution, ob in Polen oder anderswo, gehört nicht zu den alliierten Kriegszielen. Ganz im Gegenteil, die Alliierten wollen Polen als eine Demokratie nach dem Muster Englands, Frankreichs oder der Vereinigten Staaten wiederherstellen. Nur mit dieser Aussicht brauchen wir uns realistischerweise auseinanderzusetzen. Vom jüdischen Standpunkt aus fällt die Schlussfolgerung eindeutig aus.

Am Ende des Kriegs wird es mit Blick auf das jüdische Problem in Polen eine zusätzliche Komplikation geben, nämlich die Frage des Lublin-Reservats. Offenbar beabsichtigt das Naziregime, im Südosten des von Deutschland besetzten polnischen Gebiets um die Stadt Lublin herum eine Zone für die Zwangsansiedlung von Juden zu schaffen. Für die Wahl spricht eine gewisse Logik. Lublin war die polnische Provinz mit dem höchsten jüdischen Bevölkerungsanteil. Er lag bei 42,9 Prozent in den Städten, sechs Prozent in den Dörfern und dreizehn Prozent insgesamt. Der Transport von Juden in diese Zone hat bereits begonnen, doch ist der geplante Umfang des Vorhabens noch unklar. Ungeklärt ist beispielsweise, ob sämtliche Juden aus den von Deutschland kontrollierten Gebieten oder nur bestimmte Gruppen von Juden dort angesiedelt werden sollen. Zum Zeitpunkt dieser Niederschrift lässt sich nicht feststellen, was sich dort genau zuträgt. Es gibt Gerüchte, das Vorhaben sei bereits wieder aufgegeben worden. Dann heißt es wieder, 90 000 Juden aus Böhmen und Mähren und 100 000 aus Wien usw. würden demnächst nach Lublin gebracht.[24] Das Reservat soll angeblich 200 oder 2000 oder 5000 Quadratmeilen groß oder sogar noch umfangreicher sein (die polnische Provinz Lublin umfasste ungefähr 10 000 Quadratmeilen). All dies könnte bedeuten, dass wir keine andere Wahl haben, als uns auf Klatsch und Spekulation zu verlassen, weil die deutsche Regierung sich noch nicht dazu herbeigelassen hat, die Einzelheiten ihres Plans bekanntzugeben. Es könnte aber auch bedeuten, dass die deutsche Regierung gar nichts bekanntzugeben hat, und dass es sich bei dem Unterfangen in Wirklichkeit nicht um einen Plan handelt, sondern um eine notdürftige Improvisation. Es gibt im Übrigen eine weit verbreitete, aber törichte Neigung, die Begabung der

24 Den jüngsten Informationen zufolge haben die Nazis seiner erdrückenden Überfüllung wegen aufgehört, das Ghetto von Lublin als ›Müllhalde‹ für Juden zu verwenden. Ein Augenzeugenbericht über die unmenschlichen Bedingungen in Lublin wurde in der Ausgabe des *Contemporary Jewish Record* März/April 1940 veröffentlicht. [Anm. 2. Aufl.]

Deutschen fürs Planen zu überschätzen. Dabei wird die doch sehr offensichtliche Tatsache übersehen, dass die Naziregierung nicht erst seit Kriegsbeginn recht häufig in entscheidenden Momenten ohne klaren politischen oder strategischen Plan ans Werk gegangen ist, ihr Vorgehen täglich umgestellt hat und ganz allgemein von der Hand in den Mund lebt. Es ist daher gleichermaßen denkbar, dass der Lublin-Plan verworfen wird, sich zu etwas ganz Gewaltigem entwickelt, oder auf dem Weg dahin plötzlich aufgegeben wird.

Wie weit diese Entwicklung im Extremfall gehen könnte (sofern sie sich als machbar erweisen sollte), kann man anhand der folgenden kürzlich vom *Manchester Guardian* angestellten Berechnung ermessen. »Die Nazis«, heißt es in der Zeitung,

> »haben in der Tat nicht bekanntgegeben, wie groß das Reservat sein soll. Geht man einmal großzügig davon aus, es solle die gesamte Provinz Lublin umfassen, wäre es 13 000 (?) Quadratmeilen groß. Seine Bevölkerung beläuft sich gegenwärtig auf 2 464 600 Menschen, von denen 259 500 Juden sind. Die Juden werden bleiben, doch die übrigen Bewohner werden je nach ihrer Nationalität in den Reststaat, nach Deutschland oder nach Russland übersiedeln müssen. An ihrer Stelle sollen 1 500 000 Juden aus dem Reststaat, 500 000 aus den von Deutschland annektierten Teilen Polens, 180 000 aus Deutschland und dem Sudetenland, 65 000 aus Österreich und 75 000 aus dem Protektorat Böhmen und Mähren dorthin geschickt werden. Die Provinz, die jetzt schon zu den ärmsten Polens zählt, müsste also mehr als 3 000 000 Menschen beherbergen und ernähren.«

Eines ist jedenfalls klar: Bei Vorhersagen über die Zukunft Polens muss man durchaus davon ausgehen, dass sich dort, wenn es an den Wiederaufbau geht, ein beachtliches Gebiet befinden wird, in das Hunderttausende Juden aus anderen Teilen Polens abgeschoben worden sind. Daraus ergeben sich sofort zwei Probleme. Das eine betrifft die Reintegration jenes Gebiets in die Republik, seine administrative, wirtschaftliche und (vor allem) ethnische Eingliederung in das Land als Ganzes. Das zweite betrifft die Zukunft der dort versammelten Juden. Sollten sie bis dahin alle verhungert sein, wäre das Problem gelöst. Doch muss man auch die Alternative in Betracht ziehen, also die Möglichkeit, dass diese einfache Lösung wie durch ein Wunder durch eine großartige Anstrengung internationaler Wohltätigkeit verhindert worden sein, und das Problem weiterhin bestehen könnte. Was soll dann mit diesen Juden geschehen?

Mit der Wiedereingliederung Lublins in ein demokratisches Polen müsste es jenen Hunderttausenden von Juden freistehen, das überbevölkerte Gebiet zu verlassen und an ihre früheren Heimatorte zurückzukehren oder sich in anderen polnischen Städten niederzulassen. Doch damit wäre die Gefahr verbunden, dass das Gleichgewicht der wirtschaftlichen Interessen (das zu Beginn des Wiederaufbaus ohnehin prekär sein dürfte) umgehend wieder gefährdet, die gesellschaftliche Atmosphäre vergiftet und eine Kontroverse in den Vordergrund gespielt würde, an deren Vertagung alle Beteiligten ein großes Interesse haben dürften.

Dies wird nur eine der Herausforderungen sein. Nicht nur die Juden aus Lublin, sondern sämtliche Juden werden gewissermaßen ›zurückkehren‹, um ihre Stellen wieder einzufordern, selbst wenn ihr Exil sie nur eben um die Ecke geführt hat. Doch dürfte das Lublin-Reservat das Ausmaß der allgemeinen Tragödie wie durch ein Vergrößerungsglas in besonders konzentrierter und eindringlicher Form sichtbar werden lassen.

8. Kapitel Eine gegenseitige Befreiung

Zum Zeitpunkt dieser Niederschrift gibt es eine im französischen Angers ansässige polnische Exilregierung. Der Autor ist ihr von Herzen wohlgesonnen. Er hat ihre offiziellen Zusagen, dass es in der wiederhergestellten polnischen Republik gleiche Rechte und keine rassische Diskriminierung geben solle, mit Genugtuung zur Kenntnis genommen. Er bezweifelt nicht im Geringsten, dass diese Verlautbarungen subjektiv ehrlich gemeint sind. Doch wäre es Heuchelei, wenn er oder sonst irgendwer die praktische Relevanz derartiger Bekundungen für die künftige Wirklichkeit überbewerten würde. Eine künftige Demokratie wird schließlich ihre führenden Politiker wählen, und Wahlen werden ihre Innenpolitik bestimmen. Diese Innenpolitik wird vom Volk ausgehen, sie wird ›populär‹ sein, also den grundlegenden Interessen und Idiosynkrasien der Nation entsprechen. Zusagen aus dem Krieg, die mit der Mentalität der Nation zu vereinbaren sind, werden dann bestätigt werden. Jene, bei denen das nicht der Fall ist, wird man verwerfen.

Gewiss wird nach dem Sieg der Alliierten, wahrscheinlich im Zusammenhang mit einer ganzen Reihe weiterer ausgezeichneter Verträge, ein ganz ausgezeichneter polnischer Vertrag unterzeichnet werden, der all die wünschenswerten beziehungsweise erforderlichen Garantien enthalten wird. Die Welt weiß nur zu gut, was hier also gar nicht erst betont zu werden braucht: Dass man zwar versuchen kann, die Unverletzlichkeit internationaler Regelungen durch internationale Gremien überwachen zu lassen, letztlich aber keine souveräne Nation auf Dauer daran gehindert werden kann, innerhalb der eigenen Grenzen nach eigenem Gutdünken zu walten. Was Sir Archibald Sinclair so umsichtig mit Blick auf das künftige Deutschland feststellte, gilt ebenso für das künftige Polen. Garantien auf dem Papier, die mit der Wirklichkeit nicht in Einklang zu bringen sind, werden hinweggefegt oder ›hinweginterpretiert‹, mitunter, weil man es »eben nicht ändern« könne, sogar mit der zögerlichen Zustimmung derer, die ihre Einhaltung überwachen sollen. Das wiederhergestellte Polen wird mit den im Land verbliebenen Juden gerade so verfahren, wie es ihm beliebt.

Es gibt reichlich Gründe anzunehmen, dass es politisch recht schnell heikel werden würde, sollte man auf der Zusage gleicher Rechte für die Juden in einem durch den Sieg der Alliierten wiederhergestellten Polen beharren. In dem von den Deutschen besetzten Teil der Republik dürfte die Nazipropaganda sich derartige Zusagen zunutze machen, um die polnische Exilregierung bei den Polen im Land anzuschwärzen. Man kann sich den Wortlaut der Sendungen und Artikel schon vorstellen, die das Ministerium von Dr. Goebbels der Frage widmen wird: »Sie versprechen Euch den Wiederaufbau, doch wollen sie als erstes zwei Millionen Juden wieder in die Stellen einsetzen, aus denen der deutsche Sieg sie vertrieben hat, so dass zwei Millionen Polen ihnen werden weichen und verhungern müssen ...« Dieser Argumentation, so zynisch sie auch sein mag, wird sich die Mehrheit der Polen in ihrem gegenwärtigen Elend nur schwer verschließen können. Diese Dimension der gegenwärtigen Lage sollte man, sollten gerade jene, die der Regierung in Angers, die Polen und der Sache der Alliierten wohlgesinnt sind, nicht aus den Augen verlieren.

Vor geraumer Zeit, noch vor dem Ersten Weltkrieg, glaubte der Autor, Polen sei als Ganzes für den Erfolg der frühen Experimente Roman Dmowskis[25] mit dem Antisemitismus verantwortlich. Doch mit der Zeit und bei näherer Betrachtung ist ihm klar geworden, dass die Schuld, welche die Journalisten, die Rädelsführer, die Massen – entweder aktiv oder durch Unterlassung – auf sich laden, angesichts des bloßen Drucks der objektiven Realität kaum ins Gewicht fällt. Er hat dies auch öffentlich zum Ausdruck gebracht und etliche ehrliche und patriotisch gesinnte, aber kurzsichtige Juden dadurch enttäuscht und vor den Kopf gestoßen. Die Bewegung, der er angehört, hat für den Versuch, der polnischen Nation gegenüber selbst angesichts der jüdischen Tragödie Gerechtigkeit walten zu lassen, einen hohen Preis gezahlt. Das bereuen wir nicht, denn uns war klar, dass das Verhältnis zwischen der jüdischen Nation und dem Land, das die größte unserer osteuropäischen Gemeinschaften beherbergt, für beide Parteien historisch zu bedeutsam ist, um sie lediglich in Verbitterung und Ressentiment ausarten zu lassen.

25 Roman Stanisław Dmowski (1864–1939): Hauptakteur der National-Demokratischen Partei Polens, vertrat panslawistische Ideen und nahm prorussische Haltungen ein. Er setzte sich im Gegensatz zu Piłsudski für eine Expansion Polens nach Westen ein, insbesondere Schlesien und Ostpreußen sollten wieder polonisiert werden.

Diesem Gedanken fühlt der Autor sich auch jetzt noch verpflichtet. Es nützt nichts, die polnische Exilregierung dazu zu bringen, dass sie erklärt, ein wiederaufgerichtetes Polen könne, nicht nur auf dem Papier, sondern in der gesellschaftlichen Wirklichkeit, ein Regime der Chancengleichheit für das wie ehedem millionenstarke polnische Judentum »wiederherstellen«. Es bringt nichts, wenn Minister, Botschafter oder Abgeordnete der Alliierten so tun, als hielten sie dies für möglich. Das polnische Volk ist von Haus aus wahrscheinlich genauso anständig wie das englische. Doch war es auch ein außerordentlich anständiger polnischer Herr, der vor vielen Jahren schrieb: »Mir wäre es lieb, wenn die Juden in Polen ebenso glücklich wie jene in England wären, vorausgesetzt, ihr Anteil an der polnischen Bevölkerung gliche dem an der englischen.« Der liegt in Polen bei zehn, in Großbritannien bei weniger als einem halben Prozent. Eine dermaßen drastische Verringerung ist wohl kaum möglich und auch nicht erforderlich. Doch sind diese beiden Dimensionen des Problems eng miteinander verknüpft. Frieden zwischen den Ethnien [races] wird in Polen (und nicht nur in Polen) nur möglich sein als Gegenstück zu einer weitreichenden und massiv beschleunigten Repatriierung der jüdischen Massen – welches Gebiet auch immer sie als ihre nationale Heimstätte betrachten. Solange die jüdischen Massen nicht eine umfassende und ehrenhafte Gelegenheit erhalten, all jene Stellungen aufzugeben, die sie unwiederbringlich verloren haben, wird es in ganz Ostmitteleuropa keine Gleichberechtigung und ganz allgemein kein gedeihliches gesellschaftliches Leben geben. Sollte das die überwiegende Mehrheit ihrer vormaligen Stellungen betreffen, so lässt sich das nicht ändern.

Um Missverständnissen vorzubeugen: Eine polnische Regierung, die auf der Seite der Alliierten kämpft, ist selbstverständlich verpflichtet, die Gleichberechtigung im künftigen Polen zu garantieren. Doch ist sie moralisch auch dazu verpflichtet, die Alliierten zu warnen, dass die Lösung einer globalen Herausforderung wie jener des jüdischen Problems in Polen nicht von Polen alleine geleistet werden kann. Unter den internationalen Akteuren werden gerade die Kolonialreiche und an allererster Stelle Großbritannien als Mandatsmacht in Palästina ihren Beitrag leisten müssen. Um diese Warnung abzugeben, wird die polnische Exilregierung womöglich das Risiko auf sich nehmen müssen, jene zu irritieren, die das jüdische Problem unter den Teppich kehren wollen. Doch dem stünde ein unermesslicher Zugewinn an Würde in den Augen der Weltöffentlichkeit gegenüber. Ein solcher Schritt würde zudem einer hehren Tradition

Rechnung tragen, denn die Parole des polnischen Aufstands von 1863 richtete sich nicht nur an eine unterdrückte Nation, sondern an zwei: »Für unsere Freiheit – und Eure!« Die Ansprache galt dem versklavten Russland, doch reagierte es nicht und schloss sich nicht an. Bei den Juden wird das ganz anders sein.

Das folgende ist die Übersetzung eines Briefs von einem arischen polnischen Katholiken:

> »Der Tag wird unweigerlich kommen, je eher, desto besser, an dem jemand im Namen Polens die folgende Botschaft an die Welt, die Alliierten und die Juden richten wird: ›Polen möchte in seinem künftigen öffentlichen Leben von ganzem Herzen die wirkliche und umfassende Gleichberechtigung aller seiner Bürger sicherstellen. Vor allem möchte es, dass diese Regel in vollstem Umfang für seine jüdischen Bürger gilt. Doch weist sie alle Beteiligten der Ehrlichkeit halber darauf hin, dass der Herstellung wirklicher Gleichberechtigung ein Problem entgegensteht, das, sofern es nicht beseitigt wird, mit allen Fertigkeiten der Staatskunst nicht bewältigt werden kann. Dieses Hindernis rührt von der historischen Ungerechtigkeit her, der Zerstreuung der Juden, und besteht in dem einzigartigen Maß, in dem das gesellschaftliche Leben und insbesondere das städtische Leben in Polen durch die Omnipräsenz ethnischer Gegensätze verkompliziert wird. Vergleichbare Verhältnisse bestehen in keinem anderen Land. Die polnische Zivilisation kann eine derartig zahlreiche und allgegenwärtige Minderheit, so stolz sie auch auf sie ist, geistig nicht assimilieren. Auch würde das von den Polen respektierte Nationalbewusstsein der Juden eine derartige Assimilation nicht zulassen. Solange diese Situation fortbesteht, kann Polen nur versprechen, dass es eine wirkliche Gleichberechtigung zwar anstrebt, diese aber nicht verwirklichen kann. Gleich, welche Anstrengungen wir auch unternehmen mögen, wird dieser Sachverhalt zu Ungemach und Ungerechtigkeiten für alle führen.
>
> Es ist daher Polens Pflicht, die Alliierten und die Welt insgesamt daran zu erinnern, dass das jüdische Problem in Polen nur einen Bruchteil des globalen jüdischen Problems ausmacht und nur gelöst werden kann, wenn die Bestrebungen und Zugeständnisse Polens durch jene ihrer Verbündeten und aller übrigen Völker, die sich dem alliierten Lager zurechnen, ergänzt werden. Polen wird sein Bestes tun, um die

Gleichberechtigung im Lande durchzusetzen, doch wird es ganz außerordentlicher gemeinsamer Anstrengungen bedürfen, um die beschleunigte Massenauswanderung aller Juden, die Polen verlassen wollen, zu ermöglichen.

Dieser Plan kann überhaupt nur in Angriff genommen werden, wenn er von einem Geist getragen wird, der die jüdische Nation nicht zu demütigen sucht, sondern ihr Respekt entgegenbringt. Sich für einen großangelegten Exodus einzusetzen, der zu einer neuen Zerstreuung führen würde, wäre ein Verbrechen gegen ein Volk, dessen Leiden auf seine Zerstreuung zurückzuführen sind. Bei der Migration, die Polen vorschwebt, kann es nur um eine freiwillige und würdige Massenrückführung in einen jüdischen Staat gehen.

Je umfangreicher diese Rückführung ist, desto erfolgreicher wird Polen das Prinzip der Gleichberechtigung in die Wirklichkeit übersetzen und eine normale zivilgesellschaftliche Umwelt für all jene Juden schaffen können, die der polnische Nationalorganismus zum gegenseitigen Nutzen zu absorbieren imstande sein wird.

Die Wiedererlangung der inneren und äußeren Freiheit Polens hat daher zwei Voraussetzungen: Die Wiederherstellung Polens und die Schaffung eines jüdischen Staats.«

9. Kapitel Russisches Intermezzo (1. Auflage)

Dieses Kapitel befasst sich mit dem sowjetischen Teil des ostmitteleuropäischen Ghettos. Es wird kurz sein und sieht absichtlich von einem abschließenden Urteil ab. Der Autor hat für den Kommunismus nichts übrig und hält ihn für unfähig, die soziale Frage auf effiziente beziehungsweise dauerhafte Weise zu lösen. Andererseits weiß er ebenso wenig wie andere außerhalb der UdSSR, was sich dort im Einzelnen zuträgt. Missfallen und mangelnde Informationen bilden keine gute Grundlage für definitive Schlussfolgerungen. Gäbe es nicht bedauerlicherweise einen Aspekt der gegenwärtigen Rolle Russlands, der für die letztendliche Positionierung der Juden im Kriegsgeschehen unmittelbar relevant ist und sie auf entscheidende Weise beeinflussen könnte, wäre es am besten gewesen, auf dieses Kapitel gänzlich zu verzichten.[26]

Es gibt eine stillschweigende Übereinkunft unter allen, die sich mit dem Ausgang dieses Kriegs befassen, dass man über das, was man von Russland wird zurückfordern müssen, gar nicht oder so wenig wie möglich sprechen sollte. Manche schweigen vermutlich, weil sie davon ausgehen, man werde den russischen Riesen ohnehin nicht zwingen können, das Erhaschte zurückzugeben. Andere mögen davon ausgehen, dass er auf einen Großteil seiner Beute ein größeres Anrecht hat als deren vormalige Besitzer. Wieder andere mögen hoffen, die Beute könne schließlich doch noch geborgen werden, wenn man vorerst auf diplomatische Weise darauf verzichte, deren Rückgabe anzusprechen. Wie dem auch immer sei, so scheint diese stillschweigende Übereinkunft auf jene ungefähr anderthalb Millionen Juden im Osten Polens, die nun Sowjetbürger geworden sind, allemal zuzutreffen. Ihre ›geografische‹ Zukunft wird selten angesprochen, als verstehe es sich von selbst, dass aus dem sowjetischen Vaterland nun kein Weg mehr herausführe. Manche meinen sogar, sie seien dort relativ glücklich und bräuchten gar keinen Ausweg.

26 In der zweiten Auflage des Buchs wurde tatsächlich auf dieses Kapitel verzichtet, siehe die erste Anmerkung in der Vorbemerkung der Herausgeber..

Die UdSSR ist von einem derart dichten Nebel umgeben, dass sich die Einzelheiten ihres Binnenlebens nur schwer mit Genauigkeit ausmachen lassen. Es gibt allerlei Gerüchte, die man unabhängig davon, ob sie für oder gegen das Sowjetregime sprechen, am besten ignoriert. Wenn es zu bestimmten Sachverhalten noch nicht einmal Gerüchte gibt, sollte man allerdings aufhorchen. Da wir im Laufe des letzten Jahrzehnts keine Berichte über irgendwelche Symptome des Antisemitismus im Sowjetgebiet vernommen haben, kann man wohl davon ausgehen, dass es derartige Symptome tatsächlich nicht gibt. Zehn Jahre bieten keine hinreichende Grundlage, um abschließende Schlussfolgerungen zu ziehen. Vielleicht ruht der Krebs sich nur aus. Die Bedeutung dessen, dass er in Russland nicht aktiv ist, während er sich in den letzten Jahren überall sonst in unterschiedlichem Maße hervorgetan hat, kann aber kein Jude unterschätzen.

Die bloße Abwesenheit des Antisemitismus genügt allerdings bei weitem noch nicht. Es gibt unter denen, die uns wohlgesonnen sind, die weit verbreitete Annahme, die Juden, da sie nur Juden seien, sollten auch nur um Freiheit von Verfolgung nachsuchen und forderten wohl auch sonst nichts. Ganz gleich, wie ihre Umstände sonst sein mögen, würden sie gewiss zufrieden sein, solange sie nur nicht verfolgt würden. Das stimmt aber nicht. Ein totalitäres Regime muss für Juden noch unerträglicher sein als für andere Menschen, da die Juden bislang, wenn es um Individualität und Aufmüpfigkeit geht, noch jeder Rasse den Rang abgelaufen haben. Unter allen totalitären Systemen muss ihnen der Kommunismus das verhassteste sein, da er nicht nur intellektuelle und politische, sondern auch und gerade wirtschaftliche Privatinitiativen an die Kette legt. Irgendeinen Grund muss es ja haben, dass jüdische Namen unter denen der Opfer der jüngsten Säuberungen dermaßen ins Auge stechen. In dem Prozess gegen Kamenew[27] im Jahr 1936 waren von den sechzehn Angeklagten zehn oder elf Juden, in Radeks[28] Prozess waren es sieben oder acht der siebzehn Angeklagten. Diese Zahlen gehen doch gewiss weit über den jüdischen Anteil an der bolschewistischen Elite hinaus. Der Autor hat aus verlässlicher Quelle erfahren, dass der Anteil der Juden an den gewöhnlichen,

27 Der Prozess gegen Lew Kamenew (1883–1936) im sogenannten »Prozess der Sechzehn« war der erste der stalinistischen Schauprozesse, denen die ›alte Garde‹ aus Lenins Gefolgschaft zum Opfer fiel.

28 Karl Radek (1885–1939) fiel ebenfalls früh den stalinistischen Säuberungen zum Opfer. Er gehörte zum Oppositionskreis um Leo Trotzki.

nicht aus politischen Gründen inhaftierten Gefangenen in den sowjetischen Gefängnissen fünfmal höher ist, als es ihrem Anteil an der Bevölkerung entsprechen würde. Dies ist nicht überraschend, denn in Russland werden Männer oft wegen einer Straftat eingesperrt, die andere Völker »Handel«, die Russen aber »Spekulation« nennen. Da diese Symptome eines offenbar dauerhaften Konflikts zwischen den Juden und dem Sowjetregime nicht mit dem subjektiven Antisemitismus der OGPU[29] oder der Gerichte erklärt werden können, muss ihnen wohl eine bestimmte Form von objektiver Unvereinbarkeit zwischen dem Charakter des Judentums und den Verhältnissen in Sowjetrussland zugrunde liegen.

Offen und unverstellt tritt der Konflikt im Umgang des Sowjetregimes mit dem Zionismus und der hebräischen Sprache in Erscheinung. Anfang der 1920er Jahre gab es zahlreiche Massenprozesse gegen junge Juden, die nach Sibirien verbannt wurden, weil ihnen Verbindungen zum Zionismus nachgesagt wurden. Das galt als Straftat, zum einen wegen der grundsätzlichen Verwerflichkeit des Zionismus als Ideologie, zum anderen wegen der proenglischen Haltung, die er implizierte. Was das Problem mit der hebräischen Sprache sein soll, ist nicht ganz klar. Jedenfalls wurde einerseits das Erlernen der jiddischen Sprache gefördert, andererseits war es aber untersagt, Kinder auf Hebräisch zu unterweisen. In der letzten Zeit hat man von dieser seltsamen Art der ethnischen Unterdrückung (denn darum handelte es sich zweifelsfrei) nichts mehr gehört. Offiziell wird diese Entspannung damit erklärt, dass die sowjetischen Juden jedes Interesse am Land und der Sprache ihrer obsoleten Bibel verloren hätten.

Es wird sich zeigen, ob sich die gleiche innere Transformation bei den neuen, seit Oktober 1939 annektierten sowjetischen Juden ebenso leicht wird bewerkstelligen lassen. Hinter ihnen liegen 22 Jahre einer intensiven, auf der Balfour-Deklaration aufbauenden zionistischen Schulung. Sie haben mindestens 100 000 Haluzim[30] nach Palästina geschickt und mindestens ebenso viele ihrer Kinder sind in der Schule durchgängig auf Hebräisch unterrichtet worden. Dieser Generation wird man nicht so leicht beikommen können wie jener von 1918. Insofern könnten uns recht bald Meldungen über eine erneute, umso heftigere Kampagne gegen den jüdischen »Imperialismus« erreichen.

29 OGPU: Vorläuferorganisation des KGB.
30 Haluzim (aus dem Hebräischen): Pioniere (vor allem in der Landwirtschaft).

Doch sind all dies nur beiläufige Mutmaßungen. Der Leser wurde ja eingangs bereits darauf hingewiesen, dass der Autor nicht beansprucht, sich zu den Bedingungen in Russland mit wirklicher Kompetenz äußern zu können. Fest steht aber, dass das Sowjetregime sich bislang als außerordentlich wirksamer Schutz gegen alle bewussten Formen des Antisemitismus erwiesen hat. Die Juden im Herrschaftsgebiet der Sowjets fürchten sich weder vor einer allgemeinen Vertreibung noch vor Pogromen, und das Prinzip der rechtlichen Gleichstellung und Chancengleichheit wird offenbar ohne jede Spur rassistischer Diskriminierung umgesetzt. Jenseits der sowjetischen Westgrenze ist der Antisemitismus dagegen allmächtig und wütet dort jetzt mit erlesener Bestialität, ohne dass ein Ende dieses Zustands abzusehen wäre.

Damit steht ausnahmslos jeder Jude, ob polnisch, britisch oder chilenisch, vor einem schwierigen moralischen Dilemma, das seine Position in diesem Krieg auf bedrückend unmittelbare Weise beeinflusst. Um es schonungslos zu formulieren: Russische Eroberungen bereiten dem konkreten Antisemitismus tatsächlich ein Ende. Im Herrschaftsgebiet der Sowjets sind Pogrome nicht möglich und alle Formen der offenen Judenhetze verschwinden dort. Dies ist eine unleugbare empirische Tatsache.

Angesichts eines derartigen Zwiespalts ist es am besten, dessen Implikationen – so, wie ich es in den Wochen tun musste, in denen noch nicht klar war, wie weit Russland ins besetzte Polen vordringen würde – bei sich selbst gleichsam durchzuspielen. Sachlich und emotional stehe ich Sowjetrussland negativ gegenüber. Dass man eine Klasse über die anderen erhebt, ist mir ein Gräuel. Ich halte das für ein Verbrechen gegen jene Gleichberechtigung, die die Grundlage und Krönung allen gesellschaftlichen Anstands ist. Unter einem Regime ohne Pressefreiheit würde ich, der ich durch Gottes Gnade ein Schreiberling bin, verhungern. Ich möchte, dass der Staat grundsätzlich so wenig wie möglich zu sagen hat. Zwang will ich nur wie Chinin angewendet wissen: Wenn es gar nicht anders geht. Ich verabscheue Gehorsam und halte eine freundliche Anarchie für das Regime, das allen Ländern in der aufgeklärten Zukunft am besten dienen dürfte. Ein Land, in dem alles so organisiert ist, wie ich es verabscheue, stellt für mich einen Albtraum dar. Damit nicht genug, sind die Sowjets auch noch Feinde des Zionismus, während die Wiederherstellung eines jüdischen Palästinas meines Erachtens die einzige denkbare Rechtfertigung Gottes und des Kosmos darstellte. Sie wollen die Wiedergeburt des Hebräischen ausbremsen, während ich, der ich den halben Puschkin auswendig kann, jederzeit die gesamte moderne russische Lyrik für sieben beliebige Buchstaben des quadratischen Alphabets hergeben würde. Dies mag engstirnig sein, doch entschuldige ich mich dafür nicht. Vor allem aber haben die Sowjets sich, indem sie mit den Nazis Freundschaft schlossen und Polen das Messer in den Rücken rammten, meines Erachtens sich der Teilhabe am Reich der zweibeinigen Lebewesen begeben. Ich könnte noch eine ganze Seite voller Schmähungen anfügen, die alle von Herzen kämen und ernst gemeint wären. Mit all diesen Gefühlen im Herzen schlug ich in jenen entscheidenden Wochen begierig die Zeitung auf in der *Hoffnung*, sie möge über weitere Annexionen polnischen Territoriums durch die Sowjets berichten, denn ich hatte in jeder Grenzstadt Freunde, die das Vorrücken des Roten Feindes vor der Folter bewahrte.

Die Implikationen dieser Erwägungen eines perplexen Antikommunisten gehen über die Wahl zwischen Russland und Deutschland weit hinaus. Diese Wahl ist doch wohl eindeutig und wird niemandem viel abverlangen. Davon bleibt das eigentliche Dilemma unberührt. Erst noch entscheiden musste er sich nicht zwischen dem Roten Russland und Deutschland, sondern zwischen dem rußverschmierten Russland und ihren unbefleckten Heiligkeiten, den westlichen Demokratien. Betrachtet man die Lage als Ganzes, haben wir es ja wohl nicht nur mit einem Konflikt zwischen den Alliierten und den Nazis, sondern in mehr oder weniger gleichem Maße auch mit einem Wettstreit zwischen den westlichen Demokratien und den Sowjets zu tun. Sollte der Krieg Russland zugutekommen und seinen Status als Weltmacht stärken, würde der Einfluss der westlichen Alliierten dadurch geschmälert. Dagegen würde ein triumphaler Sieg der Alliierten für Russland einen enormen Rückschlag bedeuten. Was soll ich mir also wünschen? Für die Juden in Ostmitteleuropa würde ein Sieg der Alliierten genau das bedeuten, was in den vorangegangenen Kapiteln besprochen wurde: Eine Rückkehr zum *status quo ante*, überwacht in eben jener Weise, von der Sir Archibald Sinclair meint, wir sollten ihre Wirksamkeit nicht überschätzen. Dagegen finden in jeder Provinz, die die Sowjets sich unter den Nagel reißen, zumindest keine Pogrome statt. Für wen soll ich also beten, *rebus sic stantibus*?[31]

31 Bestimmung der gleichbleibenden Umstände: So lautet der Vorbehalt, dass ein Vertrag nur so lange gilt, als sich die Verhältnisse, unter welchen er zustande kam, nicht wesentlich ändern.

Der Autor hat von seinen eigenen Gefühlen berichtet, doch nur zur Illustration. Sechzehn Millionen Juden beobachten die Ereignisse, zwei Drittel von ihnen nicht als Opfer, sondern als Bewohner des alliierten und neutralen Kosmos. Die meisten von ihnen kamen vor ein oder zwei Generationen selbst aus Ostmitteleuropa, sie alle haben in dem zwischen Skylla und Charybdis gelegenen Ghetto im Osten Angehörige.

Die an Europa gerichtete Drohung, A oder B würde sich den Sowjets zuwenden, wenn dieses oder jenes nicht sofort unternommen werde, ist eine altes politisches Druckmittel. Besonders beliebt ist sie, wenn es sich bei A oder B um Juden handelt. Sie ist so oft eingesetzt worden, dass sie niemandem mehr Furcht einflößt. Ein bitterer und gefährlicher Wahrheitskern steckt dennoch in ihr. Kluge Menschen wissen, dass drohende Gefahren auch dann eine verheerende miasmatische Wirkung entfalten können, wenn sie gar nicht eintreten. Sie in Zeiten des Kriegs schwelen zu lassen, wäre töricht.

9. Kapitel Der Jude im Krieg[32] (2. Auflage)

Der offenbar bestehende Vorsatz der politischen Entscheidungsträger, die Juden als Volk von der militärischen Kriegsführung auszuschließen, stellt dem Feind in der psychologischen Kriegsführung gegen die alliierten Länder eine mächtige Waffe zur Verfügung. Die alliierten Regierungen scheinen sich seit Kriegsbeginn auf die ihres Erachtens bestehende Notwendigkeit konzentriert zu haben, deutsche Versuche, den Krieg als »jüdischen Krieg« darzustellen, lächerlich zu machen. Im Radio, in der Presse und durch Mundpropaganda hat der Feind die Legende verbreitet, die deutsche Regierung hege keine feindlichen Absichten gegen die Alliierten. Nur der Kampf der Nazis gegen die Juden habe die Alliierten dazu veranlasst, das Blut ihrer Völker aufs Spiel zu setzen, um die Juden zu retten und sich an den Nazis zu rächen. Dies war die vom Gegner vertretene Position. Die einzige Methode, mit der die Alliierten bislang aufwarten konnten, um ihr entgegenzutreten, bestand darin, die jüdische Dimension in den Hintergrund zu spielen und die Rolle von Juden in der Kriegsführung auszublenden. Offenbar hoffen die Alliierten, die Wirkung der deutschen Propaganda wettmachen zu können, indem sie die öffentliche Aufmerksamkeit von den Juden weglenken.

Obwohl die Deutschen in den besetzten Gebieten die systematische Vernichtung der Juden betreiben, wird die jüdische Dimension in der Berichterstattung der alliierten Presse und Sender fast vollständig unterdrückt.[33] Alliierte Staatsmänner äußern sich ständig zu jedem erdenklichen Aspekt und jeder Phase des Kriegs, doch von Verweisen auf die Juden haben sie mit einer solchen Sorgfalt und Gewissenhaftigkeit verzichtet, dass von einem bloßen Zufall keine Rede sein kann. Jeder Versuch, bei einflussreichen englischen Politikern

32 Gekürzte Fassung eines Anfang 1940 an die britische Regierung übermittelten Memorandums. [Anm. 2. Aufl.]

33 Zu späteren Zeitpunkten, als das Ausmaß der deutschen Verbrechen langsam bekannt wurde, gab es interalliierte Erklärungen zum Mord an den Juden und die Ankündigung einer juristischen Verfolgung der Täter.

und Militärs für die Bildung jüdischer Militäreinheiten zu werben, ist auf starrsinnigen Widerstand gestoßen. Das gesamte bisherige Vorgehen der Alliierten hat die Juden für die Dauer des Krieges gewissermaßen zur Nichtexistenz verdammt.

Dabei verfehlt dieses Vorgehen vollkommen sein Ziel. Es versucht, der Wirkung der auf die Bevölkerungen der alliierten Länder abzielenden deutschen Propaganda beizukommen, indem es sich positiv auf sie bezieht. Die Deutschen präsentieren Fakten oder als Fakten verkleidete Erfindungen. Sie erklären, dass sie das Reich von den Juden und jüdischen Einflüssen befreit und die Juden gezwungen hätten, die dem deutschen Reich geraubten Güter zurückzugeben, dass sie die jüdische Verseuchung des deutschen Bluts behoben hätten, und dass ein Frieden mit England und Frankreich nur dadurch verhindert werde, dass die übermächtigen Juden England aus Rachsucht zum Kriegseintritt gezwungen hätten. Statt diese deutsche Propaganda mit Fakten und Statistiken zu bekämpfen, ignoriert die alliierte Propaganda vorsätzlich dieses Gewebe aus Dichtung und Wahrheit und hofft, die deutsche Propaganda werde ins Leere laufen, wenn man die Juden einfach von der Bildfläche entfernt. Diese Hoffnung hat sich als unbegründet erwiesen. Bei der englischen Bevölkerung hat die deutsche Propaganda im Zusammenspiel mit der gegen die Juden und den Krieg gerichteten Agitation bestimmter hiesiger Gruppen durchaus eine Wirkung erzielt. Obwohl man sich einerseits verschworen hat, über die Juden zu schweigen, bietet es sich andererseits gleichwohl an, für die unterschiedlichsten durch den Krieg verursachten Missstände und Unannehmlichkeiten die Juden verantwortlich zu machen. Landauf, landab hört man Menschen den Krieg als »jüdischen Krieg« bezeichnen. Im Allgemeinen ist die Bevölkerung sich der brutalen antijüdischen Politik des Naziregimes vollauf bewusst. Insofern liegt die Schlussfolgerung nahe, dass ein britischer Sieg dem Juden zugutekommen würde, und der Jude daher für den Ausbruch und die Fortführung des Kriegs irgendwie verantwortlich sein muss. Vor diesem Hintergrund hält der Mann auf der Straße nach dem jüdischen Beitrag zu diesem seines Erachtens jüdischen Krieg Ausschau. Er stellt fest, dass es an der Front keine jüdische Armee gibt, und die Juden als Kollektiv in den in der Berichterstattung gemeldeten täglichen Operationen schlicht nicht vorkommen. Dem Feind und den Antikriegsgruppen, die sich vorgenommen haben, den nationalen Kampfgeist zu untergraben, ist diese Assoziationskette durchaus bekannt. Je länger der Krieg sich hinzieht, je höher die Zahl der Toten steigt und je mehr die Nöte der Einzelnen zunehmen, desto erfolgreicher werden sie diese Vorstellungen zu ihren Gunsten ausbeuten können.

Die Auswirkungen dieser Konstellation auf die Vereinigten Staaten und die neutralen Länder sind ebenso wichtig. Diese beziehen natürlich manche Informationen aus eigenen Quellen, doch sind auch sie dem geballten Ansturm der von allen kriegführenden Parteien in die Welt gesetzten Propaganda und Informationsflut ausgesetzt. Der jüdischen Dimension des Kriegs sind sie sich vollauf bewusst. Sie sind zu Zeugen des jüdischen Leidens geworden und wissen um das Ausmaß des jüdischen Problems im Allgemeinen. Für sie sind der Ausbruch und die Fortsetzung des Kriegs und die Art seiner Führung von der Frage einer jüdischen Beteiligung nicht zu trennen.

Gerade in den Vereinigten Staaten prägen Ideologien und Ideale die öffentliche Meinung und politische Urteilsfindung auf entscheidende Weise. Die Menschen in den Vereinigten Staaten, zu denen auch mehrere Millionen Juden mit erheblichem Einfluss auf das Leben des Landes gehören, beobachten die Entsendung der Streitkräfte und die allmähliche Entwicklung der Kriegsziele mit großem Interesse. Für sie stellt die brutale Verfolgung der Juden durch das Naziregime eine Art subjektive Pigmentierung dar, die ihre Einstellung nicht nur diesem Regime, sondern auch den Alliierten gegenüber eingefärbt hat. Die Regierungen Großbritanniens und Frankreichs haben gezeigt, wie man diese Einstellung der Amerikaner ausnutzen kann, und es lässt sich ohne Übertreibung sagen, dass der Jude in der amerikanischen Wahrnehmung nicht nur ein Objekt der deutschen Politik, sondern auch ein eigenständiger materieller Faktor im Krieg ist. Dass die Juden als Volk in den Erklärungen der alliierten Staatsmänner zu den Kriegszielen nicht vorkommen, dass die jüdische Dimension des Kriegs verdrängt und in Europa versucht wird, die Rolle der zahlreichen Juden in den verschiedenen nationalen Streitkräften zu verleugnen, kann, je länger der Krieg anhält, nur zu Zweifeln und Verdächtigungen führen, die für die Zukunft nichts Gutes verheißen.

Wie es sich auf die Einstellungen der Amerikaner auswirken würde, wenn die Alliierten den Juden als Kollektiv mit Bedacht eine klar definierte Rolle in der Kriegsführung einräumen würden, ist durchaus bedenkenswert. Zunächst und in erster Linie würde die Glaubwürdigkeit der moralischen Ansprüche Großbritanniens enorm gestärkt. Der Behauptung, die die deutsche Propaganda in den Vereinigten Staaten so gut auszunutzen weiß, dass es den Alliierten in erster Linie um die Wahrung ihrer imperialen und wirtschaftlichen Besitzstände gehe, und die moralische Frage bloß ein Feigenblatt sei, würde so ein entscheidender Schlag versetzt. Würde den Juden eine Rolle als militärischer Verbündeter eingeräumt, böte dies den neutralen Ländern und insbesondere den Vereinigten Staaten die sicherste Gewähr dafür, dass der Krieg keineswegs allein zum Schutz der imperialen Interessen Großbritanniens und Frankreichs geführt wird.

Die Aufstellung einer jüdischen Armee käme letztlich dem Beitritt eines weiteren Alliierten gleich. Sie würde automatisch dazu führen, dass es in sämtlichen neutralen Ländern zu konzertierten jüdischen Aktivitäten zugunsten der Alliierten käme.

Die Bildung und der Einsatz einer jüdischen Armee würde dem bösartigen Argument den Garaus machen, dass der Krieg zwar im Interesse der Juden gefochten werde, die Juden selbst aber an sämtlichen Fronten durch Abwesenheit glänzen. Juden würden Seite an Seite mit den übrigen Alliierten in Erscheinung treten und hätten ebenso wie sie das Recht, für ein spezifisches Ziel zu kämpfen. Dies würde das Arsenal der alliierten Propaganda mit einer der feindlichen Demagogie überlegenen Waffe ausstatten.

Die Existenz einer eigenständigen jüdischen Armee böte mehr als jede verbale Erklärung die Gewähr dafür, dass es den Alliierten tatsächlich um eine konstruktive Lösung des jüdischen Problems nach dem Krieg geht. Der Erfolg der Alliierten wäre mit einer Politik verknüpft, die gewährleistet, dass die Veränderungen nach dem Krieg auch den Juden zugutekommen. Die jüdische Armee wäre der erste konkrete Schritt in diese Richtung.

Teil 3 Jüngst erwogene Exoduspläne

10. Kapitel Die Philosophie der gleichen Rechte

Wir sollten Rumänien (mit seinen eine Million Juden) und Ungarn (mit seinen 550 000 Juden) nicht außer Acht lassen. Zum Zeitpunkt dieser Niederschrift befinden sich beide Länder nicht im Krieg. Insofern kann den Alliierten die Verantwortung dafür, was mit den Juden im Donautal geschehen mag, nicht zugeschoben werden.[34] Für dieses Buch, das sich in erster Linie mit den Kriegszielen der Alliierten befasst, wäre eine genauere Untersuchung dieses Teils der Diaspora irrelevant. Doch kann niemand bestreiten und sollte niemand vergessen, dass auch Rumänien und Ungarn zu jener Zone gehören, in der das jüdische Problem seit langem in das Stadium einer akuten und schmerzhaften Unvereinbarkeit zwischen dem Prinzip der rechtlichen Gleichstellung und den tatsächlichen Verhältnissen eingetreten ist. In beiden Ländern stellen Juden etwa sechs Prozent der Bevölkerung dar, und die Lage dort gleicht teilweise jener in Polen. Allerdings nur teilweise, denn in beiden Ländern bieten sich der Landwirtschaft ungleich größere Möglichkeiten, so dass der Kampf um die Stellen in den Städten nicht annähernd so scharf geführt wird. Dagegen ist der subjektive Antisemitismus in Rumänien mindestens seit der Mitte des vergangenen Jahrhunderts weit verbreitet. In Ungarn ist seine zugespitzte Form jüngeren Datums, dafür aber jetzt besonders ausgeprägt. In beiden Fällen scheint der Einfluss der Regierung auf die antisemitische Wendung des Wirtschaftslebens von zweitrangiger Bedeutung zu sein. Die Hauptantriebskraft hinter der Vertreibung des Juden aus allen Stellungen, die er noch innehaben mag, stellt vielmehr der einheitliche Druck sämtlicher Klassen dar, mit denen der Jude zufällig wirtschaftliche und gesellschaftliche Beziehungen unterhält. Ob diese beiden Länder schließlich die

34 Territoriale Veränderungen haben in Ungarn und Rumänien zu entsprechenden Veränderungen in der Größe der jeweiligen jüdischen Bevölkerung geführt. Ende 1941 gab es in Rumänien rund eine halbe Million und in Ungarn mehr als eine Million Juden. Durch Massenmord und Vertreibungen ins besetzte Russland haben sich diese Zahlen erneut etwas verschoben, insbesondere in Rumänien seit dessen Kriegseintritt. [Anm. 2. Aufl.]

Möglichkeit erhalten, das bereits in ihren Verfassungen festgeschriebene Prinzip der rechtlichen Gleichstellung erneut zu bestätigen, ist letztlich egal. Es sind die objektiven Verhältnisse, die den Ausgang bestimmen werden, und nur Narren und Heuchler können sich über das Ergebnis im Unklaren sein beziehungsweise so tun, als sei es nicht abzusehen.

Der Autor wurde in Russland geboren und gehört einer Generation an, die erlebt hat, wie es ist, wenn den Juden die rechtliche Gleichstellung verwehrt wird. Er verbrachte seine Jugend in einer Atmosphäre, die vom ständigen Kampf um die Gleichberechtigung geprägt war. Im Jahr 1906 beteiligte er sich auf einer Konferenz in Helsinki, zu der jüdische Nationalisten aus allen Teilen des russischen Reichs gekommen waren, an der Formulierung des sogenannten Helsingfors-Programms. Darin wurde die umfassende und uneingeschränkte staatsbürgerliche Gleichberechtigung gefordert: Der Jude sollte als gleichberechtigter russischer Staatsbürger, und das russische Judentum als gleichberechtigte Nationalität anerkannt werden, der Status seiner Sprache dem aller übrigen Sprachen, der seiner Religion dem aller übrigen Kirchen entsprechen. Er würde dieses Programm heute erneut unterzeichnen.[35] Nicht gutheißen würde er dagegen politische Schritte, die dieses Programm, geschweige denn ein ohnehin wesentlich weniger ambitioniertes Konzept der jüdischen Gleichberechtigung, in eine zum Scheitern verurteilte Liste scheinheiliger und unrealisierbarer Forderungen verwandeln würde.

Eine Lösung des jüdischen Problems ohne Exodus, also eine Lösung, die auf der Annahme beruht, dass die Gleichberechtigung für sich genommen ›funktionieren‹ könne, kann man sich auf zweierlei Wegen vorstellen: Dem der Assimilation oder dem des Minderheitennationalismus.

Dazu, was unter Assimilation zu verstehen sei, gibt es unter ihren Anhängern unterschiedliche Auffassungen. Manche befürworten eine Assimilation der Sprache und Umgangsformen, nicht aber das religiöse Renegatentum oder Eheschließungen mit Nichtjuden.

35 Die Konferenz russischer Zionisten 1906 in Helsinki hatte unter dem Eindruck der sich immer weiter verschlimmernden Situation der im Zarenreich lebenden Juden stattgefunden. Das dabei formulierte Helsingfors-Programm ist gleichbedeutend mit der Entstehung des sogenannten synthetischen Zionismus, der sich sowohl für eine Besiedelung des Lands in Palästina stark machte, als auch »Gegenwartsarbeit« in der Diaspora leisten sollte. Zionismus und Exil (*Galut*) seien zwar unvereinbar, so Isaac Grünbaum, einer der wichtigsten Teilnehmer des Kongresses, aber nicht Zionismus und Diaspora, die als vorübergehender Zustand im Gegensatz zu Exil verstanden wurde.

Aller gegenteiligen Rhetorik zum Trotz läuft dies immerhin auf die Wahrung einer eigenständigen, durch eine kollektive Ideologie zusammengehaltenen rassischen Gemeinschaft hinaus. Andere, die radikaler gesinnt sind, prognostizieren beziehungsweise wollen sogar, dass die jüdische Rasse und Religion durch Mischehen zum Verschwinden gebracht werden. Der tröstliche Aspekt dieser Glaubensrichtung besteht in der ›stolzen‹ Versicherung, als Gülle würden die jüdische Rasse und Religion den physischen und geistigen Boden der Menschheit auf hervorragende Weise anreichern.

Der Minderheitennationalismus beruht auf der Theorie, dass das Wesen der Nationalität in der Sprache, der Literatur, der Musik, der Philosophie, der Religion etc. liege und daher gepflegt werden könne, ohne der territorialen Abgrenzung zu bedürfen. Dieser Doktrin zufolge sind Nationalitäten weitgehend wie Kirchen: Auch diese könnten ihre jeweilige Form der Religion problemlos ausüben, obwohl ihre Anhänger oftmals nicht nur im gleichen Bezirk, sondern sogar in der gleichen Straße kunterbunt durcheinander lebten. Um sie vor der Tristesse der gegenseitigen Assimilation zu schützen, bedürfe es nicht getrennter Heimstätten, sondern eines Gesetzes, das die sogenannte »nationale und persönliche Autonomie« garantiere. Demnach sollten die Diasporajuden die gleichen Rechte wie alle anderen auch genießen, zugleich aber, wenn sie es wünschen, als Angehörige ihrer eigenen nationalen Minderheit registriert werden, ihre eigenen Schulen unterhalten und in öffentlichen Belangen ihre eigene Sprache nutzen können.

Den praktischen Wert beider Lösungen brauchen wir hier nicht zu diskutieren. Nehmen wir einmal an, beide Lösungen seien ganz hervorragend. Gehen wir noch einen Schritt weiter und nehmen an, dass eine mögliche dritte und vierte Lösung des jüdischen Problems ohne Exodus, sollte es sie geben, ebenfalls hervorragend sein mögen. Ihre Wirksamkeit wird stets von einer Grundbedingung abhängig sein: Dass die individuellen Bürgerrechte (die sie alle für die unabdingbare Voraussetzung einer normalen Existenz halten) verwirklicht werden und auf Dauer bestehen bleiben. Doch haben wir ja gerade gesehen, dass dies in Ostmitteleuropa ohne einen umfangreichen Exodus nicht möglich ist.

Gerade die Assimilation setzt den Exodus voraus. Erst wenn die meisten Juden verschwunden sind, können die Verbliebenen auf eine Atmosphäre hoffen, die die angestrebte Lösung ihres Problems durch eine endgültige, umfassende Verschmelzung begünstigen würde, jedenfalls, wenn es sich dabei diesmal um die Herstellung einer tatsächlichen Einheit und nicht wieder bloß um die eingebildete Verschmelzung der Vergangenheit handeln soll, als man zwar die Sprache aber nicht den geistigen Akzent des Nichtjuden erlernte.

Bislang hat sich die Assimilation der Juden in ganz Ostmitteleuropa jedenfalls als illusorisch erwiesen. Wirkliche Assimilation kann sich nicht als Solo, sondern nur als Duett vollziehen. Allein mit der Überzeugung des Juden, er gleiche seinem nichtjüdischen Nachbarn nun aufs Haar, ist es nicht getan. Entscheidend ist, ob sein nichtjüdischer Nachbar diesen Eindruck teilt. Der Anschluss an eine neue Gemeinschaft, Nation, Klasse oder Clique ist nicht nur eine Frage des ernsthaften Bestrebens seitens des Aufzunehmenden, sondern vor allem eine der Aufnahmebereitschaft der betreffenden Gemeinschaft. In dieser Hinsicht ist die jüdische Assimilation in Ostmitteleuropa eindeutig gescheitert. Indem sie Juden und Nichtjuden einander nähergebracht und sie gezwungen hat, in vielen Lebensbereichen Tuchfühlung miteinander aufzunehmen, in denen sie zuvor nie aufeinandertrafen, hat sie lediglich das Potenzial für Spannungen erhöht. Soll es sich lohnen, es erneut mit der Assimilation als Ausweg aus der jüdischen Not zu versuchen, wird man mit ihr nochmals ganz von vorne beginnen müssen. Doch müssen selbst ihre enthusiastischen Befürworter, sofern es solche noch geben sollte, inzwischen begriffen haben, dass sie keinerlei Aussichten auf Erfolg hat, es sei denn, es kommt zu einer dramatischen Veränderung der zahlenmäßigen Verhältnisse zwischen den dort lebenden Ethnien.

Eine ›erfolgreiche‹ Assimilation mag wünschenswert sein oder auch nicht, sie mag objektiv möglich sein oder auch nicht, so oder so setzt sie den Exodus der meisten Juden voraus.

Mutatis mutandis gilt das Gleiche für den Minderheitennationalismus. Einmal vorausgesetzt, er sei praktikabel, hat auch er den Exodus der meisten Juden zur Voraussetzung.

All das soll nicht heißen, dass der Autor meint, wir sollten jede Hoffnung fahren lassen, in diesem Teil der Diaspora je eine angemessene und normale Existenz für die Juden sichern zu können. Ganz im Gegenteil. Er geht durchaus davon aus, dass dies möglich ist. Nur setzt es eben den Exodus der meisten Juden voraus.

Diese Frage rührt so hautnah an gewisse intime Empfindlichkeiten, dass es dem Autor angeraten scheint, einige Bemerkungen in der ersten Person anzuschließen.

Sollten sie dieses Hinweises überhaupt noch bedürfen, was ich bezweifle, weise ich die Juden darauf hin, dass es sich bei der rechtlichen Gleichstellung bestenfalls um ein sehr leicht verderbliches und unendlich heikles Gut handelt, das mit Vorsicht, Mäßigung und Takt gehandhabt und genossen werden muss. In Paris war ich ein gutes Jahrzehnt lang mit einem jüdischen Herrn bekannt, dessen Familie seit dem 17. Jahrhundert in Frankreich lebte. Die Zehn Gebote seines Herzens bestanden zehnmal aus dem Wort »Frankreich«. Er sagte nie »Juif«, sondern immer nur »Israélite«. Er glaubte fest an das, was »Israeliten« vor zwei Generationen die Missionstheorie nannten, die Annahme also, dass es die heilige »Mission« der Juden sei, verstreut unter den Nichtjuden zu leben, um zu deren sittlicher Erbauung beizutragen. Allerdings habe ich auch noch nie einen Juden getroffen, der jegliche Manifestation jüdischer Prominenz so leidenschaftlich verabscheute. Wenn an der Spitze der sogenannten *Palmarès* (der Liste der erfolgreichen Kandidaten für eine der *Grandes Écoles)* zu viele jüdische Namen standen, blickte er finster drein. Einmal bemerkte jemand in seiner Gegenwart, dass die drei originellsten zeitgenössischen Denker (Bergson, Einstein und Freud) Juden seien. »Leider«, erwiderte er, »muss ich einen weiteren Namen hinzufügen, den des verstorbenen Hermann Cohen. Diese Koinzidenz ist überaus bedauerlich.« Ein andermal, Jahre vor dem Triumph der Nazis, machte er mich auf die *Pléiade* der wichtigsten deutschen Romanciers der Vor- und Nachkriegszeit aufmerksam: »Außer den beiden Mann-Brüdern sind die bedeutendsten alle Israeliten: Schnitzler, Wassermann, Zweig, Werfel ... *mais ça finira mal.*« Als Léon Blum Ministerpräsident wurde, war er pikiert und entsetzt. »Aus Furcht?«, fragte ich ihn. Das bestritt er. »Mein Freund, es ist eine Frage des Takts. Ich würde dieses Verhalten von Seiten der Protestanten ebenso wenig billigen.«

Selbstverständlich ging es sehr wohl um Furcht, und unbegründet war diese gewiss nicht. Der deutsche Ökonom Werner Sombart, der ja nun weder ein Narr noch ein ausgewiesener Feind der Juden ist, gab ihnen Anfang des Jahrhunderts folgenden Rat: Unsere deutschen Gesetze und unsere sittliche Weltanschauung erkennen die Gleichberechtigung der Juden an. Doch wenn ihr Juden sie behalten wollt, solltet ihr sie nicht allzu ernst nehmen. Haltet euch immer an den zweiten Platz. Es wäre kindisch, leugnen zu wollen, dass 99 Prozent der Juden (und insbesondere die nichtzionistischen, assimilatorischen Juden, für die Gleichberechtigung das Alpha und das Omega ist) dies nicht nur für einen weisen Rat halten, sondern bereuen, dass sie ihn selbst nicht in höherem Maße befolgt haben, und es gern sähen, wenn wenigstens ihre Kinder sich nun stets an ihn hielten.

Doch werden ihre Kinder sich dieser weisen Maxime nicht fügen, denn ihr zu gehorchen ist menschlich unmöglich. Das Leben ist ein

Konkurrenzkampf. Die rechtliche Gleichstellung kann nur eines bedeuten: Chancengleichheit in allen Bereichen dieses Wettbewerbs und das Recht, ihn zu gewinnen, wenn man die bessere Eignung mitbringt. Zwanzig Jahrhunderte eines einseitigen Urbanismus haben den Juden zwar nicht unbedingt zum Genie gemacht, ihm aber in den meisten Konkurrenzkämpfen des modernen Lebens durchaus einen Vorteil verschafft. Es gibt keinen Grund, auf diese Feststellung stolz zu sein, denn dieser Vorteil hat sich immer wieder als Fluch erwiesen, als Fluch und Ärgernis. Außerdem kann der Jude sich diesen Erfolg ja gar nicht als Verdienst anrechnen. Man könnte ebenso gut einem rothaarigen, hochgewachsenen oder dicken Mann empfehlen, nicht »auffällig« zu sein. Es übersteigt das menschliche Vermögen, dass jemand sich im Interesse der Gemeinschaft zwingen sollte, das Beste in sich zurückzuhalten, sich schriftlich oder mündlich schlechter auszudrücken, als er es könnte, seine Interessen schlechter zu vertreten, schlechter zu bauen, zu diagnostizieren oder auf der Bühne aufzutreten, als es ihm in Wirklichkeit möglich wäre. Zugegeben, ich weiß von jüdischen Staatsmännern, die mit vollem Recht ebenso ambitioniert waren wie ihre christlichen Kollegen, dennoch aber anboten, auf hohe Ämter zu verzichten, um keine antisemitischen Reaktionen hervorzurufen, ehe sie von ihren christlichen Parteigenossen überredet wurden, dass es ihre patriotische Pflicht sei, das Amt trotzdem anzunehmen. Man müsste schon vom Typ Simeons des Säulenheiligen sein,[36] um dieser Art Druck zu widerstehen. So verhält es sich in allen Bereichen des öffentlichen, kulturellen, wirtschaftlichen und gesellschaftlichen Lebens. Es ist normalen Menschen psychologisch unmöglich, Chancen auf Erfolg und Verbesserung abzulehnen, wenn diese ihnen auf fraglos faire und legitime Weise zukommen. Das unvermeidliche Ergebnis sind »Auffälligkeit«, Neid, Missgunst und der Anstieg dessen, was wir subjektiven Antisemitismus genannt haben. Dies gilt selbst in wohlhabenden Ländern, wo die Bedingungen nicht so angespannt sind, dass sie die andere Art des Antisemitismus erzeugen, die der objektiven Macht der Verhältnisse innewohnt.

Dies ist der wesensmäßige Widerspruch, den die bürgerliche Gleichberechtigung der Juden enthält: Sie lässt sich nur aufrechterhalten, wenn sie nicht in vollem Umfang in Anspruch genommen

36 Simeon der Stylit (389–459) wird wegen seiner asketischen Praktiken verehrt; er gilt als erster christlicher Säulenheiliger, weil er nach der Überlieferung auf einer Säule gelebt und von ihr herab gepredigt haben soll.

wird, doch ist die erforderliche freiwillige Selbstbeschränkung kein realistisches Ansinnen.

Die Nichtjuden können natürlich Maßnahmen ergreifen, um dafür zu sorgen, dass sich nur eine gemäßigte Verbesserung in der Lage der Juden vollzieht. Dies geschieht in der Regel in der Form eines *Numerus clausus*, durch den der Zugang von Juden zu bestimmten Berufen (oder Ausbildungsstätten, Unternehmen und verschiedenen anderen Institutionen) auf einen bestimmten Prozentsatz der insgesamt Zugelassenen begrenzt wird. Im russischen Zarenreich galt ab 1888 die Regel, dass im Ansiedlungsrayon im Westen des Reichs nur zehn und in den übrigen Provinzen nur fünf beziehungsweise drei Prozent der Studierenden an den Universitäten und Oberschulen Juden sein durften. Das jüngste Experiment in dieser Richtung stellt das ungarische Gesetz dar, durch das die Zahl der Juden in bestimmten Berufen auf sechs Prozent, also genau den Anteil der Juden an der ungarischen Gesamtbevölkerung begrenzt wird.

Es sind unzählige Versuche unternommen worden, den *Numerus clausus* mit allerlei Rhetorik zu rechtfertigen. Er sei mit dem Prinzip der rechtlichen Gleichstellung nicht nur vereinbar, sondern beruhe geradezu auf ihm. Warum nenne man ihn überhaupt *Numerus clausus*? Man solle von der proportionalen Teilhabe an allen Wirtschaftszweigen sprechen. Wenn ein bestimmter Teil sechs Prozent der Gesamtbevölkerung ausmache, so heißt es, sei es nur gerecht und angemessen, dass die Angehörigen auch sechs Prozent der Bauern, sechs Prozent des Industrieproletariats und sechs Prozent der Ärzte, Anwälte und Journalisten stellen. So sei dem Antisemitismus am wirksamsten beizukommen, und nur so könne die Sozialstruktur des jüdischen Volks in Ordnung gebracht und normalisiert werden. Im Übrigen hätten ja auch die deutschen Zionisten die »Umschichtung der Schichten« seit einer Generation als ihre Hauptforderung herausgestellt. Demnach müsste ein jüdischer Sozialorganismus ebenso aufgebaut sein, wie der seiner arischen Umwelt. In Deutschland hieße dies beispielsweise, dass 20 Prozent der Juden in der Landwirtschaft, 35 Prozent in der Industrie und im Bergbau, weniger als zehn Prozent im Handel und ein noch geringerer Prozentsatz in den freien Berufen tätig sein würden. Genau hierum gehe es bei der proportionalen Teilhabe an der Wirtschaft der Nation, die im Übrigen das gleiche sei wie der Numerus clausus, so seine arischen Befürworter.

Unabhängig davon, ob sie zutrifft, wird sich diese Behauptung in Gesellschaften, in denen die jüdische Konkurrenz ›augenfällig‹ ist, zwangsläufig als unwiderstehlich erweisen, und darauf kommt es an.

Allerdings will man das Prinzip der Gleichberechtigung nicht explizit aufkündigen. Beim Einschmuggeln anstößiger Ideen sind sorgfältig ausgewählte Formulierungen überaus hilfreich. Der Autor hat mit angehört, wie man den Numerus clausus in einem aufgeklärten westlichen Land als Mittel des »gesellschaftlichen Ausgleichs« rechtfertigte. Das klingt allemal verträglicher als »rassische Reinheit«. Die Schädlichkeit derartiger rhetorischer Verschleierungsmanöver liegt in ihrer heimtückischen Plausibilität. Sie lassen sich würdevoll in ein System integrieren, das mit liberalen Verträgen und demokratischen Verfassungen völlig kompatibel ist. Doch wäre die Einführung der »proportionalen Teilhabe an der Wirtschaft des Landes«, jedenfalls soweit es die jüdischen Minderheiten betrifft, auch dann völlig unmöglich, wenn die Juden um sie betteln und die Regierungen sie anordnen sollten. Um tatsächlich wirksam zu werden, müsste ihre Umsetzung zunächst in der Landwirtschaft beginnen, die die Grundlage der Volkswirtschaft bildet. In Ungarn, wo die Hälfte der Bevölkerung auf den Getreidefeldern und Weiden arbeitet, müssten sechs Prozent des insgesamt verfügbaren Lands (mitsamt seinen derzeit rund 250 000 Bewohnern) geräumt werden, um Raum für jüdische Siedler zu schaffen. Oder es müssten andere Wege gefunden werden, um die Hälfte der jüdischen Bevölkerung als Fuhrknechte und Schafhirten zu normalisieren. Ähnliche Maßnahmen wären im Bergbau und in der Industrie erforderlich, um die 125 000 erforderlichen jüdischen Hilfsarbeiter dort unterzubringen. Nur dann ließe sich der Numerus clausus in den freien Berufen und im Handel als Schritt hin zur sozialen Normalisierung rechtfertigen. Dies ist alles so offensichtlich unmöglich und absurd, dass niemand daran denken würde, es ernsthaft vorzuschlagen. Doch genau hierauf müssen all die Absichtserklärungen, der jüdischen Tragödie in Ostmitteleuropa durch die »Wiederherstellung« der bürgerlichen Gleichberechtigung ein Ende bereiten zu wollen, hinauslaufen (sofern sie nicht ohnehin nur Lippenbekenntnisse und Geschwätz darstellen).

Der Autor ist sich gewiss, dass sie in der Tat genau darauf hinauslaufen. Die Behauptung, man könne dem Krebs des Antisemitismus in Ostmitteleuropa, seinem fruchtbarsten Nährboden ohne einen vorherigen Exodus der meisten Juden mit dem Heilmittel der »gleichen Rechte« beikommen, stellt leeres, unbedachtes und schädliches Geschwätz dar.

Der Mensch will ein König unter Königen sein, sonst ist sein Leben nicht lebenswert. Gleichberechtigung ist nicht nur ein Zustand, sondern auch ein Prinzip. Das Prinzip hat unabhängig von seiner

Umsetzbarkeit im Alltag enormen Wert. Wenn die Juden sich behaupten wollen, müssen sie alles daran setzen, dass das Prinzip der Gleichberechtigung in der Gesetzgebung jeder Nation festgeschrieben wird. Dies ist eine Frage der menschlichen Dignität, ohne die das Leben keinen sittlichen Wert hat. Ihre Verweigerung würde jede Form der Vergeltung gegen den Staat, der sich anmaßt, sie vorzuenthalten, rechtfertigen. Doch ist der Kampf um die eigene Würde das Eine. So zu tun, als könne man sich von ihr allein ernähren, ist etwas ganz Anderes. Es wäre vollends unehrlich, so zu tun, als könnte die im Zuge alliierter Siege wieder in Kraft gesetzte rechtliche Gleichstellung das Voranschreiten der auf eine Austreibung der Juden aus all ihren wirtschaftlichen Stellungen drängenden objektiven Realitäten in jener so schwer mitgenommenen Region aufhalten. Geht man davon aus, dass die Alliierten für uns nicht mehr aus dem Feuer holen wollen, als die Bestätigung der bürgerlichen Gleichberechtigung, dann würde für uns außer der Niederlage der Nazis bei einem alliierten Sieg nichts herausspringen. Wir täten den Alliierten keinen Gefallen damit, dass wir einen dermaßen eklatanten Mangel an Ehrgeiz einfach hinnähmen.

11. Kapitel Die Evakuierung einer Trümmerlandschaft

Der Autor veröffentlichte 1936 gemeinsam mit zwei Freunden in einer Warschauer Tageszeitung eine Erklärung. Darin hieß es, die einzige vernünftige Option für die polnischen Juden bestehe darin, all jene wirtschaftlichen Stellungen zu räumen, zu evakuieren, wenn man so will, von denen ohnehin klar sei, dass man sie nicht werde halten können. Schon damals wurde allgemein davon ausgegangen, dass mindestens ein Drittel der 3,3 Millionen polnischen Juden die Positionen, die sie verloren hatten, niemals zurückgewinnen würden. Eine weitere Million waren erbliche Bettelknaben und hatten überhaupt nie über Stellungen verfügt. Insofern bestand der einzige Ausweg in einem großangelegten Exodus.

Den Begriff »Evakuierung« fanden viele verletzend. Er schien anstößig und demütigend. Der Autor kann allerdings nicht erkennen, was an ihm falsch sein soll. Im September und Oktober 1939 »evakuierten« die Behörden in Großbritannien und Frankreich zahlreiche Kinder aus gefährdeten Gebieten. Auch in Friedenszeiten, wenn ein Damm zu brechen oder ein Haus einzustürzen droht, wird zur Evakuierung der Bewohner des betreffenden Areals geraten. Das Gleiche gilt, wenn in einem Gebäudekomplex die Pest ausbricht. Und wie sah die Lage der Juden 1936 in Ostmitteleuropa aus? Angesichts bröckelnder Mauern, berstender Dämme und antisemitischer Pestbeulen, soweit das Auge reicht, erhob sich nirgends auch nur eine einzige Hand, um die Opfer zu verteidigen. Auch die Opfer selbst verfügten über keine Pläne für eine angemessene Selbstverteidigung. Vorsichtig geschätzt hätten mindestens zwei Drittel der Juden schon damals entweder evakuiert oder zumindest zur Evakuierung vorgemerkt werden sollen. Das war im Jahr 1936, zu einer Zeit, die im Vergleich zu heute geradezu idyllisch war.

Der große Vorteil des Begriffs »Evakuierung« liegt in der damit verbundenen Vorstellung organisierter Planmäßigkeit. Es gibt keinen vergleichbaren Begriff, für den das in ähnlicher Weise gilt. Emigrationsbewegungen sind (wenn sie nicht gestoppt wurden) stets auf ein planloses Gewimmel hinausgelaufen. Mit dem Begriff

»Exodus« verbindet man unweigerlich die Vorstellung eines verfolgenden, feindlichen Gastgebers und eines riskanten Vorhabens, bei dem ohne ein Wunder nicht nur die Bösen, sondern auch manche der Rechtschaffenen ertrinken könnten. Dagegen waren neuzeitliche »Evakuierungen«, anständige Regierungen vorausgesetzt, stets von Voraussicht, sorgfältiger Planung und anständiger Unterbringung am Ende der Reise gekennzeichnet. Der Autor will die anderen Bezeichnungen nicht preisgeben, doch bevorzugt er den Begriff »Evakuierung«.

Das Übel des jüdischen Elends kann nur mit Hilfe einer großangelegten Evakuierung beseitigt werden. Sie mag übermenschliche Schwierigkeiten aufwerfen und entsetzlich kostspielig werden. Da aber nur so verhindert werden kann, dass Europa in eine weitere Katastrophe gestürzt wird, wird man diese Schwierigkeiten und Kosten auf sich nehmen müssen. Man wird dann feststellen, dass die Operation auch im schlimmsten Fall wesentlich einfacher und preiswerter als ein moderner Krieg sein wird, ganz davon zu schweigen, dass sie im Gegensatz zum Krieg auch noch eine profitable Investition darstellt.

Wie viele Juden wird man evakuieren müssen? Die Frage ist wichtig, kann aber nicht beantwortet werden. Zunächst einmal kann niemand wissen, wie viele Juden in der Elendszone überleben werden, zumal diese sich – wer weiß wie weit und in welche Himmelsrichtungen, vielleicht sogar westwärts – noch vergrößern könnte. Zweitens gibt es selbst in den Ländern, in denen der akute Antisemitismus (sei er objektiver oder subjektiver Art oder eine Mischung aus beidem) heimisch ist, vermutlich ein bestimmtes Niveau, auf dem eine friedliche Symbiose zwischen der nichtjüdischen Mehrheit und der jüdischen Minderheit im Normalfall möglich, die jüdische Minderheit also hinreichend verringert worden wäre, um hinfort geduldet zu werden. Wie weit diese Verringerung im Einzelnen gehen müsste, lässt sich nicht sagen. Das wird von etlichen Bedingungen abhängen: Dem Charakter des Mehrheitsvolks etwa, seinen natürlichen Ressourcen und der Zu- oder Abnahme seines Handels, um nur die offensichtlichsten, wenn auch nicht unbedingt die wichtigsten zu nennen. Die Wahrheit wird sich erst während des Migrationsprozesses selbst und vermutlich mittels eines osmotischen Prozesses herausstellen. Das zu evakuierende und das Aufnahmegebiet werden sich wie zwei durch eine Membran getrennte Behälter mit ihrem je eigenen Druck verhalten. Der Abfluss wird nicht nur von den antijüdischen Faktoren in Europa, sondern auch von der Attraktivität der neuen Heimstätte abhängen. Theoretisch müsste der Abfluss enden, wenn ein Gleichgewicht geschaffen worden ist, also beispielsweise, wenn Staat und Gesellschaft in Polen, Ungarn oder Rumänien den Eindruck gewännen, dass der Exodus sein nützliches Ausmaß erreicht habe, und seine Fortsetzung nunmehr auf einen Verlust hinauslaufen würde. Zu diesem Zeitpunkt dürften sie beginnen, den noch nicht evakuierten Juden eine Form von Anreiz oder Prämie zu bieten, um sie zum Verbleib zu bewegen. (Die Geschichte weiß von Fällen, in denen man es noch weniger erwartet hätte, den Juden aber dennoch Prämien geboten wurden, damit sie sich ansiedeln.) Andererseits ist es theoretisch auch denkbar, dass die Evakuierung trotz dieses löblichen Sinneswandels noch fortgesetzt würde, weil die materiellen Bedingungen im Aufnahmegebiet und der dort vorherrschende Idealismus eine starke Anziehungskraft ausüben.

Mit Gewissheit lässt sich nur sagen, dass die Berechnungen, wenn sie besonnen sein sollen, eher vom Maximum ausgehen sollten. In dem Kapitel »Der Nordau-Plan« (17. Kapitel) werden einige ungefähre Zahlen angegeben. Hier mag es genügen, darauf hinzuweisen, dass ein solider Evakuierungsplan letztlich von bis zu fünf Millionen jüdischen Migranten in einem Zeitraum von zehn bis fünfzehn Jahren nach dem Krieg ausgehen sollte. Die Erste Million wird man mit dem, was die Deutschen Blitzgeschwindigkeit nennen würden, sofort aus den Ländern Ostmitteleuropas evakuieren müssen, mit den gleichen Mitteln und dem gleichen Tempo also, mit dem eine moderne Armee den Transport von 50 Divisionen an eine abgelegene Front bewerkstelligen würde.

Manche Kritiker einer möglichen Evakuierung befürchten, sie könnte auf erzwungene Abschiebungen hinauslaufen. Das ist aber kaum wahrscheinlich. Im Gegenteil dürfte es überaus schwierig sein, mit den Freiwilligen, die sich darum drängen würden, auf die Warteliste gesetzt zu werden, geordnet zu verfahren. Andere Kritiker verlangen lediglich, die Massenauswanderung der Juden solle allein die Angelegenheit der Juden sein und gehe keine Regierung, ob polnisch, rumänisch oder ungarisch, etwas an. Nicht nur dürfe es kein Anzeichen von Zwang geben, es dürfe überhaupt keine Form von Druck ausgeübt werden. Würde sich eine Regierung offiziell der Organisierung der Auswanderung annehmen, würde dies in sich schon eine Form des Drucks darstellen. Die Regierungen sollten daher so tun, als gingen sie die jüdische Auswanderung und erst recht die Gründe, die sie erforderlich machen, gar nichts an.

Das ist alles Unsinn. Es gibt keinen Grund, warum die Regierung, das Parlament oder die Bürger in einem Staat, der die Auswanderung für erforderlich hält, sich dessen schämen sollten. Ganz im Gegenteil. Es ist die Pflicht des Staats, die Emigranten mit allen zur Verfügung stehenden Mitteln zu unterstützen. Vor dem ersten Weltkrieg bot Italien ein hervorragendes Beispiel für einen derartigen vernünftigen, besonnenen und vollkommen patriotischen Umgang mit dem Auswanderungsproblem. Italien brauchte sich keiner ethnischen Minderheiten zu entledigen. Die Emigranten waren von rein italienischer Herkunft. Doch bemühte die Regierung sich stets, Schiffs-, Kredit- und Ausbildungskapazitäten für die Emigranten bereitzustellen und verhandelte beispielsweise mit der argentinischen Regierung über deren Aufnahme. Entstand der Eindruck, ein italienisches Kabinett unternehme in dieser Hinsicht nicht genügend, wurde es von der radikalen beziehungsweise sozialistischen Opposition wegen der Verletzung seiner wahren demokratischen Pflichten völlig zurecht aufs Schärfste kritisiert. Eine anständige Regierung ist dazu verpflichtet, den Bedürfnissen sämtlicher Bürger Rechnung zu tragen. Wenn zu diesen Bedürfnissen der weit verbreitete Wunsch gehört, auf der Suche nach Verhältnissen, die daheim nicht geboten werden, auszuwandern, muss eine integre Regierung bei dessen Erfüllung helfen, unabhängig davon, ob die Migranten jüdisch oder nichtjüdisch sind. Im Übrigen werden viele Nichtjuden Ostmitteleuropa nach dem Krieg wahrscheinlich ebenfalls verlassen müssen, auch wenn es vor allem zu einem jüdischen Exodus kommen dürfte. Der nichtzionistische Jude sollte sich von seiner Überempfindlichkeit und seinen Minderwertigkeitskomplexen nicht dazu verleiten lassen, an der Fürsorglichkeit, mit der seine Regierung auf ein gesellschaftliches Problem reagiert, Anstoß zu nehmen, nur weil dieses Problem zufällig in erster Linie die Juden betrifft.

Den Erfolg und die ordentliche Abwicklung des Exodus wird man nur gewährleisten können, wenn er als internationales Unterfangen mit der Unterstützung sämtlicher beteiligter Regierungen durchgeführt wird. Auch den bereits erwähnten verschämten und überempfindlichen jüdischen Politikern dürfte dies klar sein, denn sie können kaum glauben, dass man den systematischen Transfer von Kapital und die Abwicklung von Immobilien privat wird regeln können, während die Minister einfach wegschauen. Der Exodus wird ein seriöses und offizielles Unterfangen sein müssen, das in aller Öffentlichkeit durchgeführt wird. Neben administrativen Maßnahmen werden zu seiner Durchführung auch spezifische Gesetze und vor allem sorgsam ausgearbeitete internationale Verträge erforderlich sein. Dies lässt sich nicht vermeiden, und man sollte davor auch nicht zurückschrecken.

Nicht, dass die Gründe für das erwähnte schamhafte Zurückweichen gänzlich unverständlich wären. Nehmen wir einmal an, Tom und Dick wohnen seit Jahren zusammen. Es hat Streitigkeiten gegeben, doch nun ist endlich ein Frieden geschlossen worden. Allerdings hat Dick beschlossen, ein anderes Quartier zu beziehen. Er hat diese Entscheidung ganz und gar freiwillig getroffen. Zugegeben, es hat schon seine Bewandtnis damit, dass es Dick und nicht Tom ist, der sich zum Umzug entschlossen hat. So könnte es Dick in dieser Situation durchaus am liebsten sein, wenn Tom ihn bei der Wohnungssuche und der Vorbereitung des Umzugs in Ruhe ließe. Sollte Tom sich als allzu fürsorglich erweisen, könnte es so aussehen, als drücke diese Fürsorglichkeit seinen Wunsch aus, Dick loszuwerden.

Die Lage ist in der Tat heikel. Entscheidend ist dabei jedoch, dass das Unbehagen über den Eifer, mit dem ihm beim Packen geholfen wird, sich nur einstellt, wenn Dick erneut ein gemietetes Quartier bezieht. Man stelle sich vor, Dick habe ein Haus geerbt, das auf seinem eigenen Grund und Boden steht und von dem er seit langem geträumt hat. Schon sähe die Situation psychologisch ganz anders aus, und das Unbehagen wäre verschwunden.

Wir haben es hier nicht bloß mit einer müßigen Parabel, sondern mit einem schlüssigen Argument zu tun. Wenn Menschen, die einräumen, dass die »Evakuierung verlorener Stellungen« unvermeidbar ist, dennoch meinen, mit derartiger Vehemenz darauf beharren zu müssen, der Vorgang müsse unbedingt freiwillig vonstattengehen und es dürfe keinerlei Druck ausgeübt werden, schleichen sie lediglich um den heißen Brei herum. Selbst bei der freiwilligsten aller Auswanderungen mag ein Moment von Zwang mitschwingen. Das hängt davon ab, was der Auswanderer im Ausland vorzufinden hofft. Man denke an den italienischen Emigranten von vor 50 Jahren, der Genua in Richtung Buenos Aires verließ. Wanderte er aus freien Stücken aus, oder stand er unter Druck? Hatte er das Gefühl, auf dem Weg in ein trostloses Exil zu sein, war er also ein Exilant? Oder hatte er das Gefühl, er werde dort auf Freunde treffen und sein Glück schmieden, war er also ein freier Abenteurer? Jedenfalls käme ein Exodus der Juden in eine neue Diaspora, ganz gleich, wie sorgfältig das Prinzip der ›Freiwilligkeit‹ dabei berücksichtigt und garantiert würde, in der Tat einer erzwungenen systematischen Vertreibung gleich. Dagegen würde ein Exodus in einen jüdischen Staat unter allen Umständen auf ein hohes Maß an genuiner Begeisterung stoßen, die durch die Tatsache, dass die neuen Verfassungen in den Herkunftsländern den Juden die bürgerliche Gleichberechtigung versprechen, kaum geschmälert würde.

Ganz im Gegenteil: Die Evakuierung könnte sich ihrerseits durchaus nachhaltig und positiv auf die Durchsetzung der bürgerlichen Gleichberechtigung auswirken. Der Durchschnittsmann auf der Straße ist selten ganz und gar garstig. Die emphatische Betonung des objektiven Antisemitismus in diesem Buch kann hoffentlich dazu beitragen, dass man die Bösartigkeit der Menschen nicht überschätzt. Auch Menschen, die antijüdische Maßnahmen unterstützen und jüdische Geschäfte boykottieren, mögen ansonsten anständige und gütige Zeitgenossen sein. Manche jüdische Anführer wären überaus gut beraten, wenn sie diese Tatsache ein für alle Mal in Rechnung stellen und daraus die erforderlichen Schlussfolgerungen ziehen würden. Dem durchschnittlichen Zweibeiner in der antisemitischen Zone bereitet es keine Freude, den Juden zu demütigen und ihm zu schaden. Allerdings ist er durchaus bereit, es immer wieder zu tun, sofern er befürchtet, der Jude könnte ihn wirtschaftlich, gesellschaftlich oder politisch verdrängen. Bietet man ihm einen konkreten und greifbaren Beleg dafür, dass ernsthafte Anstrengungen unternommen werden, um die Reihen der jüdischen Konkurrenten auszudünnen, dürfte seine Feindseligkeit abnehmen. Diese Feststellung hat nichts mit Optimismus zu tun, ebenso wenig, wie die Weigerung, an die Wirksamkeit der rechtlichen Gleichstellung für sich genommen zu glauben, etwas mit Pessimismus zu tun hat. Beides ist Ausdruck eines unparteiischen, illusionslosen, aber gutartigen Realismus, der die Juden und Nichtjuden so nimmt, wie sie sind, *terre à terre*.

Ist der Mensch von Natur aus gut oder schlecht? Es folgt eine weitere Parabel zur Beantwortung dieser unsinnigen und müßigen Frage. Es gab einmal eine 500 Häuser umfassende Stadt. Eines Tages schickte der Sultan 50 Waisen in diese Stadt und appellierte an die Barmherzigkeit ihrer Bewohner, sich dieser Unglücklichen anzunehmen. Also wählte die Stadt 50 ihrer wohlhabendsten und edelsten Familien aus, und teilte ihnen jeweils eines der verwaisten Kinder zu. Nach einem Monat befand die gesamte Stadt sich in Aufruhr. Die Waisen seien nichtsnutzig, schlecht erzogen und rundum scheußlich, klagten ihre Pflegemütter. Also versammelten die Stadträte sich erneut und beschlossen, eine öffentliche Spendensammlung zur Errichtung eines Waisenhauses durchzuführen. Die Bevölkerung spendete das

Doppelte der erforderlichen Summe, baute für die Waisen ein wunderbares Heim, und alle waren hernach zufrieden. Wenn es um das jüdische Problem geht, sind Massenevakuierung und bürgerliche Gleichberechtigung keine Gegensätze. Die Massenevakuierung ist das logische Gegenstück, sie ist die unverzichtbare Vorbedingung der Gleichstellung und das einzige Mittel, mit dem sie für diejenigen, die bleiben, mögen es viele oder wenige sein, dauerhaft gewährleistet werden kann.

Dies ist aber nicht die Hauptsache. Die entscheidende Funktion, der ausschlaggebende Wert der Evakuierung liegt darin, dass sie das einzige Heilmittel, und zwar ein gründliches, sauberes und endgültiges Heilmittel gegen ein Übel darstellt, das die Menschheit zur Begehung weiterer Schandtaten verleiten wird, sollte es nicht abgestellt werden. Vorausgesetzt, sie führt in einen jüdischen Staat, wäre sie auch ein weithin begrüßtes Heilmittel, das von der Mehrheit der Menschen aller Glaubensrichtungen gutgeheißen und respektiert würde. Immerhin handelt es sich um eine in der Bibel begründete und von der Tradition des Zionismus geadelte Vorstellung, deren Vollzug von allen Ländern in der Elendszone, den meisten anderen Nationen und allen Juden, denen, die gehen, und denen, die bleiben wollen, gleichermaßen begrüßt würde.

Das über das Prinzip der Gleichberechtigung in Polen Gesagte gilt auch im Allgemeinen. Jene Forderungen und Träume, die unsere Vorfahren unter dem Begriff »jüdische Emanzipation« zusammenfassten, lassen sich nur unter zwei Bedingungen verwirklichen. Sie erfordern den Genuss gleicher Rechte in sämtlichen nichtjüdischen Ländern und die Existenz eines jüdischen Staats an einem anderen Ort.

An dieser Stelle wird sich den Lesern vielleicht die folgende Frage aufdrängen: Inwiefern kann dieser Aspekt der hier vorgeschlagenen Lösung als Kriegsziel der Alliierten gelten? Der Krieg wird gegen Deutschland geführt. Wo auch immer der jüdische Staat angesiedelt werden wird, ob in Palästina oder anderswo, in einem gegenwärtig von Deutschland kontrollierten Gebiet wird es gewiss nicht sein. Wie kann diese Frage also zum Gegenstand einer Friedenskonferenz werden, bei der nur Forderungen an Deutschland präsentiert werden können?

Doch trifft die im vorangegangenen Satz enthaltene Annahme nicht zu. Der Vertrag von Versailles (und der Autor gehört nebenbei bemerkt nicht zum vielstimmigen Chor der Kritiker jenes Dokuments, in seiner Zeit stellte er allen Mängeln zum Trotz ein Stück recht gelungener Staatskunst dar), der Vertrag von Versailles also mit seinen 255 Seiten tat weit mehr, als nur mit dem geschlagenen Feind abzurechnen. So gründete er beispielsweise den Völkerbund. Was hatte das mit dem Krieg zu tun? Nun, es hatte allerhand mit dem Krieg zu tun, denn es wurde damals allgemein verstanden, dass eine Art ständige Verbindung zwischen den souveränen Völkern zur Verhinderung weiterer Kriege beitragen könnte. Dieses Heilmittel hat nicht funktioniert. Heute ist der ganzen Welt umso klarer, dass die einzige Rechtfertigung des gegenwärtigen Konflikts darin besteht, dereinst bessere Garantien gegen Gewaltausbrüche zu schaffen. *Alles*, was eine derartige Garantie darstellt, stellt ein angemessenes Kriegsziel dar.

Es wird wohl kaum jemand bestreiten wollen, dass die Ausmerzung des Antisemitismus, jedenfalls in seiner zugespitzten Form, in Ostmitteleuropa eine entscheidende Garantie gegen weitere Ausbrüche brutaler Aggression darstellen würde.

12. Kapitel Evian

Insofern die Alliierten unter dem euphemistischen Stichwort »Flüchtlingsproblem« überhaupt einräumen, dass ein derartiges Problem existiert, widerspricht die offizielle Haltung der Alliierten zum Problem der Evakuierung der Juden unseren elementarsten existenziellen Interessen.

Von möglichen religiösen oder zionistischen Ansprüchen einmal ganz abgesehen setzt die Wahrung der elementarsten existenziellen Interessen der jüdischen Massen in der Elendszone die Anerkennung der folgenden beiden Punkte voraus.

> »(a) Es besteht nicht die geringste Aussicht darauf, dass die Notwendigkeit der großangelegten systematischen Auswanderung der Juden sich nach dem Krieg erübrigt haben könnte. Es deutet im Gegenteil alles darauf hin, dass der Evakuierungsbedarf nach dem Krieg noch zunehmen wird. Daher muss die im Zusammenhang mit dem jüdischen Flüchtlingsproblem erfolgende internationale Planung den die gegenwärtige Indifferenz rechtfertigenden billigen Optimismus hinter sich lassen und sich auf den absehbaren gesteigerten Bedarf einstellen.
> (b) Das zweite Prinzip lautet: Es muss eine territoriale Konzentration der jüdischen Emigranten erfolgen und es darf vor allem nichts zur Förderung ihrer weiteren Zerstreuung als Minderheit unter den Völkern unternommen werden.«

Diese zweite Anforderung wird man keinem halbwegs vernünftigen Menschen mehr erklären müssen. Jedermann hat inzwischen begriffen, dass die Bildung neuer jüdischer Minderheiten in Ländern, Regionen oder Städten, in denen es bislang keine jüdischen Bevölkerungen gibt, nur zur Ausdehnung des Nährbodens für den sich auch dort in Zukunft womöglich sehr schnell ausbreitenden antisemitischen Krebs führen würde. Jeder zurechnungsfähige Beobachter, er möge den Juden gegenüber positiv, gleichgültig oder negativ eingestellt sein, wird erkennen, dass die einzige vernünftige

Möglichkeit darin besteht, diesen Emigranten irgendwie die Errichtung einer eigenen Heimstätte zu ermöglichen. Theoretisch könnte es sich um eine einzige Heimstätte für alle oder um mehrere Heimstätten handeln. Allerdings ist der Autor von der zweiten Option nicht überzeugt. Diese Frage braucht uns hier aber nicht zu beschäftigen. Hauptsache, das Prinzip der eigenen Heimstätte wird umgesetzt. Dort müssten die Juden ausschließlich unter Juden leben oder zumindest eine hinreichend große Mehrheit bilden, um die Möglichkeit von Pogromen, der wirtschaftlichen Verdrängung oder auch nur der mulmigen Bedrängnis eines ungewollten Untermieters ausschließen zu können. Dies mag nicht unbedingt die vollständige politische Unabhängigkeit erfordern, setzt aber auf jeden Fall ein hohes Maß an interner Souveränität voraus. Vor allem muss aber ein hinreichend großes Gebiet bereitgestellt, oder es müssen, hypothetisch gesprochen, mehrere entsprechend große Gebiete zur Verfügung gestellt werden. Dass es nicht besonders einfach sein wird, derartige Gebiete zu finden, ist klar. Nach einfachen Lösungen zu einem Problem dieser Größenordnung suchen zu wollen, wäre aber kindisch. Wenn der Durchschnittsbürger hört, zwischenstaatliche Konferenzen würden einberufen und Komitees eingerichtet, um Pläne für die Ansiedlung hauptsächlich oder ausschließlich jüdischer »Flüchtlinge« zu erarbeiten, geht er davon aus, dass die beteiligten Staatsmänner sich nicht um die fortgesetzte Zerstreuung, sondern um die geschlossene Ansiedlung dieser Flüchtlinge bemühen.

Soweit ihre Haltung sich überhaupt ermitteln lässt, sprechen die Alliierten sich jedoch in der Annahme, dass auch diese sich nach einem alliierten Sieg erübrigen werde, offiziell für die weitere Zerstreuung der Flüchtlinge aus.

Die Evian-Konferenz vom Juli 1938, die einberufen wurde, um sich mit der Frage der »Flüchtlinge aus Deutschland und Österreich« zu befassen, und an der Vertreter von rund dreißig Regierungen teilnahmen, ging auf eine Initiative von Präsident Roosevelt zurück. Ursprünglich ging es ihm durchaus um eine umfassende Lösung. Er wollte, dass die zivilisierten Regierungen nicht nur Maßnahmen zur Linderung der Not der bereits Geflohenen ergreifen, sondern eine angemessene Lösung entwickeln, um dem sich in Europa schon damals abzeichnenden Problem in seiner Gesamtheit beizukommen. Ihm ging es um alle gegenwärtigen und künftigen Flüchtlinge, jene aus Deutschland und Österreich und jene, die täglich aus dem übrigen Ostmitteleuropa verdrängt wurden. Einiges deutet darauf hin, dass Roosevelts Pläne sogar noch weiter gingen. Er wollte nicht nur jenen helfen, die bereits geflüchtet oder vertrieben worden waren, sondern auch jenen, die in ihrer Not zurückgelassen worden waren. Es sollte also nicht nur den Flüchtlingen geholfen, sondern auch eine präventive Evakuierung organisiert werden. Dass Roosevelt sich die Lösung all dieser ungeheuren Herausforderungen von dieser ersten Konferenz erwartet haben sollte, ist natürlich unwahrscheinlich. Vermutlich hoffte er darauf, sie könne die erforderlichen umfassenden Maßnahmen in die Wege leiten und einen kühnen Abriss der erforderlichen Schritte erarbeiten.

Als sein Gesandter Myron Taylor den europäischen Hauptstädten Besuche abzustatten begann, um deren Haltung zur Initiative des Präsidenten auszuloten, traf er von Anfang an auf ernsthaften Widerstand. Die Reichweite von Roosevelts Plan hatte mächtige Interessen aufgeschreckt und verärgert, die wild entschlossen waren, ihm so weit wie möglich Einhalt zu gebieten. In allererster Linie ging die Blockadepolitik dabei von der Regierung in London aus.

Während Taylor im Frühjahr 1938 seine Erkundungsreise absolvierte, bemühten verschiedene Kräfte im britischen Außenministerium sich emsig darum, sich aus den Verpflichtungen, die das Land den Zionisten gegenüber eingegangen war, herauszuwinden. Diese Tendenz fand im folgenden Jahr in MacDonalds *Weißbuch für Palästina*[37] ihren folgerichtigen Ausdruck. Anfang 1938 war sie zwar noch nicht voll entwickelt, zeichnete sich aber bereits deutlich ab. Englands Versprechen an die Juden sollte künftig so interpretiert werden, dass es dem Vorhaben, das Wohlwollen der Araber durch einen

37 Das sogenannte *Weißbuch für Palästina*, auch *MacDonald Weißbuch*, war ein von der britischen Regierung 1939 unter dem Eindruck der arabischen Aufstände gegen die Briten und Attacken auf den Jischuv vorgeschlagener Teilungsplan für das Mandatsgebiet. Das *Weißbuch* rückte von dem Vorhaben ab, im Mandatsgebiet einen jüdischen Staat zu schaffen und zu unterstützen. Die Briten versuchten, den Großmufti von Jerusalem, Amin al-Husseini, von seiner pro-deutschen Haltung abzubringen und im Krieg gegen Deutschland als Partner zu gewinnen, wofür man großzügige Gebietszuteilungen für die Araber im Mandatsgebiet vorschlug. Das jüdische Staatsgebiet fiel in diesem Teilungsplan wesentlich kleiner aus als noch in der Balfour-Deklaration vorgesehen. Es war geplant, die jüdische Einwanderung so zu organisieren, dass die jüdische Bevölkerung nur ein Drittel in der Gesamtbevölkerung des Landes ausmachen sollte. Weiterhin wurde den Arabern Palästinas zugestanden, sich nach fünf Jahren gegen weitere jüdische Einwanderung entscheiden zu können. Ebenso sollte die illegale Einwanderung von Juden aus Europa verhindert werden. Das *Weißbuch*, das bis 1947 die britische Politik in Palästina bestimmen sollte, stellt nichts anderes als einen Verrat an den Juden dar: Zeitgleich zum November-Pogrom und der eskalierenden deutschen Vernichtungspolitik, beschränkte die britische Regierung erheblich die Einwanderung von Juden nach Palästina.

Stopp der Einwanderung nach Palästina zu erwerben, nicht im Weg stehen würde. Zu dieser Tendenz wollte Roosevelts Plan nun überhaupt nicht passen. Ein zur Entwicklung einer angemessenen Lösung des Flüchtlingsproblems in seiner Gesamtheit einberufenes internationales Gremium würde sich unweigerlich auf die Suche nach einem geeigneten Siedlungsgebiet (oder geeigneten Siedlungsgebieten) begeben müssen, und dabei würde selbstverständlich zuallererst Palästina in Betracht gezogen werden. Dieses Risiko musste um jeden Preis vermieden werden. Doch wie? Roosevelt durch eine unvermittelte Absage an eine derartige Konferenz vor den Kopf zu stoßen, kam natürlich nicht in Frage. Man musste ihn schonend abblitzen lassen. Zunächst ging man also daran, den Zuständigkeitsbereich der Konferenz drastisch zu reduzieren. Sie sollte sich nicht mehr mit allen bereits geflohenen oder vermutlich kurz vor der Flucht stehenden Emigranten aus sämtlichen betroffenen Ländern befassen, sondern lediglich mit den Flüchtlingen aus Deutschland und Österreich, die sich bereits in Sicherheit gebracht hatten und den gastfreundlichen Nachbarländern Deutschlands nun so schwer zur Last fielen. Schon ging es statt um mehrere Millionen schlussendlich vermutlich Betroffene nur noch um Tausende. Im zweiten Schritt ging es dann darum, das nunmehr eingegrenzte Problem als eine Frage nicht der internationalen Politik, sondern der internationalen Wohltätigkeit zu behandeln. Vorschläge für die Schaffung eines jüdischen Staats durften dabei keinesfalls auf die Tagesordnung gesetzt werden, und Palästina in diesem Zusammenhang in Betracht zu ziehen, kam erst recht nicht in Frage, denn das hätte Großbritannien in Verlegenheit gebracht und womöglich von der Teilnahme an der Konferenz abgehalten.

Allem Anschein nach wurde die gleiche Taktik auch bei der zweiten, im Oktober 1939 in Washington abgehaltenen Flüchtlingskonferenz angewandt. Auch diesmal war Roosevelt der Initiator. Er soll in diesem Zusammenhang die Befürchtung geäußert haben, dass es nach dem Krieg weit mehr Flüchtlinge geben werde. Ja, manchen Berichten zufolge soll die amerikanische Delegation eine Völkerwanderung von bis zu 20 Millionen Vertriebenen aller Ethnien vorhergesagt haben. Doch hätten »einige europäische Delegierte« dies energisch bestritten und der Versammlung versichert, es werde in Europa nach dem Sieg der Alliierten kein nennenswertes Flüchtlingsproblem mehr geben. In einem anderen Bericht heißt es, man habe beschlossen, eine systematische Untersuchung möglicher Aufnahmegebiete in mehreren Ländern durchzuführen, Palästina gehöre aber (auf Betreiben »einiger europäischer Delegierter«) nicht zu den zu überprüfenden Optionen.

All das ist keine Kleinigkeit. Es handelt sich um eine vorsätzliche politische Entscheidung, die Option eines rettenden Auswegs für die Juden zunichtezumachen und unsere Unterstützer in ihrem Bestreben, uns zu helfen, zu entmutigen und lahmzulegen. Dieses Vorgehen ist nicht nur nicht hilfreich, es ist zerstörerisch. Allerdings ist nicht jeder Saboteur so schamlos, dass er seinem Nachbarn ein ganzes Pfund stiehlt, bloß um selbst einen Penny einzusparen. Ein halbes Jahrhundert jüdischer Bestrebungen, seit der Zeit Theodor Herzls und schon davor, waren auf das eine zentrale Ziel gerichtet, den zivilisierten Regierungen klarzumachen, dass der jüdische Migrationsdrang ein globales Problem darstellt, und sie dazu zu bewegen, eine internationale Anstrengung zu unternehmen, ihm in seiner ganzen Bandbreite gerecht zu werden. Zu einem Zeitpunkt, da man davon hätte ausgehen können (jedenfalls nahmen wir das an), dass sämtliche Nationen in ihrem Mitgefühl angesichts der qualvollen Heimatlosigkeit der Juden zusammenstehen würden, hatte eine machtvolle Initiative sich endlich in diese Richtung zu entfalten begonnen. Die Zukunft hängt vollends vom Erfolg dieser Initiative ab. Es handelt sich dabei um die einzige Möglichkeit zur Rettung nicht nur der Juden, sondern auch Europas. Sie bietet die Aussicht auf eine fundierte und langfristige, vielleicht sogar dauerhafte politische und humanitäre Lösung. Dem steht die kleinliche Besorgnis entgegen, dass ein britisches Kabinett in Verlegenheit und dessen Palästinapolitik (die den meisten führenden britischen Politikern missfällt und die 90 Prozent derjenigen, die sie widerwillig unterstützten, für ein Provisorium halten) in Schwierigkeiten geraten könnte, wenn die Palästinafrage erneut verhandelt würde. Diesem Missverhältnis zwischen der Enormität des angerichteten Schadens und der wohlfeilen Mickrigkeit des damit erzielten Vorteils haftet etwas Schäbiges an. Man fühlt sich an eine in der Kindheit gelesene mittelalterliche Geschichte erinnert: »Ja, das Dorf brennt, doch schlagt nicht Alarm, denn ihr könntet Seine Lordschaft wecken ...«

Das Zwischenstaatliche Flüchtlingskomitee, das von der Konferenz in Evian eingerichtet wurde, hat bislang (bis Februar 1940) keine Ergebnisse seiner Nachforschungen veröffentlicht. Dies soll kein Vorwurf sein. Geopolitische Ermittlungen, die sich über die halbe Erde erstrecken, nehmen selbst im günstigsten Fall viel Zeit in Anspruch, und in letzter Zeit wird die Arbeit zudem durch den Krieg behindert. Folglich können die vom Flüchtlingskomitee eruierten

Ansiedlungsmöglichkeiten für Flüchtlinge im Allgemeinen und für die jüdischen Flüchtlinge im Besonderen hier nicht im Einzelnen besprochen werden.

In der Presse ist über eine Vielzahl von Ländern berichtet worden, die bereit seien, eine bestimmte Anzahl Flüchtlinge aufzunehmen. Dabei sind verschiedene Zahlen genannt, dementiert, oder bestätigt worden, mal nehmen sie zu, mal wieder ab. Bis die offiziellen Berichte herausgebracht werden, kann man keiner dieser Angaben trauen. Auch dann beziehungsweise gerade dann wird das ganze deprimierende Geschäft der verstreuten Unterbringung von Flüchtlingen bei widerwilligen Gastgebern weiterhin trostlos und unergiebig sein und nichts als künftigen Kummer in sich bergen.

Damit sollen weder die Tätigkeit der Mitarbeiter des Zwischenstaatlichen Flüchtlingskomitees noch die Anstrengungen jener Länder geschmälert werden, die sich weiterhin als gastfreundlich erweisen. Sie verdienen nichts als Achtung. Doch wird der Effekt dieser Gastfreundschaft stets gleichermaßen bedrückend sein. Unabhängig davon, wie vielen jüdischen Flüchtlingen schließlich gestattet würde, sich hier und da und überall anzusiedeln, die Gesamtzahl wird sich im Vergleich zu jenen Millionen, die aus der Elendszone evakuiert werden müssen, wie ein Steinchen im Vergleich zu einem Bergsturz ausnehmen.

Dagegen wird der angerichtete Schaden enorm sein. Kann es irgendeinen Zweifel über die globale Atmosphäre geben, in der jene wohlmeinenden Menschen des Evian-Komitees sich bemühen, Regierungen dazu zu bewegen, dass sie dem jüdischen Streuner erneut ihre Tore öffnen?

Die folgende Aneinanderreihung von Meldungen wurde dem in London erscheinenden *Jewish Chronicle* in den Jahren 1938 und 1939 eher beiläufig entnommen:

> »Einer Erklärung der Regierung Nordrhodesiens zufolge haben die gewählten Mitglieder des Gesetzgebenden Rats sich einstimmig gegen jegliche Einwanderung jüdischer Flüchtlinge ausgesprochen. Der amtierende Gouverneur sah sich daher außerstande, dem Außenminister mitzuteilen, dass das Vorhaben zum gegenwärtigen Zeitpunkt in Angriff genommen werden könne. (19. August 1938)
>
> Es heißt, jegliche Masseneinwanderung in die portugiesischen Kolonien sei streng untersagt. (19. August 1938)
>
> Der brasilianische Präsident Vargas hat eine Verordnung erlassen, die die Errichtung von Siedlungen untersagt, die von

> nur einer Nationalität bewohnt werden, und die jährliche Einwanderungsquote auf zwei Prozent der Gesamtzahl der Einwanderer der betreffenden Nationalität in den letzten 50 Jahren festgesetzt. Zudem wurde ein Einwanderungsrat gebildet. (2. September 1938)
>
> Dem Stadtrat ist von den berufsständischen Verbänden ein Memorandum unterbreitet worden, das ein Verbot der Aufnahme ausländischer Einwanderer in Zypern fordert. (6. September 1938)
>
> Einer vergangene Woche veröffentlichten Erklärung Finanzminister Nashs zufolge soll Flüchtlingen aus europäischen Ländern nicht zugeraten werden, nach Neuseeland einzuwandern. (16. September 1938)
>
> Offenbar ist die Regierung Südafrikas nicht gewillt, eine Anpassung der strikten Bestimmungen des Ausländergesetzes in Betracht zu ziehen. Dadurch ist die Einwanderung von Juden praktisch unmöglich. (2. Dezember 1938)
>
> Es wird berichtet, dass die Regierung Uruguays seine Konsuln angewiesen hat, Juden, die aus rassischen oder politischen Gründen auswandern, keine Visa zu erteilen. (23. Dezember 1938)
>
> Das Außenministerium Ekuadors hat seine Konsuln und Vertreter in anderen Ländern angewiesen, keine Dauervisa für Ausländer auszustellen. (14. Juli 1939)«

Dieser Liste könnten die Namen 20 weiterer Länder hinzugefügt werden. Niemand will den jüdischen Streuner aufnehmen. Wenn er eingelassen wird, ist es auf Mitleid, Einflussnahme oder freundschaftlichen Druck zurückzuführen. Das sind alles denkbar prekäre Grundlagen. So werden Zeit, Mühe und Chancen vergeudet, und nebenbei wird noch die Saat für künftigen Ärger ausgesät, für künftigen Ärger für die Flüchtlinge, für die Aufnahmeländer und für die Welt als Ganzes. Positiv an diesem Plan ist nur, dass er so eng gefasst ist, weil die Völker immer seltener bereit sind, Flüchtlingen die Aufnahme zu gewähren, wenn ihr Aufenthalt nicht auf einem anständigen Niveau garantiert werden kann.

In diesem Chaos lassen sich zwei unterschiedliche politische Orientierungen erkennen: Die Option des individuellen Einsickerns und jene der Ansiedlung in Gruppen. (Manchmal wird mit Blick auf die Ansiedlung in Gruppen auch von »Kolonisierung« gesprochen.) Zwischen ihnen bestehen zwei entscheidende Unterschiede.

Außer in Palästina ist die jüdische Migration in den letzten 50 Jahren in Gänze nach dem Prinzip des individuellen Einsickerns erfolgt. Dabei geht es den Immigranten nicht darum, in ihrer neuen Heimat einen neuen sozialen Organismus zu schaffen, sondern sie finden dort bereits einen vor und suchen sich in ihm noch nicht belegte Nischen, in denen sie Fuß fassen können. Dagegen sind die »Kolonisten« Menschen, die sich in weitgehend menschenleeren Gegenden ansiedeln, um dort, wo es noch keine gibt, eine neue Gesellschaft zu schaffen. Der zweite Unterschied ist für unsere Diskussion bedeutsamer. Das Einsickern führt zur Bildung neuer Ghettos, während die Kolonisierung beziehungsweise die Ansiedlung in Gruppen eher der ›territorialistischen‹ Vorstellung vom jüdischen Staat beziehungsweise einer oder mehreren jüdischen Provinzen entspricht.

Dem Zwischenstaatlichen Flüchtlingskomitee kann es mit Blick auf das jüdische »Flüchtlingsproblem« vernünftigerweise nur darum gehen, von der Option des Einsickerns Abstand zu nehmen (sofern sie erwünscht wird, sollte sie privaten Institutionen überlassen werden) und sich auf die Suche nach Optionen für eine territoriale Lösung zu konzentrieren. Bislang deutet allerdings nichts darauf hin, dass das Komitee dies tatsächlich tut. Als es in Evian erstmals zusammentrat, wurde ihm jedenfalls kein entsprechender Auftrag erteilt. Vielleicht ist dies inzwischen bei der Washingtoner Konferenz doch noch geschehen. Da deren Beschlüsse nicht veröffentlicht worden zu sein scheinen, lässt sich das schwer sagen. Oder vielleicht hat es sich auf eigene Initiative und Verantwortung dieser einzig praktikablen Option zugewandt. Man kann das nur hoffen. Falls nicht, sollte es sich dieser Aufgabe stellen. Sonst wird man ein anderes Gremium mit ihr betrauen müssen.

Die seltsame Passivität der jüdischen Öffentlichkeit in dieser Sache ist zutiefst beklagenswert. Seit Leo Pinsker vor 60 Jahren sein Manifesto *Auto-Emancipation* veröffentlichte, seit Theodor Herzl den politischen Zionismus begründete, haben die Juden darauf gehofft, die zivilisierte Welt werde eines Tages den internationalen Charakter des Problems der jüdischen Migration erkennen und ein mit dessen Untersuchung und Lösung betrautes zwischenstaatliches Gremium einsetzen. Und nun, in einer Situation, in der jede Verzögerung katastrophale Folgen hat, vergeudet dieses Gremium seine Zeit damit, aussichtslose Notlösungen zu untersuchen. Es ist kein Geheimnis, dass die einflussreichsten Mitglieder des Komitees selbst von der erbärmlichen Nutzlosigkeit eines potenziellen Flickwerks überzeugt sind. Ihnen wäre durchaus an der Erarbeitung einer angemessenen Gesamtlösung gelegen, doch steht ihnen dabei die kleinliche Kurzsichtigkeit der Bürokraten im Wege. Würde man die Öffentlichkeit für sich einnehmen, indem man sie über einige Monate hinweg systematisch mit den unleugbaren Tatsachen über die sich zurzeit in Osteuropa ereignende Tragödie vertraut macht und dadurch für einen konzertierten Gegenangriff mobilisiert, könnte dieses Hindernis hinweggefegt und das Zwischenstaatliche Flüchtlingskomitee zu seiner eigenen Erleichterung gezwungen werden, sich auf die Frage eines jüdischen Staats zu konzentrieren.

Um Missverständnissen vorzubeugen: In seiner gegenwärtigen Form ist das Zwischenstaatliche Flüchtlingskomitee personell für die Erfüllung dieser gewaltigen Aufgabe unzureichend ausgestattet. Es hat einige ausgesprochen fähige Mitarbeiter, unterhält aber keine ernstzunehmenden Kontakte zu den entscheidenden demokratisch legitimierten jüdischen Organisationen. Das liegt weitgehend an der Schwäche der Juden, die teils ihrer misslichen Lage zuzuschreiben ist, für die sie teils aber auch selbst verantwortlich sind. Es gibt kein einheitliches Gremium, das die Rolle eines Exarchats[38] einnehmen könnte, keine ›Regierung‹ des jüdischen Volks in der Diaspora. Um diesen Mangel wird es in einem der abschließenden Kapitel gehen. Hier wird er nur erwähnt, um zu erklären, dass ein aus angesehenen, den Juden wohlgesonnenen Nichtjuden bestehendes Komitee noch kein kompetentes Gremium darstellt, das die Probleme der jüdischen Geschichte lösen könnte. Als Pinsker und Herzl von internationalen Anstrengungen zur Lösung des Problems sprachen, meinten sie Anstrengungen, die von den nichtjüdischen Nationen *gemeinsam mit der jüdischen* unternommen werden sollten. Zu dieser Zusammenarbeit wird es gewiss kommen. Wenn das Evian-Komitee erst über seinen Tellerrand hinausblickt und sich auf den einzig erfolgversprechenden Pfad begibt, wird es ganz von alleine begreifen, wie unzureichend seine gegenwärtige Zusammensetzung ist, und selbst die Hinzuziehung weiterer Kräfte verlangen. Vielleicht wird es auch dann noch bloß ein Vorläufer und nicht das ausschlaggebende Gremium sein, das die endgültige Entscheidung verbindlich verkündet. Im Übrigen ist die ›endgültige‹ Entscheidung über das Schicksal eines Volks eine Frage nicht von Worten, sondern von Taten und sie kann nur von dem betreffenden Volk selbst getroffen und verkündet werden. Doch auch, wenn man all dies einberechnet, ist

38 Statthalterschaft, *Exarch* (griechisch): Vorgesetzter.

das gegenwärtige Evian-Komitee noch immer ein wichtiger Faktor, ein Hebel, mit dem etliche Hindernisse beseitigt werden könnten. Dass die jüdische Öffentlichkeit sich dieses Hebels nicht ausreichend bedient, ist überaus beklagenswert.

13. Kapitel Zwei Projekte für einen Staat außerhalb Palästinas

Neben Palästina sind in der jüngsten Zeit zwei oder drei »territorialistische« Projekte immer wieder erwähnt worden. Eines davon hat Britisch-Guyana im Blick. Am 21. November 1938 erklärte Neville Chamberlain im Unterhaus: »Ich wende mich nun Britisch-Guayana zu. Genaue Angaben über die Größe des Areals, das zu diesem Zweck bereitgestellt werden könnte, lassen sich zu diesem Zeitpunkt nicht machen, doch würde es sich gewiss um mindestens 10 000 Quadratmeilen handeln.« Am gleichen Tag räumte Sir Samuel Hoare allerdings ein, »dass das betreffende Gebiet jenes umfassen würde, von dem vor einigen Jahren festgestellt wurde, dass es für die Ansiedlung von 5000 assyrischen Flüchtlingen ungeeignet sei«. (In seinem kolossalen, für das *Royal Institute of International Affairs* verfassten Bericht *The Refugee Problem* widmete Sir John Hope Simpson in einem Kapitel, das sich mit der assyrischen Tragödie befasst, diesem Debakel gerade einmal zwei Zeilen: »Es wurde in etlichen Winkeln der Erde gesucht, unter anderem in Brasilien und Britisch-Guayana, doch konnte kein geeignetes Areal für ihre Ansiedlung gefunden werden.«)

Das von Präsident Roosevelt eingesetzte beratende Komitee, das sich mit der Behandlung politischer Flüchtlinge befasst, entsandte eine Expertenkommission nach Britisch-Guayana. Sie verbrachte einige Wochen dort, bereiste verschiedene Landesteile und erstellte einen Bericht. Die Kolonialabteilung im britischen Außenministerium veröffentlichte im Mai 1939 hastig ein Weißbuch, das offensichtlich als Trostpflaster angesichts des Rückschlags gemeint war, den das im gleichen Monat vorgestellte *Weißbuch für Palästina* darstellte. Die eine Heimstätte werde zwar verwehrt, so die Botschaft, doch bestehe immerhin Aussicht auf eine andere.

Die Schlussfolgerungen der Kommission waren verhalten optimistisch. Das Gebiet sei zwar »kein idealer Ort für Flüchtlinge aus mitteleuropäischen Ländern« und käme »für eine sofortige Ansiedlung im großen Maßstab nicht in Frage«. Es sei aber den Versuch wert, zunächst 5000 Pioniere »probehalber« dort anzusiedeln. Dies würde drei Millionen Dollar kosten und zwei Jahre in Anspruch nehmen. (Beides dürfte zu niedrig geschätzt sein.) Während der Probezeit sollte ermittelt werden, ob es dort tatsächlich so viel fruchtbaren Boden gebe, wie angenommen werde; ob die (zweifelsfrei ausgedehnten) Wälder und Grassteppen genutzt werden könnten; ob es Möglichkeiten gebe, dort leichte oder schwere Industrien einzurichten; ob das Gebiet durch den Bau einer halbwegs erschwinglichen Straße zugänglich gemacht werden könne; und ob Europäer in dem dortigen Klima arbeiten könnten, obgleich andere Europäer damit bereits gescheitert seien. Auf die Frage des Straßenbaus werfen die von einem anderen südamerikanischen Land bereitgestellten Informationen ein instruktives Licht: »Unser Landesinneres können Sie von der Küste aus entweder mit dem Flugzeug oder auf Mauleseln erreichen. Ersteres ist natürlich teurer, aber auch schneller.« Auf die abschließende Frage nach der Eignung des Klimas für Europäer scheint die Kommission an anderer Stelle eine indirekte Antwort zu geben, dort nämlich, wo erklärt wird, warum die Tatsache, dass die gleiche Kolonie für die Assyrier nicht geeignet schien, nicht heißen müsse, dass sie auch für mitteleuropäische Flüchtlinge ungeeignet sei. Dies hänge mit mehreren »besonderen« Eigenschaften des jüdischen Flüchtlingsproblems zusammen, allen voran mit »dem enormen Tempo, mit dem die Flüchtlinge aus ihrer Heimat vertrieben werden«. Kurzum: Wenn der Teufel die Geschehnisse bestimmt, muss es eben gehen. Dabei haben die werten Kommissionsmitglieder allerdings eine entscheidende Frage außer Acht gelassen, jene nämlich, ob der Teufel dazu beredet werden kann, die Hände in den Schoß zu legen, bis das Experiment in diesem durch keine Straßen angebundenen Teil eines tropischen Landes voller Berge und Urwälder die Klärung aller noch ausstehenden Fragen ermöglicht hat, was in Wirklichkeit nicht zwei Jahre, sondern eine ganze Generation in Anspruch nehmen dürfte.

Damit soll die Möglichkeit einer intensiven Besiedlung Britisch-Guayanas nicht grundsätzlich in Frage gestellt werden. Im letzten September gab der Kolonialminister bekannt, dass einige »Freiwilligenorganisationen in Großbritannien kurz davor waren, eine Körperschaft zur Durchführung des Projekts [in Britisch-Guayana] zu gründen. Infolge des Kriegsbeginns mussten diese Aktivitäten jedoch vorerst ausgesetzt werden.« Wir gehen davon aus, dass es bei diesen Aktivitäten sowohl um die Errichtung der kleinen Probesiedlung als auch um die Untersuchung künftiger Optionen ging, die wesentlich weiter gehen könnten. Diese Aktivitäten mögen eines Tages wieder aufgenommen werden und könnten zum Erwerb nützlichen Wissens führen, auch wenn dann womöglich nicht jüdische, sondern nichtjüdische Kolonisten davon profitieren werden. Ganz allgemein ist es unwahrscheinlich, dass irgendein Fleck auf Gottes Erde dauerhaft ungenutzt bleiben dürfte. Infolge des technologischen Fortschritts ist es wahrscheinlich, dass in hundert Jahren, vielleicht auch schon eher, selbst die Sahara kolonisiert werden wird, etwa indem Wasser vom Niger aus durch eine 500 Meilen lange Pipeline zugeführt oder aus Quellen, die 5000 Fuß unter der Erdoberfläche liegen, entnommen wird. Länder wie die Guayanas, in denen eher ein Überfluss an Naturressourcen das Problem ist, dürften schon lange vorher besiedelt werden. Die Menschheit lebt zu dicht beieinander und Raum ist zu wertvoll, als dass man freie Flächen dauerhaft wird brachliegen lassen. Flugzeuge werden Entfernungen wettmachen, Radio und Fernsehen werden es einem Bewohner Zentralafrikas ermöglichen, an einer Premiere der Met in New York teilzunehmen, und der Strom wird die Last der Arbeit verringern. So werden alle Gründe dafür, dass Menschen gegenwärtig zusammengepfercht werden, nach und nach verschwinden. Menschen, die seit Generationen in den Städten leben, werden sich nach dem Luxus sehnen, den der burische *Voortrekker*[39] genoss, der sich schon eingeengt fühlte, wenn er nur den Rauch aus dem Schornstein seines Nachbarn sehen konnte. Menschen werden nach Übersee auswandern, nicht weil Hunger oder Verfolgung sie dazu drängen, sondern weil sie das Abenteuer des Raums suchen, das für viele von uns ebenso faszinierend sein dürfte wie jenes der Geschwindigkeit. Dann werden alle brachliegenden Flächen der Welt, einschließlich der Guayanas und sogar Biro-Bidjans[40] besiedelt werden.

Es geht dem Autor also gewiss nicht darum, Britisch-Guayana oder sonst irgendeinen Ort, den vernünftige Menschen für die systematische Ansiedlung von Juden vorschlagen könnten, geringzuschätzen. Eines Tages werden all diese Orte von dem einen oder anderen Volk besiedelt werden. Doch bedarf es der systematischen, großangelegten Ansiedlung von Juden nicht in einer strahlenden Zukunft, in der das Wasser, der Boden und das Klima dem menschlichen Willen gehorchen werden. Der jüdische Exodus steht nicht in

39 Burische Bewohner der Kap Region in Südafrika, die nach der britischen Annexion der Kapkolonie ab 1835 im sogenannten Großen Treck in Richtung Nordosten auswanderten.

40 Mit Biro-Bidjan ist hier das Gebiet gemeint, das unter Stalin zur Ansiedlung für Juden vorgesehen war. 1934 in Jüdische Nationale Oblast umbenannt.

einem symbolischen Sinne, sondern wortwörtlich morgen an. Teils aufgrund der Eigenschaften des Juden in seiner heutigen Gestalt, teils aufgrund der Beschaffenheit anderer Völker in ihrer heutigen Form, teils aufgrund der aktuellen Vorgehensweise bei der systematischen Ansiedlung großer Menschenmengen, sind mit diesem Exodus bestimmte Bedingungen und Beschränkungen verbunden, und er wird ein ausgesprochen schwieriges und mühseliges Unterfangen darstellen. Dass Britisch-Guayana angesichts dieser unmittelbaren Anforderungen tatsächlich eine realistische Option sein könnte, scheint überaus fraglich.

Das interessanteste der territorialistischen Projekte sieht vor, Juden nicht in Britisch-Guayana, sondern in Westaustralien anzusiedeln. Dabei ist besonders bemerkenswert, dass diese Initiative auf einen einzigen weder jungen noch wohlhabenden Mann zurückgeht, der zudem von jener Plage, die man Propaganda nennt, nichts versteht. Sein einziges Geheimnis scheint in jener Art gelassener Sturheit zu liegen, die auch heute noch auf ihrer Forderung von gestern beharrt. Er heißt Dr. I[saac Nachman] Steinberg. Vor vielen Jahren gehörte er in Russland einer Partei mit dem eindrucksvollen Namen Sozialrevolutionäre Partei (kurz SR) an, dem nichtmarxistischen Flügel der sozialistischen Bewegung in Russland. Die Bolschewiken machten ihr den Garaus. Steinberg hatte zuvor in einem der Übergangskabinette ein Ministeramt bekleidet. Inzwischen lebt er in London. Irgendwann im Laufe des letzten Jahrzehnts gründete er eine Gruppe namens *Freeland League for Jewish Territorial Colonization* (oder vielleicht gab es sie auch schon, und er schloss sich ihr nur an). Letztes Jahr reiste er nach Australien, wo es ihm tatsächlich gelang, einen Bundesstaat von seinem Vorhaben zu überzeugen. Dies ist auch insofern beachtlich, als es zeigt, dass Einzelpersonen selbst ohne offiziellen Status, ohne breite öffentliche Mobilisierung und ohne das Zaubermittel des persönlichen Charismas eigenhändig bedeutsame politische Erfolge erzielen können, einfach, indem sie sich auf zeitgemäße und vernünftige Argumente verlassen.

Dass es Dr. Sternberg gelungen ist, praktisch ganz Westaustralien von seiner Sache zu überzeugen, steht außer Zweifel. Dort gibt es entlang der nördlichen Hälfte der Nordwestküste des Kontinents ein riesiges, *The Kimberleys* genanntes Gebiet. Die *Freeland League* hat konkret die Regionen Ivanhoe und Argyle am Fluss Ord in Westaustralien und Newry und Auvergne im Nördlichen Territorium ins Auge gefasst. Allerdings dürfte es sich dabei noch nicht um die endgültigen Grenzen des betreffenden Terrains handeln. Das für die

Kolonisierung insgesamt zur Verfügung stehende Gebiet wäre wahrscheinlich größer als England und Wales zusammengenommen. Es ist praktisch unbewohnt. Der *West Australian*, die führende Tageszeitung in Perth, erklärte in einem längeren Kommentar, die Erfahrungen der letzten Jahrzehnte deuteten darauf hin, dass weder Australier noch britische Einwanderer geneigt seien, die betreffende Region zu erschließen. Da Australien sich nicht zuletzt aus Sicherheitsgründen nicht länger damit abfinden sollte, dass der Norden unbewohnt bleibe, seien die Juden potenziellen Einwanderern jeder anderen nichtbritischen Abstammung erheblich vorzuziehen. Diese Bemerkungen scheinen die dortige öffentliche Meinung in allen Gesellschaftsschichten widerzuspiegeln. Offenbar hat die Gesetzgebende Versammlung des Bundesstaats sogar eine Resolution verabschiedet, die das Projekt gutheißt, und die Bundesbehörden aufgefordert, es wohlwollend zu prüfen.

Weder mit Blick auf die erforderliche Quadratmeilenzahl noch bezüglich der Anzahl der Einwanderer, die hereingelassen werden sollen, ist das volle Ausmaß des Projekts schon im Einzelnen festgelegt worden. In einer Ansprache vor der Handelskammer in Perth erklärte Dr. Steinberg: »Wenn am Ord River sechs bis sieben Millionen Morgen zur Verfügung gestellt werden könnten, wäre es möglich, eine in der Weide- und Landwirtschaft tätige jüdische Siedlung zu gründen.« Mit Blick auf die Zahl der Einwanderer hat er stets sorgsam darauf beharrt, es würden anfangs nur 500 bis 600 junge Pioniere beiderlei Geschlechts entsandt, um die Möglichkeiten zu erforschen und verschiedene Vorgehensweisen zu erproben. Später sei an rund 10 000 Einwanderer zu denken. Bei anderer Gelegenheit gab er an, längerfristig könnte es sich um 70 000 bis 100 000 handeln, ohne dies allerdings als die endgültige Obergrenze zu bezeichnen. In einem Interview sprach er von »einer neuen britischen Provinz, deren Aufbau in zehn bis fünfzehn Jahren weit voranschreiten würde«. Letztendlich geht es der *Freeland League* natürlich um einen jüdischen Staat, der groß genug wäre, um bei einem umfassenden Exodus als Aufnahmeland fungieren zu können. Die australischen Unterstützer des Projekts, bei denen es sich um intelligente Menschen handelt, die selbst von eingewanderten Kolonisten abstammen, sind sich hierüber selbstverständlich im Klaren. Ihr Wohlwollen speist sich nicht zuletzt aus ihrer Furcht vor einer japanischen Invasion. Insofern versteht es sich von selbst, dass sie in ihrer Erwägung von Kolonisierungsprojekten nicht an tausende, sondern mindestens mal an hunderttausende Einwanderer denken.

Während das australische Wohlwollen außer Frage steht, ist weniger klar, ob das anvisierte Gebiet wirklich für europäische Pioniere geeignet ist. In dem bereits zitierten wohlwollenden Kommentar des *West Australian* wurden auch Gründe dafür angegeben, warum es bislang nicht erfolgreich erschlossen wurde. Verwiesen wurde auf die »Abgeschiedenheit, Transportschwierigkeiten, Schädlinge und Krankheiten und ein abweisendes Klima«. Allerdings wird der entsprechende Teil Kimberleys dort auch als »gut bewässertes Gebiet mit starken Flüssen und fruchtbaren Tälern« beschrieben, das »von den Eingeborenen einmal abgesehen gänzlich unbewohnt ist«. Dagegen hat Dr. Steinberg in einer Rede vor der Frauenorganisation der Labour Party in Perth eingeräumt, dass »das fragliche Areal nicht eben ein angenehmer Ort sei. Er sei sicher, dass Australier niemals in ausreichender Anzahl dorthin ziehen würden …« Mit Blick auf die Verträglichkeit des Klimas hieß es: »Es gibt fünf recht angenehme Wintermonate, zwei Monate sind sehr heiß und trocken, und fünf Monate sind heiß und schwül«. (Das Gebiet liegt zwischen dem 12. und 20. Längengrad S.) Auch in einem Interview mit der *Melbourne Age* qualifizierte Dr. Steinberg den Optimismus des *West Australian*: »In der Regenzeit gebe es starke Ströme und Seen, so dass die Wasserkonservierung kein Problem sein dürfte«, habe er erklärt. A. C. Angelo aus Carnarvon, der das Projekt enthusiastisch befürwortet, äußerte sich in dieser Frage ebenfalls eher verhalten: »Der Ord River bietet oberhalb der Gezeitengrenze über etliche Meilen eine gute Wasserversorgung und es gibt tausende Morgen, die fruchtbar und leicht zu bewässern sind.«

Sollte der Plan je von offizieller Seite als realistische Option ins Auge gefasst werden, müssten diese Faktoren natürlich alle in Rechnung gestellt werden. Fraglos würden sich dann unzählige Schwierigkeiten ergeben, und es wären mit ihm die gleichen astronomischen Auslagen wie mit jedem anderen vergleichbaren Unterfangen verbunden. Derartige Schwierigkeiten sind bei allen Optionen außer der in Palästina unvermeidbar und würden sich in der mehr oder weniger absehbaren Zukunft gewiss beheben lassen.

Das wirkliche Hindernis für das Vorhaben der *Freeland League* liegt woanders. In ausnahmslos jeder während der Kampagne Dr. Steinbergs schriftlich oder mündlich abgegebenen Unterstützungserklärung wurde es erwähnt, dabei aber stets als nachgeordnetes und durchaus lösbares Problem bezeichnet. Auch der Gesandte der *Freeland League* selbst ging darauf in seinen Stellungnahmen stets als ein Bedenken ein, dem leicht zu begegnen sei. Wir fürchten, dass das von allen Beteiligten zu optimistisch gedacht ist. Es könnte sich durchaus herausstellen, dass es sich dabei keineswegs um ein nachgeordnetes Problem, sondern vielmehr um ein ganz entscheidendes und unüberwindbares Hindernis handelt. Zu seiner Überwindung gäbe es zwei Möglichkeiten, von denen die Juden kaum bereit sein dürften, die eine, und Australien kaum gewillt sein dürfte, die andere zu akzeptieren.

Das Wesen dieses Hindernisses sei mit einigen Zitaten illustriert: Im besagten Kommentar des *West Australian* wird gefragt, »ob die jüdischen Kolonisten, wenn man sie erst hereingelassen hat, damit zufrieden sein werden, in dem Siedlungsgebiet zu bleiben, oder ob eine ernsthafte Gefahr besteht, dass sie in nennenswerter Anzahl Richtung Süden weiterziehen und einfach aus der Not heraus, ihren Lebensunterhalt verdienen zu müssen, die Standards der australischen Industrie untergraben.« A. Thompson, ein Abgeordneter im Gesetzgebenden Rat, Kenner der Kimberleys und Befürworter des Plans äußerte sich wie folgt zu dem Projekt: »Man könnte argumentieren, dass die Juden durch die schwere Entwicklungsarbeit veranlasst werden könnten, Richtung Süden abzuwandern. Das ließe sich durch eine Vereinbarung und die Erteilung von Passierscheinen durch den Bundesstaat oder die Bundesbehörden leicht regeln.« Charles Latham, der der Opposition in der Gesetzgebenden Versammlung vorsteht und das Vorhaben ebenfalls befürwortet, äußerte in einer Debatte anlässlich der Eröffnung der Parlamentssession folgende Warnung: »Die Regierung muss sich jedoch vorsehen, dass diese Leute nicht in den Süden kommen und als unerwünschte Arbeitskräfte auf den Arbeitsmarkt drängen. Man sollte mit diesen Leuten eine Vereinbarung treffen, dass sie, falls sie das Siedlungsgebiet verlassen wollen, nach Übersee gehen müssen.« Und so weiter, ohne Ausnahme.

Dr. Steinberg scheint sich vollauf darüber im Klaren gewesen zu sein, von welch entscheidender Bedeutung diese Sorge, und wie wichtig es ist, sie zu zerstreuen. Ob die von ihm vorgeschlagene Lösung das kann, wird sich zeigen müssen. In seiner Ansprache vor den Labour-Frauen in Perth »sprach er von der Möglichkeit, dass diese neuen Siedler um Arbeitsplätze im Süden konkurrieren könnten. … Wie er erklärte, werde das Siedlungsgebiet erstens nicht für sich stehen, sondern Teil des australischen Bundesstaats sein. Außerdem würde der Regierung garantiert, dass die Siedler mindestens fünf Jahre lang dort verbleiben würden.«

So lässt sich das Problem wohl kaum lösen. Das Versprechen, dass das Siedlungsgebiet Teil des Bundesstaats sein werde, kann die

Befürchtungen nur intensivieren, denn dadurch würde es enttäuschten Siedlern leichter gemacht, in Richtung Perth, Melbourne oder Sydney weiterzuziehen. Dr. Steinberg will diesem Problem beikommen, indem er es den Siedlern verwehrt, das Reservat zu verlassen, jedenfalls in den ersten fünf Jahren. Sie müssten sich also besondere Passierscheine ausstellen lassen, ehe sie das Siedlungsgebiet verlassen könnten, die Grenzen des Reservats müssten überwacht werden, und der Polizei im Süden müsste die Vollmacht erteilt werden, Delinquenten aufzuspüren und entweder in das Reservat zurückzuschicken oder, wie Latham vorschlug, zur Ausreise nach Übersee zu zwingen. Dieses System wäre nicht neu. Im Wesentlichen entspricht es den Regeln, die in der Südafrikanischen Union für die Eingeborenen gelten, und (mehr oder weniger) jenen, denen die Juden im russischen Zarenreich unterlagen, als sie im Ansiedlungsrayon bleiben mussten und die Binnenprovinzen des Reichs nicht betreten durften.

Wenn Dr. Steinberg und seine Kollegen im Vorstand der *Freeland League* sich der Implikationen einer derartigen Garantie vollauf bewusst werden, werden sie eine Lösung in diesem Sinn gewiss selbst ablehnen. Angesichts der ausgeprägten liberalen Tradition des Landes dürfte auch die australische Regierung kaum geneigt sein, einem derart dubiosen Experiment zuzustimmen.

Die einzige Alternative bestünde also darin, das Siedlungsgebiet von Anfang an mit der Dignität eines unabhängigen Staates auszustatten, das von Australien durch eine internationale Grenze mit den dazugehörigen beiderseitigen Visakontrollen getrennt wäre. Die Siedler wären dann keine Bürger zweiter Klasse. Doch wären die Nachteile dieser Lösung so groß, dass niemand sie der australischen Regierung wohl ernstlich vorschlagen würde.

Hierin dürfte gewiss der Hauptgrund dafür liegen, dass die Bundesregierung das Kimberley-Projekt im Januar letzten Jahres in ihrer Antwort auf eine entsprechende Anfrage im Bundesparlament ablehnte.

Die Leser mögen sich darüber wundern, dass dieses Projekt so ausführlich diskutiert worden ist. Doch verdient es nicht nur darum Aufmerksamkeit, weil es die Ehrlichkeit und Entschlossenheit seiner Befürworter widerspiegelt, sondern auch und vor allem, weil die gleichen Einwände auch für alle übrigen territorialistischen Projekte außerhalb Palästinas gelten würden.

14. Kapitel Fata Morgana-Land

Der Titel dieses Kapitels bezieht sich auf alle gegenwärtigen und künftigen Versuche, ein »geeignetes Territorium« für die Errichtung eines jüdischen Staats oder einer jüdischen Provinz außerhalb Palästinas zu finden. Wenn der Krieg endet, muss der jüdische Staat ins Leben gerufen werden, und zwar der tatsächliche Staat und nicht bloß irgendeine Kommission, die geografische Nachforschungen anstellen soll. Die betreffenden Nachforschungen müssen vorher abgeschlossen werden. Man kann mit makabrer Genugtuung hinzufügen, dass für deren Durchführung allem Anschein nach auch bei Einhaltung dieser Maßgabe jede Menge Zeit zur Verfügung stehen dürfte. Das Evian-Komitee ist durchaus befähigt, die Gebietssuche zu unternehmen, und könnte seine Existenz kaum besser rechtfertigen als dadurch, dass es der Lösung des einzigen Flüchtlingsproblems von bleibender historischer Bedeutung den Weg ebnet.

Der Autor glaubt nicht, dass territorialistische Projekte zur Ansiedlung der Juden außerhalb Palästinas realistisch sind. Er hält die Suche für andere geeignete Territorien für aussichtslos. Dennoch sollten selbst die eifrigsten und kompromisslosesten Zionisten dieser Suche den allergrößten Respekt entgegenbringen, denn es liegt durchaus in ihrem Interesse, dass alle nichtpalästinensischen Optionen aufs Sorgfältigste geprüft werden.

Es gibt ein bekanntes (wenn auch unangebrachtes) angelsächsisches Vorurteil gegen die Rolle der Logik in der Politik. Dabei ist das Leben stets unbeirrbar logisch. Doch ist die Logik wie die Arithmetik eine komplizierte und verschlungene Sache. Von einem russischen Bauern heißt es, er habe eines Tages die folgende mathematische Theorie zum Besten gegeben: »Vier und vier, das ergibt acht, dem kann ich zustimmen. Manche sagen, fünf und drei, das würde ebenfalls acht ergeben, doch ist das ein jüdischer Trick.« Wie verwundert wäre er, erführe er, dass 629 minus 1000, nimmt man die Wurzel aus 625 hinzu plus 64 plus 30 mal neun plus 20 ebenfalls acht ergibt.

Noch verwickelter sind die Regeln der politischen Logik. Gerade in dieser Frage eines »geeigneten Territoriums« kann man vor

Rückfällen in die vereinfachte bukolische Arithmetik nur warnen. In diesem Fall bricht sich die Logik des Lebens in der Verkettung der folgenden drei unabdingbaren Voraussetzungen Bahn:

(a) Der Exodus ist unvermeidbar.
(b) Ein Exodus kann nur in einen jüdischen Staat führen.
(c) Es gibt für einen jüdischen Staat nur einen geeigneten Ort.

Diese drei Voraussetzungen sind alle gleich bedeutsam. Mangelt es an einer von ihnen, scheitert die ganze Sache. So darf man beispielsweise nicht davon ausgehen, man könne Punkt (c) einfach vernachlässigen. Selbst Herzl und Nordau mussten zunächst das Stadium der Suche nach dem Fata Morgana-Land durchlaufen, ehe sie erkannten, dass es für die Realisierung ihres Vorhabens objektiv und auf Dauer nur einen Ort geben könne. Zurzeit durchlaufen etliche christliche Geister den gleichen Prozess, und man sollte auf jeden Fall davon absehen, sich angesichts der Tatsache, dass sie die schlussendliche Konsequenz noch nicht gezogen haben, irritiert oder ungeduldig zu zeigen.

Über den Ausgang der Suche braucht man sich, sofern sie in gutem Glauben durchgeführt wird, keine Sorgen zu machen. Der Ausgang steht fest.

Dass die Suche nach Alternativen kaum erfolgreich sein dürfte, ergibt sich schon aus der Tatsache, dass man sich ja wohl fragen muss, warum all die verschiedenen Gebiete, von denen es nun heißt, sie seien für die Ansiedlung von Juden geeignet, von den betreffenden Regierungen in all den Jahren seit dem Ersten Weltkrieg niemals ins Feld geführt wurden. In diesem Zeitraum haben die Juden immer wieder eindringlich auf ihre nationalen Bestrebungen aufmerksam gemacht und dabei bestimmt keine schlechte Partie dargestellt. Sämtliche Regierungen und Zeitungsleser wussten folglich über mindestens zwei Palästina betreffende Tatsachen genau Bescheid: Erstens, dass die jüdische Kolonisierung jenem Land einen nie dagewesenen Zustrom von Gold einbrachte, und zweitens, dass die palästinensischen Juden während dieses gesamten Zeitraums Konflikte mit den Arabern und Reibereien mit der britischen Mandatsmacht auszustehen hatten. Kurzum: Hier gab es offenkundig eine Braut mit einer ansehnlichen Mitgift, von der man mit Sicherheit annehmen durfte, dass sie mit ihrem gegenwärtigen Verlobten nicht übermäßig zufrieden sei. Im Regelfall würde eine derartige Konstellation unweigerlich die Aufmerksamkeit des Heiratsmarkts auf und zumindest eine Reihe unverbindlicher alternativer Angebote nach sich ziehen. Warum ist in unserem Fall nichts Derartiges geschehen?

Über den Zustrom an Gold wussten insbesondere die Regierungen Bescheid. In den Jahren zwischen 1922 und 1936 und insbesondere ab 1925 verbreiteten Konsuln, Bankiers, Journalisten und Reisende in jeder erdenklichen Sprache die Kunde. Über die anhaltenden Konflikte war noch weit mehr bekannt, wurden die Meldungen über sie doch in den Jahren 1920, 1921 und 1929 sowie ab April 1936 fast täglich mit großem Aufwand und sensationslüstern ausgeschmückt in die Welt hinausposaunt. Warum gab es dann niemals ein Gegenangebot? Warum wandte sich nie jemand an uns und erklärte: Hier gäbe es ein anderes Territorium, das genauso gut ist wie das Ihrige oder besser noch (und bestimmt nicht schlechter), warum wechseln Sie nicht zu uns, bringen Ihr Gold mit und schaffen sich so die dortigen Konflikte vom Hals?

Man kann sich des (wenn auch rein deduktiven) Eindrucks schwer erwehren, dass die einzige mögliche Erklärung darin liegt, dass keine derartigen ›geeigneten‹ Gebiete auf dem Markt sind. Es gibt kein Territorium, das all jene Merkmale, die es geeignet erscheinen ließen, in sich vereint. Damit kommen wir zu der Frage: Um welche Merkmale handelt es sich dabei?

Um für die Errichtung eines jüdischen Staats geeignet zu sein, müsste ein Gebiet außerhalb Palästinas aus Sicht der Nichtjuden drei entscheidende Bedingungen erfüllen. Die Juden mögen noch weitere Anforderungen haben, doch sollen gruppenspezifische Ideale in diesem Kapitel vollkommen außen vor bleiben. Das Problem soll hier ausschließlich anhand pragmatischer Kriterien untersucht werden.

Knapp gesagt handelt es sich um die folgenden drei Bedingungen:

(a) Das Gebiet muss unbewohnt sein.
(b) Es muss ein gutes Gebiet sein.
(c) Es muss für seinen gegenwärtigen Besitzer wertlos sein.

Die erste Bedingung ist nicht wörtlich zu nehmen, schließlich gibt es keine gänzlich unbewohnten Gebiete. Es geht um geringfügige Besiedlung. Wenn es in dem betreffenden Gebiet eine nennenswerte Bevölkerung gäbe, würden nur wieder die gleichen Probleme entstehen, die es in Palästina bereits mit den Arabern gibt. Um wen es sich handelt, darauf käme es dabei nicht an. Auch mit den Haussas oder Hereros gäbe es Probleme. Sollten diese selbst nicht in der Lage sein, sich an die Zeitungen zu wenden, würden sie weiße (vermutlich englische) Förderer finden, die sich für sie verwenden und der Regierung völlig zu Recht die folgende heikle ethische Frage stellen würden: »Wenn es ungerecht ist, den Juden ein mit Arabern dünn besiedeltes Land zu geben, warum geht es dann an, ihnen ein mit Negern dünn besiedeltes Land zu überlassen?«

Bei der zweiten Anforderung, dass es sich um ein »gutes« Gebiet handeln müsse, geht es darum, dass es sich für die Kolonisierung durch Durchschnittseuropäer eignen müsste. Grönland ist zwar unbewohnt, ist uns aber bislang Gott sei Dank nicht angeboten worden. Eleanor Roosevelt, eine redliche Christin, erklärte kürzlich: »Wenn ein Land für die Juden gefunden werden soll, muss es sich für die Besiedlung durch Weiße eignen.« Wo andere weiße Pioniere, mitunter vor mehreren Generationen, als der Mensch noch viel weniger verweichlicht war, bereits hoffnungslos gescheitert sind, hätten jüdische Siedler ganz unabhängig vom Grad ihrer Anhänglichkeit an das betreffende Gebiet kaum eine Chance. Man mag allerhand anfänglichen Unsinn über äquatoriale Täler und arktische Bergrücken hören, doch wird keine Regierung oder Kommission derartige Angebote nach ernsthafter Prüfung fördern, schon, weil vernünftige Menschen sich ungerne blamieren. Da ihr Vertrauen in den Genius der Juden für wirklich grobe Pionierarbeit begrenzt sein dürfte, werden sie wohl weder in Labrador noch irgendwo zwischen dem Orinoco und dem Amazonas nach geeigneten Gebieten Ausschau halten. Sie werden nach etwas wirklich »Gutem« suchen.

Die dritte Anforderung, dass also das Gebiet für seinen gegenwärtigen Eigentümer wertlos sein müsse, kann man allerdings wörtlich nehmen. Das australische Beispiel belegt dies deutlich. Ähnliche Befürchtungen dürften sich stets bemerkbar machen, wenn es eine gemeinsame Grenze zwischen dem Land des Eigentümers und der anvisierten jüdischen Provinz geben würde. Dies mag im Umkehrschluss erklären, warum das Guayana-Projekt bei seinen britischen Förderern so beliebt ist. Die Kolonie ist völlig isoliert und es besteht nicht die geringste Gefahr, dass die Siedler von dort aus auf die britischen Inseln gelangen könnten. In allen anderen Fällen müsste der Staat, der den Juden ein Gebiet anbietet, es vollends preisgeben, aus ihm also von Anfang an nicht nur zum Schein, sondern ganz offiziell ein eigenständiges Land machen. Die Furcht der Australier davor, dass gescheiterte Siedler in den Süden kommen könnten, beruht immerhin auf leidvoller Erfahrung. Ein erheblicher Prozentsatz neuzeitlicher landwirtschaftlicher Besiedlungsprojekte scheitert unweigerlich, und die Betreffenden haben dann keine andere Wahl, als in die Großstädte zu drängen. In Australien hat man das immer wieder erfahren. Seine Städte wimmeln von derartigen, den landwirtschaftlichen Betrieben im Busch entlaufenen Deserteuren. Zuletzt scheiterte unter anderem die 1927 von der Regierung initiierte, am Dawson gelegene Siedlung Theodore. Dabei genoss sie verglichen mit dem Kimberley-Projekt eine Reihe von Vorzügen. Die Siedlung befand sich nicht in den Tropen, es fallen dort 28 Zoll Regen, das Wasser des Dawson ermöglicht jährlich neun Bewässerungen und pro Siedler wurden stattliche 8000 Pfund ausgegeben. Dennoch scheiterte mehr als die Hälfte der Siedler nach kurzer Zeit. Von anfänglich 264 Siedlern machten 1935 nur noch 124 weiter (von denen »viele verarmt und frustriert« seien, so Professor Griffith Taylor in seinem Beitrag, zu dem von Isaiah Bowman zusammengestellten und vom *American Council on Foreign Affairs* veröffentlichten Bericht *Limits of Land Settlement*). Die gescheiterten Siedler tummeln sich nun natürlich in Brisbane, Newcastle und Adelaide, manche sogar in Sydney und Melbourne. Da es sich dabei um Angelsachsen handelt, stört das die Australier nicht allzu sehr. Juden in ihre Städte fluten zu sehen, wäre dagegen etwas ganz Anderes. (Auch die Juden würden sich ja beharrlich beklagen, drohte ein ähnlicher Zustrom von ›Ariern‹ nach Tel Aviv.)

Bei allem guten Willen der Welt dürfte keine uns wohlgesonnene Regierung geneigt sein, den Juden ein Gebiet zu überlassen, es sei denn es kann vom eigenen Staatsgebiet isoliert werden, und zwar so eindeutig und vollständig, dass man die Grenze nur aus außergewöhnlichen Gründen mit einem besonderen Passierschein und ausschließlich für einen begrenzten Zeitraum würde übertreten können. Da die russische Option offensichtlich nicht in Frage kommt, könnte dies nur auf einem Weg geschehen: Durch Überlassung der Souveränität über das betreffende Gebiet. Es müsste also gleich zu Beginn des Experiments formell und rechtlich ein eigenständiger Staat werden. Der Status einer autonomen Provinz oder eines Kantons innerhalb eines Bundesstaats würde den Anforderungen nicht genügen, denn zwischen den Provinzen ein- und desselben Staats, zwischen den Kantonen ein- und desselben Bundesstaats kann die Freizügigkeit der Bürger nur eingeschränkt werden, indem man eine Pariaschicht schafft und interne Pässe einführt, wodurch das gesellschaftliche Leben restlos vergiftet und untergraben würde. Eine anständige moderne Gemeinschaft kann nur Ausländern den Zugang verweigern. Das jüdische Gebiet muss also rechtlich und politisch ›Ausland‹ sein.

Eine derartige Abtrennung stellt dann kein Problem dar, wenn das betreffende Gebiet in den Augen der Nation, deren Eigentum es ist, keinen Wert besitzt. Allerdings dürfte das bei einem Landstrich, der die ersten beiden Bedingungen erfüllt, kaum der Fall sein. ›Unbewohnt‹ plus ›bewohnbar‹ ergibt einen (potenziell sogar erheblichen) Wert. Die Suche nach einem Gebiet, das diese drei unvereinbaren Bedingungen erfüllt, also zugleich unbewohnt, bewohnbar und wertlos sein soll, ist kein vielversprechendes Unterfangen. Der Autor ist davon überzeugt, dass es nur ein derartiges Land gibt: Das Fata Morgana-Land.

»Erfüllt denn Palästina diese drei Anforderungen?«, mag man nun fragen. »Warum sollte man Palästina den Vorzug geben?«

Die ›Wahl‹ Palästinas hat mit derartigen Kriterien nicht das Geringste zu tun. Zionisten werden über die natürlichen Nachteile Palästinas als Siedlungsgebiet freimütig Witze machen, bereitwillig einräumen, dass es bestimmt nicht die besten Bedingungen für eine Besiedlung biete, dass es andere Länder gebe, die weit besser geeignet wären – und hinzufügen, dass es auf all dies kein bisschen ankomme. Noch bereitwilliger werden sie zugeben, dass die Weigerung der örtlichen Araber, die Transformation gutzuheißen, ein bedauerlicher Störfaktor sei, ohne den alles ungleich leichter wäre. Da es ihn aber gebe, werde man ihn überwinden müssen, so schwierig das auch sein möge. Mit Nachforschungen, Optionen oder einer Auswahl hat all das nichts zu tun. Um ein Land zu ›finden‹ oder ›auszuwählen‹, wägt man unvoreingenommen Werte, Vorteile und Hindernisse ab und gibt jener Option den Vorzug, die die größten Vorteile und den geringsten Widerstand verheißt. (Dass jene Option, die nur lockt und keinerlei Widerstand leistet, nur eine Fata Morgana sein kann, dürfte unvermeidbar sein.) Was seine Vorzüge, die Leichtigkeit des Zugangs und die Möglichkeit seiner günstigen Besiedlung angeht, tut Palästina noch nicht einmal so, als würde es sich ins Spiel bringen wollen. Das Missfallen seiner Generation am totalitären Patriotismus teilt der Autor vollauf, doch gibt es verzweifelte Lagen, in denen ein anständiger Mann keine andere ›Wahl‹ hat, als sich auf den Standpunkt zu stellen, dass sein Land Recht oder auch Unrecht haben mag, es ist gleichwohl sein Land. Mit noch viel größerer Berechtigung mag ein Volk, das in einen Abgrund stürzt, sagen: ob gut oder schlecht, ob einfach oder schwer, günstig oder teuer, dies ist unser Land.

Im Übrigen wird sich das Unterfangen als gar nicht so teuer oder so schwer erweisen und sich überhaupt viel besser als erwartet entwickeln.

Teil 4 Der Nordau-Plan für Palästina

15. Kapitel Die Politik des Weißbuchs

Warum überhaupt von Palästina reden? Liegt die Diskussion nicht auf Eis? Es wäre sinnlose Heuchelei, so zu tun, als stehe die Auseinandersetzung über die korrekte Interpretation des Palästinamandats still. Zugegeben, solange wir alle der gleichen Gefahr gegenüberstehen, sollte es so sein. Alle Beteiligten sollten den rechtlichen *status quo* respektieren, so schlecht er auch ist, und davon absehen, sich unterdessen einen Vorteil verschaffen zu wollen. So sollte es sein. Es ist aber nicht so.

Als der Krieg begann, vermuteten der Autor und seine politischen Gesinnungsgenossen in einem jener Augenblicke, in denen selbst erfahrene Leute zu sentimentaler Vertrauensseligkeit und Bekenntnissen neigen, es werde einen sofortigen Burgfrieden zwischen der zionistischen Bewegung und der Kolonialbehörde geben. Zugegeben, in jenem eingangs zitierten Aufruf war von Palästina als einem jüdischen Staat die Rede, doch war das ein Schlachtruf. Wenn man zu äußersten Anstrengungen und Opfern aufruft, verkündet man in der Regel seine höchsten Ideale. Wir gingen davon aus, für die Juden als eine der alliierten Nationen werde das ernste Geschäft des Kriegs bald beginnen, dass jene Anstrengungen und Opfer uns in Kürze abverlangt, und vor allem, dass ähnlich wie im Ersten Weltkrieg jüdische Einheiten aufgestellt würden. Dadurch, so dachten wir, würden alle verbalen Forderungen hinfällig werden. Im Eifer des tatsächlichen Gefechts ließe sich der Anspruch auf eine Rolle im Kampf mit umso größerem Nachdruck vertreten. Eine Nation, deren Soldaten im Feld stehen, kann es sich leisten, die Diskussion ruhen zu lassen, bis die Verhandlungen über eine Lösung beginnen. Bis dahin sprechen die Taten ihrer Soldaten umso deutlicher, je weniger ihre Wortführer sich äußern. Im September waren wir darauf vorbereitet, uns in die Kriegsarbeit zu vertiefen und die politischen Geschütze ruhen zu lassen, vorausgesetzt, die Gegenseite zöge auch die ihrigen zurück, und unser Kriegseinsatz erwiese sich als erwünscht.

Beide Annahmen bewahrheiteten sich nicht. Ein Kriegseinsatz der Juden ist nicht erwünscht, niemand will sie als alliierte Nation, ja, überhaupt als Nation oder sonst irgendwie als Kollektiv anerkennen. Und in Palästina geht die Gegenseite aggressiver gegen den *status quo* vor als je zuvor. Bei aller Wortklauberei darüber, was der durch den dreijährigen Aufstand verkomplizierte *status quo* genau bedeutet, steht eines zweifelsfrei fest: Der rechtliche *status quo ante* in Palästina wird gewiss nicht durch die aktiven Eingriffe eines Weißbuchs bestimmt, das vom Rat des Völkerbunds niemals diskutiert, geschweige denn ratifiziert wurde.

Der Autor und seine politischen Gesinnungsgenossen unternahmen bereits am 10. September, nur eine Woche nach Kriegsbeginn, mit dem folgenden Dokument einen Vorstoß, diese Frage offiziell klären zu lassen:

> »Angesichts der Tatsache, dass der Rat des Völkerbunds mit Beginn der für September geplanten Sitzung *sine die* vertagt worden ist, machen wir die Regierung Ihrer Majestät darauf aufmerksam, dass das Weißbuch zu Palästina vom Mai letzten Jahres keine auch nur provisorische Rechtsgültigkeit beanspruchen kann.
>
> Diese Position wurde bereits dem Kolonialminister unterbreitet. Doch versteht es sich von selbst, dass diese Angelegenheit, insbesondere in Kriegszeiten, über die Zuständigkeit eines einzelnen Ministeriums hinausgeht, und die gesamte Regierung von ihr in Kenntnis gesetzt werden sollte. …
>
> Die Ständige Mandatskommission erklärte einstimmig, dass das Weißbuch sich nicht mit der bislang vom Rat des Völkerbunds vertretenen Interpretation des Palästinamandats deckt. Selbst jene Dreierminderheit, die meinte, der Rat werde sich auf seiner bevorstehenden Sitzung nicht unbedingt weigern, seine Haltung zu ändern und dem Weißbuch zu folgen, räumte damit ein, dass es sich in der Tat um eine Änderung handeln würde.
>
> Aus der Vertagung der Ratssitzung folgt eindeutig, dass die Mandatsmacht nicht bevollmächtigt ist, derart weitreichende Änderungen an der Interpretation des Mandats vorzunehmen. Wie die britische Regierung selbst einräumt, kann dies nur durch den Rat geschehen. …
>
> Angemessen kann mit dem Weißbuch also nur so verfahren werden, wie nach englischem Recht ein Gesetzentwurf behandelt würde, der zwar schon vom Kabinett verabschiedet wurde, das parlamentarische Verfahren aber noch nicht durchlaufen hat. In der Zwischenzeit bleibt die bisherige Interpretation selbstverständlich rechtsgültig.«

Zehn Tage später wurde den Autoren dieser Eingabe von oberster Stelle mitgeteilt, dass man die Vorgaben des Weißbuchs verbindlich umzusetzen beabsichtige.

So verhält es sich also, jedenfalls, wenn es nach der Mandatsmacht geht. Die Ende Februar bekanntgegebenen, für 94,8 Prozent Westpalästinas geltenden Beschränkungen des Grundstücksverkaufs an »Nichtaraber« wären schlimm (und niederträchtig) genug. Ihre primäre Schädlichkeit liegt aber darin, dass sie offiziell als Maßnahme zur Umsetzung der »Grundsatzerklärung vom Mai 1939« vorgestellt wurden.

Dieser Sachverhalt verdient ganz unabhängig von der Palästinafrage Beachtung. Im Rahmen des feierlichen Oratoriums, das da verkündet, die Mächte seien in jeder Lage verpflichtet, die Charta und oberste Autorität des Völkerbunds zu respektieren, müssten stets auf ein Urteil aus Genf warten und dürften niemals einseitig das Mittel des *fait accompli* einsetzen, noch dazu gegen die schwächere Partei, stellt dieses Verhalten einen auffälligen Missklang dar. – Allerdings könnte dieser Missklang außerhalb jener kleinen Ecke, die von der in diesem Fall betroffenen schwächeren Partei bewohnt wird, im Getöse der weltbewegenden Ereignisse unbemerkt verhallen. Er ist wie jenes kaum wahrnehmbare gelegentliche Quietschen, das belegt, dass irgendwo in der großen Maschine irgendetwas nicht stimmt.

In der administrativen Praxis gibt es seit längerem etliche beunruhigende Anzeichen dafür, dass die palästinensische Verwaltung sich ermächtigt fühlt, sich auf das Weißbuch auch ohne vorherige rechtliche Sanktionierung als ihren alleinigen Leitfaden zu berufen. Diese Tendenz hat sich vor allem in zweifacher Hinsicht spürbar ausgewirkt. Das betrifft zum einen die Einwanderung. Bei allen Verhandlungen über die Zahl der einzulassenden oder zurückzuweisenden Einwanderer berufen die Amtsträger in Jerusalem und London sich unverhohlen auf das Weißbuch. Darin wurde festgelegt, dass 25 000 Flüchtlingen unter bestimmten Bedingungen die Einwanderung gestattet werden könnte. Definitiv untersagte das Weißbuch die Lockerung verschiedener Quotenregeln. – So wird bewusst, vorsätzlich und mit ruhigem Durchsetzungsvermögen das Recht missachtet. Das moralische Ergebnis wird sein, was es in solchen Fällen stets sein muss: verbrämte, allseitige Gesetzlosigkeit.

Andere praktische Ergebnisse zeichnen sich bereits ab. Sie sind trotz der zurückzuhaltenden Berichterstattung der britischen Presse bekannt geworden. Allerdings sind die Folgen leider noch tausendmal schmerzlicher, als die betreffenden Berichte es schon nahelegen.

Zwischen Oktober 1939 und Februar 1940 sind mehr als 2000 Flüchtlinge auf vier alten Kähnen auf der Donau festgesetzt worden. Keiner dieser Kähne war auch nur für 50 Passagiere geeignet, doch befanden sich auf ihnen jeweils 500 bis 600 Menschen, darunter viele Frauen und Kinder. Bevor diese Menschen an Bord gingen, vermutlich in Bratislava, waren Dampfer gechartert worden, die sie in der Donaumündung aufnehmen und »illegal« nach Palästina bringen sollten. Die Kahnfahrt sollte sie also bei mildem Herbstwetter durch die Ebenen des Balkans von Bratislava bis ans Ufer des Schwarzen Meers bringen und nur wenige Tage dauern. Doch intervenierten »offizielle Stellen« (um wen es sich dabei handelte, lässt sich leicht genug erraten) in Ankara und Athen. Die türkischen beziehungsweise griechischen Eigentümer der Dampfer wurden zum Vertragsbruch gezwungen und zogen sich zurück. Zu dem Druck jener leicht identifizierbaren Stellen kam hinzu, dass die Frachtlasten nicht zuletzt aufgrund der privilegierten Position des Mittelmeers im Krieg explodierten und es daher über viele Monate hinweg unmöglich war, andere Dampfer zu finden. Zudem hat das mit dem Geschäft der »illegalen« Migration verbundene eigentümliche »Kriegsrisiko« die Preise in die Höhe getrieben: Wenn ein derartiges Schiff in den palästinensischen Gewässern aufgegriffen wird, werden der Kapitän und seine Crew inhaftiert, und das Schiff wird beschlagnahmt. Also steckten die 2000 Menschen in der Donaumündung fest. Sie durften nicht an Land gehen, nicht weiter- und auch nicht zurückfahren. Inzwischen traf der Winter ein, und der Fluss fror zu. Aufrichtige und besonnene Menschen, denen gestattet wurde, Lebensmittel an Bord zu bringen, haben berichtet, das Elend der Flüchtlinge übersteige in mancher Hinsicht gewiss alles, was sich in den Konzentrationslagern der Nazis zutrage. Über viele Wochen hinweg hatten die Flüchtlinge in der grausamen Kälte dieses denkwürdigen Winters keine Möglichkeit, sich körperlich zu ertüchtigen oder auch nur die Beine zu vertreten, da die Behörden sie, weil sie nur über Visa für die internationalen Gewässer in der Donau verfügten, nicht von Bord gehen ließen. Bei mindestens einem der Kähne handelte es sich um einen ehemaligen Öltanker mit unverkleideten Eisenwänden, deren Schwitzfeuchtigkeit gefror. Auf diesem Tanker kamen zwei Kinder zur Welt.

Auf Initiative von Miss Boyd (der Leiterin der dortigen englischen Oberschule), Miss Gadge und Mrs. Wallie spielten einige zur britischen Kolonie in Bukarest gehörende Damen in dieser Situation eine wichtige Rolle. Sie sammelten Spenden von den Angehörigen der Kolonie und beschafften neben warmer Kleidung und Betten für die Kleinkinder und Alten 75000 Lei. Zahlreiche Spenden kamen zudem von den jüdischen Gemeinschaften auf dem Balkan und von Juden in den Vereinigten Staaten, Frankreich und Südafrika.

Zum Zeitpunkt dieser Niederschrift Anfang Februar 1940 ist es den gestrandeten Flüchtlingen gestattet worden, die Kähne zu verlassen. Auf wie vielen Dampfern welcher Größe, unter welchen Bedingungen und zu welchem Preis, all diese Einzelheiten, die letztlich nicht minder bedeutsam sind als jene ihres Aufenthalts auf der Donau, werden sich erst am Ende ihrer Irrfahrt angeben lassen.[41]

Es gibt für die Politik der »verschlossenen Tür«, die dieses ganze Elend verursacht, weder eine moralische noch eine juristische Legitimation.[42]

Moralisch gesehen sollte Palästina das letzte Land auf Erden sein, das jüdische Kriegsflüchtlinge zurückweist. Im Gegensatz zu den Herkunftsländern der Flüchtlinge und etlichen neutralen Ländern ist es von den Auswirkungen des Kriegs bislang weitgehend verschont geblieben. Es wäre nur angemessen, dass es als Zufluchtsort für Flüchtlinge fungiert. Ganz unabhängig von der Frage der jüdischen nationalen Heimstätte erwiese es den Alliierten und Europa damit einen großen Dienst. Litauen, das nicht einmal über ein Zehntel der finanziellen Mittel verfügt, die Palästina für diesen Zweck aus allen Ecken der Erde herbeirufen kann, öffnet seine Türen fast täglich für die Flüchtlinge, die in der Nähe von Vilnius über seine grüne Grenze drängen. Warum tut Palästina es ihm trotz seiner besseren Voraussetzungen nicht gleich?[43]

41 Die Flüchtlinge erreichten Palästina schließlich am 14. Februar 1940. Der Sohn des Autors, Eri Jabotinsky, der bei der Beförderung der Flüchtlinge nach Palästina eine entscheidende Rolle spielte, wurde von den Behörden in Palästina wegen dieser Straftat inhaftiert und befand sich noch im Gefängnis, als Vladimir Jabotinsky im August 1940 starb. [Anm. 2. Aufl.]

42 Einen noch drastischeren Ausdruck fand die von den Behörden in Palästina betriebene Politik der »geschlossenen Tür« in der Deportation von 2000 jüdischen Flüchtlingen, die es bis Palästina geschafft hatten: Sie wurden nach Mauritius gebracht. [Anm. 2. Aufl.]

43 Immerhin sollte festgehalten werden, dass Palästina in dieser Hinsicht nicht gänzlich untätig ist, denn nichtjüdische Flüchtlinge werden schon ins Land gelassen. Kriegsflüchtlinge, die unter anderem aus Polen, Griechenland und Jugoslawien kommen, werden durchaus willkommen geheißen. Nur bei jüdischen Kriegsflüchtlingen bleibt die Tür fest verschlossen. Das Schicksal jener 768 Passagiere an Bord der S. S. Struma, denen die Einreise nach Palästina verwehrt und die zur Rückfahrt ins Schwarze Meer gezwungen wurden, wo sie ertranken, zeigte, dass die Ausnahmeregelung für Juden weiterhin uneingeschränkt gültig ist. [Anm. 2. Aufl.]

Auf der rechtlichen Ebene schreibt das Mandat, das ja wohl weiterhin die relevante Rechtsgrundlage darstellt, im Rahmen des Möglichen die Förderung der jüdischen Einwanderung vor. Wann könnte dies angemessener sein als jetzt? Hier geht es um Menschen, die durch eine Katastrophe vertrieben wurden, die gesamte zivilisierte Menschheit betrachtet ihr Elend mit Mitgefühl, und weltweit suchen unzählige Regierungen nach Gebieten, die die Flüchtlinge aufnehmen könnten. Zugleich gibt es in Palästina in 330 Siedlungen eine halbe Million Juden, die eifrig ihre Bereitschaft erklären, sich der Neuankömmlinge anzunehmen, und die zu deren Unterstützung erforderlichen karitativen Mittel der gesamten Judenheit stehen bereit. Doch ist das Mandat durch ein rechtsunwirksames Dokument abgelöst worden.

Noch bedenklicher ist das Vorgehen der Regierung in einer anderen Frage: Sie versucht, die Organisierung der jüdischen Selbstverteidigung lahmzulegen. Jedenfalls gibt es für zwei Ereignisse, die sich jüngst zugetragen haben, keine andere Erklärung. Im November wurden 42 Juden und im Januar weitere 38 wegen ihrer Teilnahme an militärischen Übungen zu langen Haftstrafen verurteilt. In der Geschichte Palästinas seit Beginn der britischen Herrschaft im Jahr 1920 ist dies ein einzigartiges Vorkommnis. Damals wurden 21 Juden wegen angeblicher Beteiligung am Aufbau einer bewaffneten Selbstverteidigung zu Zuchthausstrafen verurteilt, doch wurde das Urteil anschließend vom obersten Verwaltungsgremium der britischen Armee ohne jedes Wenn und Aber aufgehoben. Seitdem haben weder die zivilen noch die militärischen Behörden in Palästina versucht, die Entwicklung der Selbstverteidigung zu behindern. Ihre Existenz war den Behörden bekannt und während der antijüdischen Aufstände in den Jahren 1921 und 1929 hat die britische Polizei sogar mit ihr zusammengearbeitet. Die Tommies bezeichneten ihre Einheiten als »jüdische Patrouillen«. Während der Unruhen in den Jahren 1936 bis 1939 leistete diese jüdische Miliz der Regierung und dem Militär unschätzbare Dienste, indem sie ausgebildete Männer für die offizielle Hilfspolizei bereitstellte und zudem eigenständige Aktionen durchführte. Verschiedentlich haben die britischen Militärbehörden den führenden jüdischen Politikern für diese Unterstützung herzlich gedankt. Was ist seitdem geschehen, um nun dieses Vorgehen gegen »illegale jüdische Militärübungen« zu begründen?

Die Ereignisse seit dem Beginn des Kriegs hätten eigentlich das genaue Gegenteil zur Folge haben und das Vertrauen zwischen der Regierung und der jüdischen Selbstverteidigung, der *Irgun* (ihr vollständiger offizieller Name lautet: Die Nationale Militärische Organisation), stärken müssen. Man geht davon aus, dass eine ihrer Abteilungen als Reaktion auf den arabischen Terror der Jahre 1937 bis 1939 massive Vergeltungsschläge ausführte. Sie ist die einzige Abteilung der Irgun, der man nachsagen könnte, dass sie nicht bloß ohne ausdrückliche amtliche Genehmigung, sondern tatsächlich im Geheimen agiert. Unter anderem betreibt sie einen geheimen Sender, mit dem sie Alarmmeldungen, Ankündigungen und Propaganda verbreitet. Wenige Tage nach Kriegsbeginn strahlte die Irgun eine Erklärung aus, in der sie ihre Unterstützung der Alliierten und ihre Bereitschaft kundtat, mit der Regierung nicht nur zur Verteidigung Palästinas, sondern auch an jeder anderen Front zusammenzuarbeiten. Man beabsichtige, von weiteren bewaffneten Auseinandersetzungen mit den Arabern abzusehen und mit ihnen eine Waffenruhe zu vereinbaren. Dieser Sinneswandel wurde in offiziellen Kreisen gewürdigt, man könnte sogar sagen, er sei zum Teil großmütig gelobt worden. Was ist seitdem geschehen, das erklären könnte, warum die Organisation nur wenige Wochen später offenbar mit einer Art kleiner Kreuzzug gegen sie belohnt wird?

Der Vorgang ist nicht nur in Palästina präzedenzlos. Das einzige andere Land, in dem die jüdische Selbstverteidigung je als dauerhafte Institution agiert hat, war das russische Zarenreich. Der Autor war 1905 in Odessa zugegen, als die oxfordblau uniformierte Gendarmerie, das zaristische Gegenstück der gegenwärtigen OGPU, nachts auf der Suche nach revolutionären Schriften in die Wohnung einer jüdischen Familie eindrang. Revolutionäre Schriften fand sie zwar keine, dafür aber ein Bündel frisch gedruckter Aufrufe einer ganz und gar illegalen jüdischen Selbstschutzorganisation, die Juden aufforderte, sich zu bewaffnen und an der Waffe ausbilden zu lassen, um mögliche Pogrome abzuwehren. »Das geht mich nichts an«, sagte der Einsatzleiter und winkte ab. »Das hat mit subversiver politischer Betätigung nichts zu tun.«[44]

So blieb es bis zum Sturz der Romanows. Ich kann mich an keinen einzigen ernsthaften Übergriff der russischen Polizei gegen die jüdische Selbstverteidigung und ihre bescheidenen Arsenale erinnern. Zur Vorstellungswelt jenes Polizeiwesens gehörte auch eine kuriose Ganovenehre. Die Polizei bekämpfte zwar die Pogrome nicht, und es wurde oftmals vermutet, sie habe sie überhaupt erst

44 Siehe dazu das 12. Kapitel von Jabotinskys Roman *Die Fünf* sowie den Beitrag von Renate Göllner im Anhang dieses Buchs.

angezettelt, doch meinte man immerhin, dass die Juden eine Chance haben sollten, sich zu wehren.

In Odessa, der Stadt mit der größten jüdischen Bevölkerung in der Ukraine, quartierte sich nach dem Sturz des Zaren während des Bürgerkriegs zwei Jahre lang (1918/19) eine jüdische Freiwilligeneinheit ein. Die Freiwilligen trugen Uniformen, lebten in Kasernen und waren ziemlich gut bewaffnet. Die Einheit war natürlich ganz und gar illegal. Doch respektierten die dreizehn Regierungen, die die Stadt nacheinander besetzten (die Franzosen, die Griechen, die Weißrussen, die Ukrainer usw.), ausnahmslos die illegale jüdische Selbstverteidigungsorganisation. Ihr Organisator S. Y. Jacobi[45], damals gerade zwanzig Jahre alt, zog später nach England und träumte davon, das Erlebnis eines Tages auf wesentlich größerem Fuße unter britischer Schirmherrschaft zu wiederholen. Doch starb er vergangenen November und an eine britische Schirmherrschaft ist in dieser Sache zurzeit offenkundig überhaupt nicht zu denken.

Weder dem Autor noch sonst irgendjemandem geht es darum, die beiden Regime gleichzusetzen. Wahr ist aber, dass man dem antijüdischen Terror in Palästina seit Jahren nicht beigekommen ist. Sicher war die Regierung ehrlich bestrebt, ihn abzustellen, und manche würden sogar einräumen, dass sie alles in ihrer Macht Stehende dazu getan hat. Doch hat das ganz offensichtlich nicht gereicht. Warum würde eine anständige Administration sich unter diesen Umständen nicht an ein ungeschriebenes Gesetz halten, das selbst der Zar respektierte und das auch im Chaos des Bürgerkriegs Bestand hatte?

Diese Frage wurde vor Kurzem offiziell und in Schriftform an die zuständigen Behörden in London gerichtet. Darauf hieß es, die zuständige Stelle sehe sich außerstande einzuräumen, dass die illegale Bewaffnung und militärische Ausbildung der Juden in Palästina erforderlich sei.

Jetzt, im Winter 1939, nach drei Jahren, in denen sich gezeigt hat, wie begrenzt der Schutz ist, der den jüdischen Siedlungen von offizieller Seite selbst in Friedenszeiten geboten werden kann, zeugt dies von einer wahrlich kuriosen Haltung. Die unberechenbaren

45 Solomon (Sioma) Yankelevitch Jacobi war die rechte Hand von Jabotinsky und leitete das Büro der Revisionisten in London ab 1934. Ihr Briefwechsel zwischen 1920 und 1939 umfasst über 500 Briefe. Sein Einsatz für die Einwanderung nach Palästina ist bis heute weitgehend unbekannt. Siehe hierzu Rodney Benjamin; David Cebon: The Forgotten Zionist. The Life of Solomon (Sioma) Yankelevitch Jacobi. Jerusalem 2012.

Komplikationen, die sich nun bald ergeben könnten, dürften die Lage nur noch verschlimmern. Wie berechtigt es ist, dass die Juden sich darauf einstellen, sich notfalls selbst verteidigen zu müssen, müsste sich inzwischen von selbst verstehen. Die offizielle Position entbehrt jeder Logik und Legitimität und zeugt davon, dass die Behörden sich zu keinerlei Fürsorge der ungeschützten Minderheit gegenüber verpflichtet fühlen. Sie ist insofern folgerichtiger Ausdruck der Politik des Weißbuchs, der alles gegen den Strich geht, was auch nur entfernt an den jüdischen Traum vom eigenen Staat erinnert.

Es wäre eine absurde Donquichotterie, würde der Jude, der bei einer Waffenruhe, wäre sie zustande gekommen, den Kürzeren gezogen hätte, sich nun, wo es die Waffenruhe so offensichtlich nicht gibt, aus einem törichten Ehrgefühl heraus durch sein ausgeschlagenes Angebot gebunden fühlen. Mit oder ohne Krieg hat die stärkere Partei beschlossen, dass der Streit um die Zukunft Palästinas fortgeführt werden soll, und danach richten wir uns.

16. Kapitel Der substanzlose Bestechungsversuch

Dass die Regierung bestrebt sei, den Juden eins auszuwischen, wird sie nicht eben zugeben wollen, doch sind sich alle Beobachter vor Ort, die die Auswirkungen der Politik des Weißbuchs auf den aus den Fugen geratenen *status quo* miterlebt haben, sich darin einig, dass es so sei. Der Sachverhalt ist umso alarmierender, als die vorgenommenen systematischen Eingriffe ihre erhoffte Wirkung nicht erzielen werden. Denn das Kalkül der Urheber dieser Politik und ihrer Helfershelfer kann nicht aufgehen. Zusammengestellt haben sie das Weißbuch von 1939 in der Hoffnung, die palästinensischen Araber könnten durch dessen Empfehlungen besänftigt werden. Aus eben diesem Grund setzen sie es nun eifrig um, ohne sich auch nur um den Anschein von Legitimität zu bemühen. So hoffen sie, die arabischen Nationalisten zufriedenstellen zu können. Die Urheber dieser gegen das Mandat verstoßenden Politik und ihre Helfershelfer versuchen, sämtliche Beschwerden mit dem ewig gleichen Argument abzutun: So werde man die Araber beruhigen und davon abhalten, weitere Zugeständnisse zu verlangen.

Dies ist jedoch eine Illusion. Das Weißbuch vom Mai 1939 hat die Juden allerdings zutiefst vor den Kopf gestoßen und ihnen schweren Schaden zugefügt. Das besagt aber noch lange nicht, dass die Araber mit dessen Versprechungen zufrieden sind. Zugegeben, sie mögen das Weißbuch begrüßt haben, weil es einen Rückschlag für die Zionisten darstellt, doch hat bislang kein einziger arabischer Nationalist in Palästina, sei er ein Husseini oder ein Nashashibi[46], sich auch nur einen Augenblick lang davon überzeugen lassen, dass das Weißbuch ihren Forderungen Rechnung trage. Keiner von ihnen hat

46 Nashashibi: neben der Familie der Husseinis der einflussreichste Clan in Palästina, der im erbitterten Streit mit jener Familie lag. Grund dafür waren unterschiedliche Einstellungen gegenüber den jüdischen Einwanderern und der britischen Mandatsmacht. Im Gegensatz zu den Husseinis traten sie für eine Zusammenarbeit mit den Briten und den Zionisten ein, wenngleich auch sie die jüdische Einwanderung beschränken wollten. Siehe Matthias Küntzel: Djihad und Judenhaß. Über den neuen antijüdischen Krieg. Freiburg 2002, S. 42 ff.

in ihm eine einzige Festlegung ausgemacht, die ihren nationalen Bestrebungen auch nur im Allergeringsten förderlich wäre. Sie alle sehen in ihm lediglich ein Sprungbrett für die neuerliche Offensive von morgen. Mit dieser negativen Einschätzung haben die Araber von ihrem Standpunkt aus völlig recht. Das Weißbuch stellt gewiss einen Rückschlag für die Juden dar, doch hat es auch den Arabern nichts zu bieten.

Vielleicht ist es nützlich, an dieser Stelle die kurze Analyse des Weißbuchs durch eine Gruppe intelligenter palästinensischer Araber zu dokumentieren. Sie wurde dem Autor unmittelbar nach ihrer Veröffentlichung von verlässlichen Freunden übermittelt, die enge Verbindungen zu arabischen Nationalisten unterhalten. Ihre fundierte Logik, die den Leser nur überzeugen kann, bezeugt ihre Ernsthaftigkeit:

> »Vom arabischen Standpunkt aus ist so ziemlich das einzig Gute an dem Weißbuch dessen explizite Ablehnung der Idee eines jüdischen Staats. Außerdem wird darin zugesagt, keine weitere Einwanderung zuzulassen (beziehungsweise sie von der Zustimmung der Araber abhängig zu machen, was auf das Gleiche hinausläuft), sobald im Laufe der folgenden fünf Jahre 75 000 weitere Juden ins Land gelassen worden sind. Die Entscheidung, den Verkauf von Grundstücken an Juden außerhalb jener Bezirke, die bereits überwiegend von Juden bewohnt werden, zu untersagen, ist auf jeden Fall eine gute Sache, auch wenn ein derartiges Gesetz leicht umgangen werden kann. ›Keine Einwanderung‹ ist eine wesentlich attraktivere Wohltat. Dies ist der entscheidende Punkt, wichtiger noch als die Ablehnung des Prinzips eines jüdischen Staats. Nimmt man diese drei Dinge zusammen, ist das Weißbuch in dieser Hinsicht hervorragend, vorausgesetzt, es bleibt auch dabei.
>
> Allerdings legt die Erfahrung nahe, dass die Araber wenig Grund haben, sich auf den dauerhaften Bestand des britischen Palästina-Weißbuchs zu verlassen. Die offizielle Haltung zur Forderung nach einem ›jüdischen Staat‹ beispielsweise ist in einer ganzen Reihe amtlicher Dokumente jeweils auf unterschiedliche Weise dargelegt worden. Im Churchill-Weißbuch von 1922 wurde die Forderung auf fünf Seiten so eloquent und verschachtelt verhandelt, dass niemand mit Gewissheit ausmachen konnte, ob die Regierung die Verwandlung Palästinas in einen jüdischen Staat verhindern wolle oder nicht. Später

räumte Churchill vor der Königlichen Kommission selbst ein, dass in dem Text sich nichts finde, was einer derartigen Entwicklung entgegenstehen würde. Die Königliche Kommission stellte dann fest, dass man den Verpflichtungen, die sich aus dem Mandat den Juden gegenüber ergäben, nur dadurch nachkommen könne, wenn man ihnen irgendwo in Palästina einen jüdischen Staat gebe. Das Weißbuch von 1937 mit seinem Teilungsvorschlag entsprach dieser Empfehlung. Doch wurde dieser Plan im folgenden Jahr wieder verworfen und nun, im Jahr 1939, gibt es ein Weißbuch, das besagt, die Regierung sei ohne Wenn und Aber gegen die Schaffung eines jüdischen Staats. Das ist sehr gut. Doch fragt man sich unweigerlich, ob dieses wohl wirklich das letzte in dieser Abfolge einander widersprechender Dokumente sein wird.

Denn darum scheint es sich in der Tat zu handeln. Man denke an den Gesetzgebenden Rat. Das Weißbuch von 1922 richtete in Palästina einen Gesetzgebenden Rat mit einer arabischen Mehrheit ein. Ein weiteres, ebenfalls 1922 veröffentlichtes Weißbuch schaffte ihn prompt wieder ab. Das Passfield-Weißbuch von 1930 richtete ihn wieder ein, wiederum mit einer arabischen Mehrheit. Auch diesmal kam er nicht zum Zuge. Das Wauchope-Weißbuch von 1935 versprach ein für alle Mal und ohne Wenn und Aber einen Gesetzgebenden Rat mit einer arabischen Mehrheit, doch es wurde wieder nichts daraus. Der Bericht der Königlichen Kommission kam zu dem Ergebnis, der Plan sei nicht praktikabel. Und das neue Weißbuch sieht keine gewählte Legislative vor. Das macht drei vergeudete Weißbücher!

Oder man denke an die Frage der jüdischen Einwanderung. Das Weißbuch von 1922 wollte sie einschränken. Damals gab es in Palästina weniger als 100 000 Juden. Innerhalb weniger Jahre hatte diese Zahl sich verdoppelt. Der Simpson-Bericht von 1930 legte dann dar, dass die weitere Einwanderung wirtschaftlich nicht tragbar sei, das Passfield-Weißbuch wurde veröffentlicht, und die Araber hofften, dieses werde die ›Flut‹ bremsen. Damals befanden sich bereits 200 000 Juden im Land. Innerhalb einiger Jahre hatte sich ihre Zahl erneut verdoppelt. Im Jahr 1936 waren es 400 000 und inzwischen sind es fast eine halbe Million. Man darf sich wirklich nicht wundern, wenn die Araber manchmal annehmen, die Begriffe Weißbuch und Altpapier seien bedeutungsgleich. Ein Weißbuch mag genau angeben, was eine Regierung zum Zeitpunkt seiner Veröffentlichung will.

Doch bietet es keinen Aufschluss darüber, worum es der Regierung ein Jahr später gehen mag.

So dankbar die Araber also für all die guten Absichten sind, wüssten sie sie umso mehr zu würdigen, enthielte ein Weißbuch die ernstzunehmende Garantie, dass diese guten Absichten nicht bei nächster Gelegenheit wieder aufgegeben würden. Worin würde eine ernstzunehmende Garantie bestehen? Darauf gibt es nur eine Antwort: In einer arabischen Regierung, die umgehend gebildet wird, ehe der Wind genügend Zeit hat, seine Richtung erneut zu ändern.

Es gibt noch andere Gründe dafür, dass die Araber die ›sofortige Bildung einer arabischen Regierung‹ gefordert haben. Selbst wenn diese nur die negativen Bestimmungen des Weißbuchs, also die Entfernung der jüdischen Gefahr, umsetzen könnte, wäre sie für die Araber unverzichtbar. Doch ist dieser negative Aspekt bloß von zweitrangiger Bedeutung. Sie sind in erster Linie Patrioten, und worauf es wirklich ankommt, ist ihr positives Ideal eines arabischen Staats. Dies ist es, worum sie in den letzten drei Jahren gekämpft haben. Sie waren diplomatisch genug, nicht geradeheraus von einer ›arabischen Regierung‹ zu sprechen. Ihre offizielle Parole klang gemäßigter: ›Eine Regierung der Palästinenser‹, als eine, an der den Juden eine Beteiligung angeboten würde,[47] in der die Araber aber selbstverständlich die Mehrheit bilden würden. Der entscheidende Punkt war aber, dass dies sofort geschehen müsse. Das Leben eines Weißbuchs ist kurz. Wenn man es mit derart launischen Abgeordneten zu tun hat, muss man auf Barzahlung bestehen.

Diese Hoffnung zerschlug sich. Das Weißbuch sagt zu, Palästina die ›Unabhängigkeit‹ beziehungsweise das, was es als Unabhängigkeit bezeichnet, zu gewähren, doch erst in zehn Jahren und auch nur dann, wenn es der Regierung der Mandatsmacht im Jahr 1949 ratsam erscheint. Dazu heißt es: ›Sollte die Regierung Seiner Majestät am Ende der zehn Jahre befinden, dass die Umstände zu ihrem Bedauern eine Aufschiebung der Errichtung eines unabhängigen Staats erforderlich machen‹, werde sie diesen Schritt ›in der Hoffnung, das gewünschte Ziel baldmöglichst erreichen zu können‹, verschieben. Aus arabischer

47 Es waren zunächst die jüdischen Einwohner, die sich in bestimmtem Zusammenhang Palästinenser genannt hatten. Was Jabotinsky als gemäßigtere Parole bezeichnet, könnte zugleich als ein erster Ansatz dazu gesehen werden, ihnen diesen Namen streitig zu machen.

Sicht heißt das: Wenn die Juden in dem betreffenden Zeitraum darüber zu klagen beginnen, dass sie von den Arabern unterdrückt würden, und in einigen Städten Ausschreitungen provozieren, bei denen es auf beiden Seiten einige Dutzend Tote gibt, und ihre Freunde im Unterhaus dann die üblichen Klagen vortragen, wird es keine ›Unabhängigkeit‹ geben. Für die Araber stellt all das einen jüdischen Sieg dar. Die Juden haben stets darauf beharrt, Palästina dürfe nur mit ihrer Zustimmung die Unabhängigkeit gewährt werden. Und das hat das Weißbuch ihnen in verschlüsselter aber dennoch klar erkennbarer Form versprochen.

Noch problematischer ist aus arabischer Sicht das Bild, das das Weißbuch von jener Unabhängigkeit, so es je zu ihr kommen sollte, zeichnet. Großbritannien werde ›überzeugt sein müssen‹, dass mit Blick auf die folgenden Angelegenheiten ›angemessene Vorkehrungen‹ getroffen worden seien:

(a) ›Die Sicherheit der heiligen Stätten und der freie Zugang zu ihnen sowie der Schutz des Eigentums der verschiedenen religiösen Körperschaften‹ – Jeder Palästinenser weiß, was das heißt: Die Kolonialmacht würde die Altstadt von Jerusalem und bestimmte Teile Nazareths, Bethlehems und Hebrons, die Bahnstrecken dorthin und sämtliche die Beziehungen zwischen den verschiedenen Kirchen, einschließlich der muslimischen und jüdischen, regelnden Vereinbarungen, kontrollieren. Insbesondere würde den Arabern die Hoheit über die Klagemauer verwehrt.
(b) ›Der Schutz der verschiedenen Gemeinschaften in Palästina im Einklang mit den Verpflichtungen, die die Regierung Seiner Majestät sowohl den Arabern als auch den Juden gegenüber eingegangen ist, und der Sonderstellung der jüdischen Heimstätte.‹ Das beträfe alle gesetzgebenden und administrativen Maßnahmen im Bereich der Bildung, die Vertretung in den Kommunalverwaltungen, die Justiz in Fällen, die beide Völker betreffen, den Status der beiden Sprachen im öffentlichen Leben, die Zuwendungen für Krankenhäuser und unzählige andere Fragen, die praktisch an das gesamte öffentliche Leben in einem Land wie Palästina rühren.
(c) ›Anforderungen, die aus strategischen Gründen erforderlich erscheinen …‹ Mit anderen Worten: Militärgarnisonen.
(d) ›Die Interessen bestimmter anderer Länder …‹ Mit anderen Worten: Mitsprache in Palästinas ›unabhängigem‹ Außenministerium.

In all diesen Fragen müsse die künftige Verfassung Palästinas ›angemessene‹ Garantien enthalten. Die Araber meinen zu wissen, was das heißt: Ebenso wie strategische Interessen nicht durch Paragrafen, sondern nur durch britische Soldaten garantiert werden könnten, so wird es heißen, könnten auch die übrigen Garantien nur durch britische Beamte gewährleistet werden. Vermutlich wird man sie ›Berater‹ nennen. Was das heißt, weiß jeder Araber. Sie wissen, dass ein Berater ein britischer Beamter ist, der einem einheimischen Minister zugeordnet wird und ohne dessen Unterschrift keine Anordnung des Ministers in Kraft treten kann. Kurzum, in Wirklichkeit ist der Berater der Minister und der Minister nicht einmal ein Berater. Bedenkt man die Anzahl der Belange, die diese Garantien betreffen, gehen die Araber davon aus, dass die jeder kleinstädtischen Kommunalbehörde zugestandene Eigenständigkeit sich im Vergleich zu dieser Art von Unabhängigkeit wie eine ungebändigte Autokratie ausnehmen würde.

Aus arabischer Sicht handelt es sich bei dem Weißbuch von 1939 um den Versuch, Palästina dem britischen Kolonialreich auf alle Zeit einzuverleiben. Die Frage der jüdischen Heimstätte dient dabei als Vorwand. Da man immer wird behaupten können, die Juden fürchteten sich vor den Arabern (und solange sie in der Minderheit sind, behaupten die Juden das gerne), wird die Aufsicht Großbritanniens nie enden. Gleich, welchen schönklingenden Namen man dem Verhältnis verpasst (›Bündnis‹ beispielsweise), soll Palästina eine britische Kolonie bleiben. Darum geht es dem Weißbuch. Palästina wird sich niemals einer arabischen Föderation anschließen können, es sei denn, auch diese Föderation bildet einen Teil des britischen Kolonialreichs.

Dass dies aus der Sicht der palästinensischen Araber völlig inakzeptabel ist, versteht sich von selbst. Es hinzunehmen, kam niemals in Frage. Der einzige Wert des Weißbuchs liegt in den Augen der Araber in seiner formellen Zurückweisung der Idee eines jüdischen Staats. Was den Rest des Weißbuchs angeht, so wird der nächste Schritt der Araber in der konzertierten Anstrengung bestehen, es Zeile für Zeile aus der Welt zu schaffen.«

Das Interesse des Autors steht dem der arabischen Nationalisten in Palästina diametral entgegen, und ihm ist bestimmt nicht daran gelegen, ihre Interessen zu vertreten. Im Gegensatz zu den Forderungen der Juden entbehren die ihrigen seines Erachtens jeder Berechtigung, und er hätte gewiss nichts gegen eine Regierung vorzubringen, die die Errichtung einer jüdischen nationalen Heimstätte konsequent vorantriebe. Als Reaktion auf ein Vorgehen, das die Araber zu bestechen sucht, indem es den Juden schadet, sind die Argumente der Araber aber unwiderlegbar. Die Bestechung findet nicht einmal zum Schein statt, sie existiert schlicht nicht. Das Weißbuch hat die palästinensischen Araber nicht zufriedengestellt und konnte das auch nicht.

Es muss daher davon ausgegangen werden, dass sie ihre Forderungen bei der ersten Gelegenheit verschärfen werden. Der Autor will sie damit nicht der mangelnden Treue zu den Alliierten zeihen. Er geht lieber davon aus, dass alle mit Großbritannien und Frankreich verbundenen Völker sich in dem einen Ziel einig sind: *Delenda est Carthago*.[48] Auch Indien steht in diesem Sinne zusammen, obwohl es selbst jetzt während des Kriegs zum Argwohn der dortigen muslimischen Minderheit seine Forderungen vorträgt.

Also müssen auch die Juden in der nicht ruhenden Kontroverse ihre Interessen vertreten. Aus Gründen, für die wir nicht verantwortlich sind, steht die Zukunft Palästinas auf der Tagesordnung. Palästina beiderseits des Jordans ist der einzige »geeignete« Ort für einen jüdischen Staat, der seinerseits das einzige Heilmittel gegen den europäischen Krebs darstellt und dessen die Welt folglich dringend bedarf. Dieser Feststellung gilt es, mit aller Dringlichkeit Nachdruck zu verleihen.

48 »Carthago ist zu zerstören.« Berühmter Ausspruch des römischen Feldherrn und Staatsmanns Cato des Älteren, womit dieser alle seine Reden beschlossen haben soll.

17. Kapitel Der Max Nordau-Plan

Der inzwischen verstorbene Max Nordau, der den politischen Zionismus gemeinsam mit Herzl ins Leben rief, dürfte der revolutionärste Denker seiner Generation (der Generation des *fin de siècle*) gewesen sein. Er war 1919 bereits alt und krank, sein weltweiter Ruhm als streitbarer Literat zur Hälfte schon verklungen, doch war er noch immer ein intellektuelles Schwergewicht, und seine Bildung suchte ihresgleichen. Damals herrschte nach der Balfour-Deklaration großer Optimismus und Max Nordau entwickelte einen Plan, mit dem er die Gunst der Stunde nutzen wollte, um ein für alle Mal Fakten zu schaffen. Sein Plan sah die sofortige, gleichzeitige Umsiedlung der ersten 500 000 Juden aus den osteuropäischen Ghettos nach Palästina vor.

Die damals führenden jüdischen Kreise gingen darauf nicht ein, und der Plan wurde vergessen. Es ist nun an der Zeit, ihn als einzig praktikable und vernünftige Möglichkeit zur Bewältigung einer Situation, die ungleich dringlicher ist als jene im Jahr 1919, wiederzubeleben.

Max Nordaus Überlegungen befassten sich ausschließlich mit Palästina und entsprachen insofern jenen des Autors, doch seien sie hier der Einfachheit halber so widergegeben, als könnten sie sich ebenso gut auf jedes »geeignete Gebiet« beziehen, vorausgesetzt, das fragliche Gebiet soll zum jüdischen Staat werden und der Aufnahme eines großangelegten Exodus dienen.

An die gegenwärtigen Bedingungen angeglichen, kann Max Nordaus Plan wie folgt zusammengefasst werden:

(a) Der gesamte Exodus sollte etwa ein Jahrzehnt in Anspruch nehmen.
(b) Die erste Million Siedler sollte binnen eines Jahres, nach Möglichkeit schneller, befördert werden.
(c) Sämtliche Vorbereitungen sollten während des Kriegs getroffen werden, so dass die Arbeit mit Beginn der Friedenskonferenz sofort aufgenommen werden kann.

Nicht ganz so knapp ausgedrückt, hieße dies:

(a) Die Übersiedlung sämtlicher ostmitteleuropäischer Juden, die dies wünschen, in das Siedlungsgebiet sollte nicht länger als maximal ein Jahrzehnt in Anspruch nehmen.
(b) Die erste Million Siedler soll nach einem knappen Ausbildungsgang gleich zu Beginn des Exodus in einem Schwung umgesiedelt werden. Der Zeitraum hierfür soll nicht länger sein als infolge der logistischen Herausforderungen unbedingt nötig und höchstens ein Jahr betragen.
(c) Sämtliche Pläne, die die Ansiedlungsmethoden, die Finanzierung und andere relevante Fragen betreffen, sollten durch das um jüdische Vertreter erweiterte Zwischenstaatliche Flüchtlingskomitee oder ein anderes zu diesem Zweck ins Leben gerufenes geeignetes Gremium soweit als möglich noch während des Kriegs fertiggestellt werden.

Der tatsächliche Transport der Ersten Million in das Siedlungsgebiet soll, sobald das erforderliche internationale Darlehen gesichert und die Zusammenstellung der Siedler abgeschlossen worden ist, baldmöglichst nach dem Ende der Kampfhandlungen beginnen.

Es geht dem Autor nicht darum, den Nordau-Plan hier systematisch vorzustellen. Dr. S[tefan] Klinger hat eine gute und detaillierte Darstellung veröffentlicht, die beinahe mehr Statistiken als zusammenhängenden Text enthält.[49] Im Folgenden sollen lediglich einige allgemeinere Aspekte des Plans erörtert werden. Es handelt sich um:

(a) Das Tempo;
(b) Die Tatsache, dass nicht die Landwirtschaft, sondern die Manufaktur die wirtschaftliche Grundlage bilden soll;
(c) Die Art der Planung;
(d) Die Finanzierung.

Vor 21 Jahren ging die Kritik an Max Nordaus Idee von der Annahme aus, die großangelegte jüdische Besiedlung Palästinas könne nur langfristig erfolgen. Dies galt damals als unbezweifelbare, wissenschaftlich fundierte Wahrheit. Angesichts der Erfahrungen mit der rasanten Umsiedlung ungeheurer Menschenmassen seit dem Ersten Weltkrieg kann davon keine Rede mehr sein. Der oftmals angeführte

49 Stefan Klinger: The Ten Year Plan for Palestine. London 1938. [Anm. 2. Aufl.]

Exodus der 700 000 Griechen ist nicht das einzige Beispiel. Zwischen 1919 und 1924 wurden insgesamt 2,45 Millionen Menschen zwischen dem Balkan und Kleinasien ausgetauscht. Neutrale Beobachter halten das Resultat für ungleich günstiger als den vorherigen Zustand. Diese Massen wurden nicht nur kurzfristig umgesiedelt, sondern auch rasch in die Wirtschaft ihrer neuen Länder integriert.

Doch selbst wenn wir die angebliche Regel, der zufolge die wirtschaftliche Integration von Einwanderern ein zeitaufwändiger Prozess sei, akzeptieren, so kann ihr Transfer ins Siedlungsgebiet beliebig beschleunigt werden. Das war das Wesentliche an Max Nordaus Plan.

Er hätte, von jenen für das Siedlungsgebiet einmal ganz abgesehen, mehrere weitreichende Vorzüge. Die Spannungen in Ostmitteleuropa würden umgehend verringert. Rund 300 000 Juden würde die sofortige Auswanderung aus Deutschland und Österreich ermöglicht, 500 000 aus Polen und jeweils 100 000 aus Ungarn und Rumänien. Noch wirksamer wäre die der Existenz eines jüdischen Staats innewohnende Garantie, dass dies erst der Auftakt des Exodus sei. Diese Garantie würde nationalen Konflikten nachhaltig vorbeugen. Die Nöte eines überbelegten Neulands wären dagegen eine Kleinigkeit, insbesondere für Menschen, die noch vor Kurzem viel Schlimmeres durchgemacht haben.

Die Wirkung dieses Exodus auf die Beziehungen zwischen den Ethnien in der antisemitischen Zone sollte dadurch gestärkt und fortgeschrieben werden, dass die Pioniere der Ersten Million im zeugungsfähigsten Alter sind. Bei den jüdischen Männern in Osteuropa wäre das die Altersgruppe zwischen 25 und 40, bei den Frauen jene zwischen 23 und 37. Der Zionismus wird seine Vorliebe für die kaum erst Volljährigen aufgeben müssen. Mindestens zwei Drittel der Ersten Million müssen bereits über ihre Jugend hinaus herangereift sein. In einem nicht allzu exotischen Klima können Menschen in dieser Altersgruppe sich gut an Pionieraufgaben anpassen. Da sie in erster Linie für die Geburtenrate der Nation verantwortlich sind, ist es von entscheidender Bedeutung, dass sie nicht zurückbleiben und die Lücken dann wieder auffüllen, sondern ihr Alles dem neuen Land geben.

Wenn es um die Art von Umsiedlung derartig großer Menschenmengen geht, mit der wir es hier zu tun haben, muss von der traditionellen Prämisse der politischen Ökonomie, dass die Landwirtschaft die Grundlage der Gesellschaft darstelle, Abstand genommen werden. Die Prämisse mag grundsätzlich zutreffen, doch hat das mit unserer Mission nichts zu tun. Hier gilt ein anderer Grundsatz: Heutzutage muss die Industrie die Lebensader der Siedlerwirtschaft bilden. Es versteht sich von selbst, dass bei einem Siedlungsvorhaben dieser Größenordnung, insbesondere, wenn es auf das Tempo ankommt, die Landwirtschaft für die Integration der Einwanderermassen nur von zweitrangiger Bedeutung sein kann. Entscheidend wird es auf die Manufaktur und den Wohnungsbau, in geringerem Maße auf den Handel und das Transportwesen und am allerwenigsten auf die Landwirtschaft ankommen.

Die Zukunft der Siedlung wird damit gar nicht unbedingt präjudiziert. Selbst wenn der Wunsch bestehen sollte, dass das Siedlungsgebiet am Ende überwiegend bukolischen Charakters sein soll, wird man zunächst der Industrie den Vorzug geben müssen, um der Landwirtschaft überhaupt erst die Möglichkeit zu bieten, langsam zu wachsen und allmählich eine exponiertere Stellung zu erobern, sollte sie dazu imstande sein.

Dieser Grundsatz ist für jeden Aspekt unseres Siedlungsprojekts von entscheidender Bedeutung.

Die traditionelle Haltung zum Boden und zum Wasser tritt dadurch zurück. Eine blühende Industriestadt, die tausende Menschen ernährt, kann auf steinigem Boden errichtet werden, von dem kein Bauer leben könnte. In Boilern und Dampfmaschinen kann Wasser der minderwertigsten Qualität eingesetzt werden, das für die Bewässerung von Feldern ungeeignet wäre. In der Landwirtschaft mag es sich nicht rentieren, Wasser in Pipelines über lange Strecken zu befördern oder Sammelbecken für Regenwasser tief genug anzulegen, um Verdunstung zu vermeiden. Doch was angesichts der schleppend erwirtschafteten bescheidenen Profite des Getreideanbaus zu teuer sein mag, könnte sich durchaus rentieren, wenn es die Produktion von Industrieerzeugnissen ermöglichen würde.

Die Raumplanung, also die Festlegung der Orte, an denen künftige Bevölkerungszentren entstehen sollen, wird so auch erleichtert. In einem Land mit wenigen ganzjährig wasserführenden Flüssen ist sie nicht an das aufwändige und ungewisse Bohren nach unterirdischem Wasser gebunden. Man kann Orte aufgrund ihrer offensichtlichen Vorzüge aussuchen: Ihrer Küstennähe wegen, weil sie sich für die Belieferung etlicher umliegender Dörfer gut eignen würden oder weil sich ein Verkehrsknotenpunkt oder ein Steinbruch in der Nähe befindet. So würde die staatliche Raumplanung sich kaum von der Stadtplanung unterscheiden. Die neuen Städte können nach ebenso rationalen Kriterien in die leere Karte des Staatsgebiets eingetragen werden wie Grünflächen in den Plan einer künftigen Stadt und Schnellstraßen mit der gleichen logischen Voraussicht wie städtische Hauptstraßen.

Die Festlegung auf den Primat der Industrie hätte noch einen weiteren Vorteil. Die moderne Gesellschaft gibt ungleich mehr für Industrieerzeugnisse als für landwirtschaftliche Produkte aus. Einwanderer, die in der Industrie tätig sind, können einen weit größeren Anteil des Bedarfs der neuen Siedlung abdecken, als es ihnen möglich wäre, wenn sie sich in erster Linie in der Landwirtschaft betätigten.

In groben Zügen ist die Kalkulation einfach genug. Eine Million Menschen werden sehr viele Erzeugnisse brauchen, die weder die Land- noch die Weidewirtschaft bereitstellen kann. Zum Teil werden sie importiert werden müssen, weil das Siedlungsgebiet sie nicht bereitstellen kann (Rohstoffe beispielsweise oder schwere Maschinerie). Der Rest kann aber vor Ort produziert, und der Großteil davon muss von der Ersten Million selbst hergestellt werden. Es geht also darum, dafür zu sorgen, dass die Erste Million sich so weitgehend wie möglich selbst ernähren, bekleiden und ein Dach überm Kopf schaffen kann.

Diese Überlegungen zur Wirtschaft der Anfangssiedlung sind unweigerlich abstrakt und schematisch und man wird sie der betreffenden Realität angleichen müssen. Gleichwohl werden sie bei der Lösung des grundlegenden Problems aller neuen Gemeinschaften – »Wie sollen die Menschen dadurch, dass sie füreinander die Wäsche erledigen, über die Runden kommen?« – überaus nützlich sein. Die gesamte Menschheit lebt letztlich ohne finanzielle Unterstützung von außen davon, dass sie »füreinander die Wäsche erledigen«, denn schließlich gibt es keinen anderen Planeten, der eine derartige Unterstützung bereitstellen könnte. Im Übrigen wird die jüdische Siedlung sich in erheblichem Umfang auf auswärtige Unterstützung verlassen können, zunächst dank des internationalen Darlehens und dann dank der Mittel, die die jüdischen Gemeinschaften im Westen jährlich bereitstellen werden. Dennoch sollte die Wirtschaft zu Beginn so autark wie möglich sein.

Folglich sollten umgehend Unternehmen gegründet werden, die Wohnungen und Straßen bauen, die Transportinfrastruktur errichten und sämtliche grundlegenden Konsumgüter produzieren können: Schlichte Kleidung und Möbel, unprätentiöses Geschirr und alle sonstigen Gegenstände des Grundbedarfs, die sich auf ›einfache‹ Weise vor Ort herstellen lassen.

Zwischen dem Abschluss der Friedenskonferenz und dem tatsächlichen Beginn der Umsiedlung wird wohl etwas Zeit verstreichen, vermutlich mindestens ein Jahr. Dieser Zeitraum sollte genutzt werden, um den Kandidaten für die Erste Million die Möglichkeit einer elementaren Ausbildung in den Grundfertigkeiten jener Branchen (vor allem in der Industrie und im Bau) zu bieten, in denen sie nach ihrer Ankunft vor Ort tätig sein dürften. Mit ihrer Produktivität dürfte es zunächst nicht weit her sein, doch ist dies, wiegt man alle Faktoren auf, nicht allzu entscheidend.

Das Projekt wird auf ein sehr großes internationales Darlehen angewiesen sein. Der Autor will nicht mutmaßen, wie groß es wird sein müssen. Dr. Klinger hat die Gesamtsumme, die für die Ansiedlung der Ersten Million erforderlich wäre, auf £ 47,5 Millionen geschätzt. In seiner Kalkulation sind £ 18 Millionen an privaten Investitionen durch individuelle Kapitalisten enthalten. Doch stammt diese Schätzung vom Januar 1938, als die Bedingungen sich von jenen, die am Ende des Kriegs zu erwarten sind, maßgeblich unterschieden. Der Betrag, der zur Deckung sämtlicher Aspekte des Nordau-Plans erforderlich sein wird, dürfte Dr. Klingers Schätzung um einiges übersteigen. Wieviel davon durch private Investitionen zusammenkommen wird, wird davon abhängen, wieviel von den Mitteln der jüdischen Kapitalistenklasse in den nicht verwüsteten Teilen der Diaspora übrig sein wird.

Das internationale Darlehen muss die Finanzierung der folgenden Bereiche abdecken:

(a) Die Liquidierung beziehungsweise den Transport des Eigentums der Auswanderer. Man wird gesonderte Institutionen (vermutlich Banken) gründen müssen, um den Auswanderern Vorschüsse auf den Erlös aus dem Verkauf ihres zurückgelassenen Eigentums zu zahlen.

(b) Den Transport. Der Transport derart vieler Menschen wird sich vernünftig nur organisieren lassen, indem die Juden ein großes Transportunternehmen (oder mehrere) gründen. Das Siedlungsgebiet wird während des ersten Ansturms und auch danach einer Handelsflotte bedürfen. Die Bildung der erforderlichen Schiffsbesatzungen wird tausenden jungen Juden ein neues Beschäftigungsfeld eröffnen.

(c) Die tatsächliche Ansiedlung: den Wohnungsbau in den Übergangslagern und den neuen Städten, den Bau von Straßen, Aquädukten, Vorratstanks und der öffentlichen Infrastruktur im Allgemeinen.

(d) Die Errichtung von Fabriken (sofern diese nicht durch privates Kapital erfolgt). Vorausgesetzt, Westeuropa und Amerika werden nicht ebenfalls verwüstet, dürften diese Mittel allerdings überwiegend durch privates Kapital aufgebracht werden.
(e) Das Gesundheitswesen, die Schulen, das öffentliche Sicherheitswesen.
(f) Die Verwaltungskosten.

Die Rückzahlung des internationalen Darlehens einschließlich der Zinsen dürfte selbst von hartgesottenen Geschäftsleuten als relativ sicher eingeschätzt werden. Die Rückzahlung wird ausschließlich durch Juden geschehen, in erster Linie durch jene in der neuen Siedlung selbst. Man könnte eine Reihe von Sicherheiten anbieten. Am offensichtlichsten ließen sich die regelmäßigen Rückzahlungen aus den Zolleinnahmen des Siedlungsgebiets leisten.

Eine weitere Finanzquelle ergäbe sich, wenn die Kriegsgegner der Alliierten durch den künftigen Friedensvertrag zur Zahlung von Schadensersatz verpflichtet würden. Die Schadensersatzklauseln von Versailles haben einen bitteren Nachgeschmack hinterlassen, und gegen das etablierte Prinzip, das den Feind zur finanziellen Wiedergutmachung verpflichtet, bestehen zurzeit erhebliche Bedenken. Doch darf man es in dieser Hinsicht nicht übertreiben. Gewiss, Norman Angell[50] hat überzeugend dargelegt, dass der Versuch, den Feind für die Verluste seiner Eroberer aufkommen zu lassen, für eben jene Eroberer selbst ruinös ist. Ganz anders sieht es aber mit dem individuellen Schaden aus, den der Feind den polnischen, aber auch den deutschen und österreichischen Bürgern zugefügt hat. Dass man vom Täter erwartet, zumindest einen Teil der öffentlichen Schulden zu tilgen, die zur Rettung seiner Opfer aufgenommen werden mussten, dürfte wohl kaum zu viel verlangt sein.

Eine weitere Möglichkeit zur Gewährleistung der Rückzahlungen wäre die Einführung einer Sondersteuer für die jüdischen Gemeinschaften im Westen. Dies ist keine besonders revolutionäre Idee. Das Recht der verpflichtenden Selbstbesteuerung ist den Religionsgemeinschaften in Deutschland und Österreich zugestanden worden, als diese noch völlig ehrbare Länder waren. Die Juden Westeuropas und Amerikas haben stets erhebliche Summen für Hilfsprojekte

50 Sir Ralph Norman Angell (1874–1967), britischer Schriftsteller und Publizist, erhielt 1933 den Friedensnobelpreis als Mitglied der Exekutivkommission des Völkerbundes und des Nationalen Friedensrats.

in Osteuropa und für Palästina aufgebracht und werden dies gewiss auch weiterhin tun. Wenn dies durch Propaganda veranlasst werden muss, verschlucken die Kosten der Kampagne selbst einen erheblichen Anteil der gesammelten Mittel. Es wäre für alle Beteiligten besser, wenn man sich statt auf diese mühseligen und nicht immer eleganten Methoden der Spendensammlung auf eine ehrliche und klar definierte Steuer verlassen würde. Wenn festgeschrieben würde, dass ein Teil dieser Steuer für die Rückzahlung des der jüdischen Siedlung gewährten Darlehens zu verwenden sei, würde dies das Ansehen des Projekts steigern und sich gewiss positiv auf die Konditionen des Darlehens auswirken.

Wie ein neues Land unter derartigen Bedingungen im Einzelnen errichtet werden kann, lässt sich von Laien nicht bestimmen. Spezialisten werden über etliche Monate hinweg an den Plänen arbeiten müssen. Doch sollte der Plan in groben Zügen soweit als möglich noch während des Kriegs ausgearbeitet werden. Nur mit dem abschließenden verfahrensmäßigen Feinschliff, der Emission des Darlehens und der Bestellung derjenigen, die die Durchführung leiten werden, sollte man bis nach der Friedenskonferenz warten.

So viel lässt sich allerdings schon jetzt mit Blick auf die technische Planung sagen: Sie dürfte sich zunächst nur mit der Ersten Million befassen. (Spätere Rückführungen würden mehr Zeit in Anspruch nehmen und eher gewöhnlichen Wanderungsbewegungen ähneln, so dass besondere Pläne vielleicht gar nicht erforderlich sein werden.) Es sind dabei drei Kernbereiche zu bedenken: Die anfängliche Unterbringung der Neuankömmlinge in Übergangslagern, die Errichtung der neuen (überwiegend industriellen) Zentren an den dafür festgelegten Orten und schließlich die Warenproduktion.

In einem Land, in dem es bislang keine jüdischen Siedlungen gibt, würde der erste Schritt eine gewaltige Herausforderung darstellen. Doch in einem Land, in dem es bereits über ein ausgedehntes Gebiet verstreute jüdische Städte, jüdische Quartiere und gut 300 kleinere und größere jüdische Dörfer gibt, ließe sich diese Aufgabe wesentlich leichter bewältigen. Im Prinzip ließen sich dort, wo bereits 500 000 Menschen einigermaßen kommod leben, weitere 500 000 mit dem grobschlächtigen Mittel der Einquartierung auf einen Schlag unterbringen. In unserem Fall dürfte die Einquartierung aber der Ausnahmefall bleiben. Da der Zustrom von Neuankömmlingen auf absehbare Zeit anhalten wird, lohnt es sich, Barracken oder Hütten für ihre Unterbringung zu errichten. Deren Bewohner werden kommen und gehen. Während ständig neue Einwanderer eintreffen, werden andere bereits weiterziehen. Während des Zustroms der Ersten Million wird vermutlich ein Drittel von ihnen derartiger Unterkünfte bedürfen. Es geht im ersten Schritt also um die Errichtung von Barracken in der Nähe der bestehenden jüdischen Siedlungen für 300 000 bis 400 000 Pioniere.

Unmittelbar nach der Ankunft der ersten Siedler muss mit der Errichtung der für den Aufbau der Siedlung entscheidenden Betriebe begonnen werden. Sie müssen einen doppelten Zweck erfüllen. Sie sollen soweit als möglich den Bedarf der Ersten Million decken und die wahrscheinlich rund 600 000 Brotverdiener unter ihnen beschäftigen. Manche werden zum Bau der Straßen abgeordnet werden, die anfangs von nirgends nach nirgends führen, schließlich aber die Hauptverkehrsadern von morgen bilden werden. Manchen wird das Legen der Wasserleitungen und das Ausheben der Zisternen und Brunnen obliegen. Manche werden die Wellblechremisen errichten müssen, in denen später die Maschinen installiert werden sollen. Wieder andere, wenn auch eher wenige, werden zum Säen und Pflügen geschickt werden. Ein Abschnitt des technischen Plans muss sich mit der Produktion von Möbeln befassen. Eine Million Menschen werden sich auf eine Million Stühle setzen wollen. Das wird allerhand Industrieleistung und Arbeitskraft in Anspruch nehmen. Vielleicht ließen sich zu diesem Zweck Fabriken an zwölf verschiedenen Orten errichten. Dann muss die Versorgung mit Metzgern, mit Zahnärzten und mit Lastwagenfahrern geplant werden, als ginge es um eine Generalmobilmachung. Zugegeben, zu den faszinierendsten Aspekten der menschlichen Planungstätigkeit gehört die Tatsache, dass die Dinge sich nie wie geplant entwickeln. Solange die Planung aber auf sorgfältige Weise erfolgt, kann sie auch modifiziert werden, um auf unvorhergesehene Entwicklungen zu reagieren, und der Ausgang wird nur um so besser sein.

Der dritte Schritt besteht in der tatsächlichen Aufnahme der Produktion, dem Vertrieb, der Lagerung und dem Verkauf von Waren und den vielfältigen damit verbundenen Einzelaufgaben. Zusammengenommen stellen diese Tätigkeiten die Wirtschaft einer Nation dar oder anders ausgedrückt: die Geburt einer Nation.

So in etwa stellt ein Laie sich vor, was die Experten genauer ausformulieren können. Doch läuft das, was ihnen vorschwebt, auf die gleiche prächtige Zukunft hinaus.

Nun können wir die Vorstellung, all dies könne sich auch auf ein beliebiges Territorium beziehen, fallenlassen und uns wieder

Palästina als dem einzigen Gebiet zuwenden, in dem dieses Projekt realistischer Weise verwirklicht werden kann.

Palästina verfügt über ein akzeptables Klima und zeichnet sich durch eine keineswegs ungewöhnliche Mischung aus natürlichen Plus- und weit mehr natürlichen Minuspunkten aus. Wie viele Menschen ein solches Land aufnehmen kann, hängt allerdings weniger von seinen natürlichen Eigenschaften, sondern in weit höherem Maße von den Eigenschaften der Menschen ab, die es bewohnen werden, von ihrer Intelligenz, ihren Fähigkeiten, ihrer Ausdauer und Willensstärke, ihrem Einfallsreichtum, ihren finanziellen Ressourcen und den internationalen Verbindungen, die sie der Einwerbung von Mitteln und dem Handel nutzbar machen können.

Man würde die Ansichten der Kolonialexperten gerne ernstnehmen, doch haben die vielen Experten, die sich in den letzten Jahren zu den Aussichten einer Besiedlung Palästinas geäußert haben, einander alle gegenseitig widersprochen. Ihre Urteile zeichnen sich durch ein hohes Maß an Realitätsferne aus und übermäßig ›wissenschaftlich‹ oder fundiert klingen sie nicht gerade. Sir John Hope Simpson befand 1930,[51] in Westpalästina sei nur jener Boden bebaubar, der bereits bebaut werde, also nur acht von insgesamt 36 Millionen Dunam[52]. Im Bericht der Königlichen Kommission von 1937 wurde dieses Urteil mit dem freimütigen Eingeständnis abgetan, es gebe keine verlässlichen Informationen darüber, ob die gegenwärtigen Leerflächen bebaubar seien oder nicht. Es müsse erst eine geophysische und hydrografische Studie durchgeführt werden, die auch Transjordanien umfassen sollte. Im Jahresbericht der Mandatsmacht an die Mandatskommission für 1935 hieß es, nur etwa fünf Prozent Transjordaniens könnten kultiviert werden.[53] Das entspricht

51 Sir John Hope Simpson (1868–1961), britischer Liberaler, Parlamentsmitglied. Der *Bericht über Einwanderung, Landsiedlung und Entwicklung*, allgemein als *Hope Simpson Inquiry* oder *Hope Simpson Report* bezeichnet, wurde von einer britischen Kommission unter seiner Leitung im August 1930 erstellt, um Fragen der Einwanderung, Landsiedlung und -entwicklung in Großbritannien zu behandeln. »Es ist unmöglich, die Ausdehnung einer Enklave in Palästina, von der die Araber ausgeschlossen sind, mit Gleichmut zu betrachten. Die arabische Bevölkerung betrachtet die Übertragung von Land in zionistische Hände bereits mit Bestürzung und Besorgnis.« Es wird empfohlen, die jüdische Einwanderung auf der Grundlage der wirtschaftlichen Absorptionskapazität Palästinas zu begrenzen. Das sich darauf stützende sogenannte *Passfield-Weißbuch* vom Oktober 1930 empfahl eine ähnliche Begrenzung der jüdischen Einwanderung.

52 Ein Flächenmaß aus Vorderasien.

53 Joseph B. Schechtman: Transjordanien [im Bereiche des Palästinamandats]. Wien 1937, S. 171. [Anm. 2. Aufl.]

1,15 Millionen Morgen oder 4,6 Millionen Dunam. Zwei Jahre später, im August 1937 widersprach der seitdem zum Lord Harlech avancierte Kolonialsekretär Ormsby Gore[54] seinen eigenen Beratern. In einer Ansprache vor der Mandatskommission in Genf zeigte er sich mit Blick auf Transjordanien waghalsig optimistisch und berief sich dabei auf die Ansichten anderer Experten. »Einer unserer erfahrensten Agrarbeamten«, erklärte er, »hat angegeben, er sei sicher, dass allein in Transjordanien 100 000 Familien angesiedelt werden könnten« (Protokoll der 32. Session, S. 22). Da es ihm um die Ansiedlung nicht von Juden, sondern von Arabern ging, und die Regierung davon ausgeht, dass ein tragfähiger Hof 140 Dunam umfassen müsse,[55] geht dieser Experte demnach davon aus, dass es in Transjordanien über die bereits von den Bewohnern genutzten Flächen hinaus rund 14 Millionen weitere Dunam kultivierbaren Bodens gibt. Doch mochte die Woodhead-Kommission, die sich dieser Frage 1938 erneut widmete, den Befund dieses Experten nicht bestätigen.

Das viel größere Problem, das zwar einer groß angelegten Besiedlung nicht im Wege steht, wohl aber der ausgedehnten Landwirtschaft in dem Gebiet, ergibt sich aus den Bewässerungsmöglichkeiten. Der Bericht der Woodhead-Kommission widmet dieser Frage ein ausführliches Kapitel, aus dem allerdings nur hervorgeht, dass über die Sache eigentlich nichts bekannt und auch so gut wie nichts getan worden sei, um darüber etwas in Erfahrung zu bringen. In dem Bericht heißt es, »die Gemarkung von Be'er Scheva ist fast so groß wie das ganze Palästina«, und Sir John Hope Simpson wird dahingehend zitiert, dass sie »angesichts ihrer Bewässerungsmöglichkeiten einen fast unerschöpflichen Vorrat an kultivierbarem Land bietet«. Um diese entscheidende Frage zu untersuchen, sind allerdings insgesamt nur sechszehn Bohrungen vorgenommen worden, die zusammen £ 60 000 gekostet haben. Dabei seien die Ergebnisse »überwiegend enttäuschend« gewesen. Einer Regierung, der es ernstlich um konstruktive Lösungen ginge, würde es, insbesondere, wenn ihre Staatskasse seit Jahren komfortable Überschüsse erwirtschaftet, obliegen, in einem derart großen und für Siedlungszwecke so wichtigen Gebiet eine halbe Million Pfund in hunderte Bohrungen zu investieren.

Die Frage des landwirtschaftlichen Potenzials Palästinas harrt weiterhin der ernsthaften Untersuchung. Bislang ist in dieser Hinsicht

54 William David Ormsby-Gore (1918 – 1985), britischer Politiker der Conservative Party.

55 »Durchschnittliche besteuerbare Ackerfläche, 140 Dunam«. Woodhead (Report of the Palestine Partition Commission) 1938, S. 29. [Anm. 2. Aufl.]

nichts unternommen worden, das eine abschließende Beurteilung gestatten würde.

Doch soll die Landwirtschaft ja gar nicht die Grundlage der Wirtschaft im Siedlungsgebiet bilden. Das Gedeihen eines Landes ist schon seit mindestens einem Jahrhundert nicht mehr von dessen Landwirtschaft abhängig. In den Ländern mit der höchsten Bevölkerungsdichte lebt der geringste Prozentsatz der Menschen vom Pflug und der Weide. In Deutschland (wo die Dichte 360 Menschen pro Quadratmeile beträgt) sind es 24 Prozent, in den Niederlanden (618 pro Quadratmeile) 20 Prozent, in Belgien (702 pro Quadratmeile) sechzehn Prozent, in England und Wales (704 pro Quadratmeile) acht Prozent. Die Landbevölkerung in Westpalästina beläuft sich auf 650 000 Menschen. Legt man den deutschen Maßstab zugrunde, würde das Gebiet ausreichen, um eine Gesamtbevölkerung von mehr als 2,5 Millionen Menschen zu ernähren, nimmt man den holländischen Maßstab, würde es für 3,25 Millionen, dem englischen Maßstab zufolge für acht Millionen Seelen reichen. Diese Zahlenspiele sind natürlich nicht ernst gemeint, sie verweisen aber durchaus darauf, dass die Aufnahmefähigkeit eines Landes insgesamt mit der Aufnahmefähigkeit seiner landwirtschaftlichen Flächen sehr wenig zu tun hat.

Wenn es um die Einwanderungspolitik geht, sind andere »natürliche Pluspunkte« weit wichtiger als das Ausmaß der landwirtschaftlichen Nutzfläche und die Möglichkeiten zu deren Bewässerung, beispielsweise die geografische Lage eines Landes. Fast alle wichtigen Seerouten zwischen Ost und West führen durch den Suezkanal. Die wichtigsten Fluglinien überfliegen ihn. Das gleiche wird für künftige Landrouten von Kapstadt nach Damaskus und Peking gelten. Die wichtigsten Verkehrsrouten der Zukunft werden durch jene Ecke des Mittelmeers führen, in der Ägypten und Palästina auf ihre Chance warten. Ihr wahres Hinterland ist nicht Arabien, sondern ganz Südostasien, wo immerhin die halbe Menschheit lebt. Fast eine Milliarde Menschen sind dort beheimatet. Ihr Außenhandel (Import und Export) beläuft sich derzeit pro Kopf auf £ 3 im Jahr. In Dänemark sind es pro Kopf £ 40. Jene Länder werden sich entwickeln, und ihr Bedarf wird zunehmen. Ihr Außenhandel wird sich rasch verdoppeln und allmählich vielleicht sogar das dänische Niveau erreichen. Auf dem See-, Luft- und Landweg werden dann unglaubliche Mengen Güter zwischen den beiden Hälften der Menschheit hin und her geschickt werden. Rund die Hälfte von ihnen wird jene Ecke der Welt passieren, in der Palästina und Ägypten ihrer Zukunft harren.

Gebiete, die von Verkehrsadern durchkreuzt werden, sind bevölkerungsreiche Gebiete. Palästina wird eines Tages zu den am dichtesten besiedelten Ländern der Welt gehören. Bis dahin wird noch viel Zeit vergehen, doch bringt uns jedes Jahrzehnt jenem Tag näher.

Palästina umfasst beiderseits des Jordans insgesamt um die 40 000 Quadratmeilen. Seine Gesamtbevölkerung westlich und östlich des Flusses beläuft sich auf 1,6 Millionen Juden und Araber. Legt man die Bevölkerungsdichte Frankreichs (die zu den geringsten in den industrialisierten Ländern Europas gehört) zugrunde, könnten dort acht Millionen Menschen leben.

Doch läuft eine hohe Bevölkerungsdichte nur dann auf eine große Bevölkerung hinaus, wenn das Land auch groß genug ist. Um den jüdischen Exodus aufnehmen zu können, muss Palästina unweigerlich auch Transjordanien umfassen. Die Fläche Westpalästinas beläuft sich nur auf 10 000 Quadratmeilen, die Transjordaniens aber auf 30 000. Die Bevölkerung westlich des Jordans umfasst 1,3 Millionen Menschen, östlich des Flusses sind es nur 300 000.

Wir verhandeln in diesem Buch eine Angelegenheit von ausgesprochen hoher Bedeutung. Es geht um die Gesundheit und Zurechnungsfähigkeit Europas und der ganzen Welt. In diesem Geiste wird die Palästinafrage bei der Friedenskonferenz diskutiert werden. Das Gebiet, das zur Rettung der Stiefkinder Europas erforderlich ist, muss groß genug sein, um sie auch wirklich aufnehmen zu können. Es geht hier nicht bloß um ein spirituelles Zentrum, um einen exaltierten etwas größeren Universitätsplatz, auf dem die Juden ihre kulturellen Vorzüge vorführen können. Es geht um die unerbittliche Logik der Zahlen, des Hungers und des Bedarfs an Boden, auf dem man stehen, an Raum, in dem man atmen kann. Ein Aufnahmegebiet, das 40 000 Quadratmeilen umfasst, käme bei einer durchschnittlichen Dichte von 40 Personen pro Quadratmeile ernstlich für die rasche Aufnahme von mehreren Millionen Menschen in Frage. Für ein Gebiet, das nur ein Viertel so groß ist und in dem bereits 130 Einwohner pro Quadratmeile leben, gilt das nicht.

All dies ist offensichtlich. Es verschweigen zu wollen, kann nur zu allseitiger Heuchelei führen. Es gibt auch keinen guten Grund, es zu verschweigen. Um den Namen »Transjordanien« ist ein kurioses Tabu geschaffen worden, eine Art Mythos oder Aberglauben. In den Augen der Araber soll es ein besonders heiliger Teil Palästinas sein, es soll von unendlich größerem Wert und ungleich schwerer zugänglich sein als der Streifen im Westen, und von den Arabern, die uns schon die Morgen Scharons und Galiläas nicht gönnten, soll eine noch weit gewalttätigere Reaktion zu erwarten sein, sollten wir nach Gilead greifen. Das ist eine Fiktion. Nur in Westpalästina, in Jerusalem und Hebron, gibt es muslimische Schreine. Transjordanien kommt in der klassischen Tradition des Islam kaum vor. Gleich schwer wiegt die Tatsache, dass es westlich des Jordan 900 000 Araber (Muslime und Christen) gibt, im Osten aber nur 300 000. Die großen Feudalgeschlechter, die Intelligenzija und die industrielle und kommerzielle Bourgeoisie der palästinensischen Araber, so umfangreich und bedeutsam sie auch immer sein mag, sind fast ausschließlich westlich des Flusses angesiedelt und halten die wenigen Beduinen, die jenseits des Jordan leben, für rückständige Tölpel. Würde Allah ihm zu entscheiden befehlen, welchen Teil Palästinas er lieber preisgäbe, da der andere den Juden übergeben werden müsse, würde jeder arabische Nationalist, ob in Jerusalem oder anderswo, mit Sicherheit lieber Transjordanien hergeben.

Die Öffentlichkeit, ob jüdisch oder christlich, muss dringend darüber aufgeklärt werden, dass es sich bei den weit verbreiteten Annahmen über den relativen Grad der Missgunst unserer Nachbarn und Cousins bezüglich der beiden Teile Palästinas um ein Hirngespinst handelt. Dieses Hirngespinst hat sich stets auf den Nachdruck ausgewirkt, mit dem wir uns für die Öffnung Transjordaniens eingesetzt haben (und das Gleiche gilt für unsere Freunde), als fürchteten wir uns vor dem heiklen Terrain. Dabei ist dieses Terrain in Wirklichkeit viel weniger heikel. Der Widerstand der Araber gegen jüdische Ansprüche auf Transjordanien, würden sie wirklich ernsthaft vorgetragen, wäre viel schwächer als jener, der uns in dem langwierigen Kampf um Westpalästina entgegengebracht worden ist.

Auch die rechtlichen Vorgaben des Mandats in dieser Frage sind nicht so problematisch, wie manche Leute meinen. Zurzeit interessiert sich niemand sonderlich für die rechtliche Dimension internationaler Beziehungen, schon gar nicht, wenn es um ein Mandat geht, das die Mandatsmacht selbst 1937 als »undurchführbar« eingestuft und 1939 praktisch abgeschrieben hat. Der Autor ist allerdings altmodisch genug, um weiterhin ein gewisses Interesse an der rechtlichen Dimension von Verträgen zu haben. Zudem geht er davon aus, dass diese Art altmodischen Respekts für das Recht alsbald wieder das Einzige sein wird, worauf man sich in der Welt noch verlassen kann. Insofern ist es durchaus weiterhin relevant, dass der Begriff »Palästina« in den Mandatsbestimmungen Transjordanien einschließt, und diese Definition niemals geändert worden ist. Artikel 25 des Mandats legt lediglich fest, dass die Mandatsmacht »in den Gebieten, die zwischen dem Jordan und der Ostgrenze Palästinas liegen, das Recht haben soll, die Anwendung von Mandatsbestimmungen zu verschieben oder auszusetzen, die ihres Erachtens auf die existierenden Bedingungen vor Ort nicht anwendbar sind.« Nach zwei Monaten verabschiedete der Rat des Völkerbunds eine Resolution, in der es heißt, dass die speziell auf die von Zionisten besiedelten Gebiete anzuwendenden Bestimmungen des Mandats »auf das als Transjordanien bekannte Gebiet keine Anwendung finden«. Dazu, ob die Anwendung dieser Mandatsvorschriften auf Transjordanien damit aufgeschoben oder auf Dauer ausgeschlossen werden soll, verliert die Resolution kein Wort. Nichtfestlegungen dieser Art lassen stets darauf schließen, dass der Gesetzgeber davon ausging, die betreffende Maßnahme könne eines Tages wieder rückgängig gemacht werden. Schon die Bezeichnung »Resolution« verweist eindeutig darauf, dass hierbei an eine geringere Geltungsdauer als jene des Mandats gedacht wurde. Es ist also eine durchaus plausible und rechtskonforme Annahme, dass es der Resolution lediglich darum ging, die Anwendung der auf die Siedlungsgebiete der Zionisten bezüglichen Bestimmungen des Mandats auf Transjordanien mit Blick auf »die existierenden Bedingungen vor Ort« zu verschieben. Das einmal Verschobene könnte folglich auch für Transjordanien in Kraft gesetzt werden, ohne gegen die Mandatsbestimmungen zu verstoßen.[56]

In Wirklichkeit besteht das Problem nicht in dieser Resolution, sondern in bestimmten dynastischen Sachverhalten. Dass wir mitten im 20. Jahrhundert derart offensichtlich realitätsferne dynastische Tatbestände berücksichtigen sollen, als seien sie in einer Situation, in der es um die Zukunft von Völkern geht, von entscheidender Bedeutung, mutet schon geradezu peinlich an. Vielleicht ist es besser, darauf nicht einzugehen, so, wie wir auch nicht darauf eingegangen sind, wie ein Plan wie der Max Nordaus an die existierenden Mandatsbestimmungen angepasst werden könnte. Wo der Wille dazu besteht, lässt sich alles überall einpassen. Alle Beteiligten sind sich darüber im Klaren, dass aufgesetzte Titel kein Hindernis darstellen dürfen, wenn es um die ernsten Geschäfte der Welt geht.

56 Schechtman: Transjordanien (wie Anm. 53), S. 259. [Anm. 2. Aufl.]

18. Kapitel Zur Versachlichung der Annahmen über den Status der Araber

Die umfassende Verwandlung Palästinas ist durchaus möglich, ohne dass die palästinensischen Araber vertrieben werden müssten. Alle gegenteiligen Behauptungen sind vollkommen falsch. Auf einem Gebiet von mehr als 100 000 Quadratkilometern, das im Schnitt so dicht besiedelt ist wie Frankreich (87 Bewohner auf den Quadratkilometer), könnten acht Millionen Menschen leben. Legt man die Bevölkerungsdichte der Schweiz zugrunde (104), wären es mehr als zehn Millionen, bei jener Deutschlands (140) rund vierzehn Millionen. Zurzeit leben dort, sämtliche Araber und Juden (und Transjordanien) eingeschlossen, etwas mehr als anderthalb Millionen Menschen. Es gibt in Palästina also genügend Raum, um den Großteil der Bevölkerung des ostmitteleuropäischen Ghettos, bis zu fünf Millionen Seelen, aufnehmen zu können, ohne dass auch nur die im mittleren Bereich liegende Bevölkerungsdichte Frankreichs erreicht würde. Sofern die Araber nicht von sich aus beschließen, das Land zu verlassen, gibt es keinen Grund, warum sie auswandern sollten.

Auch die Behauptung, die Araber würden, sollten sie als Minderheit in einem vorwiegend jüdischen Staat leben, verfolgt und unterdrückt, entbehrt jeder Grundlage. Die Urheber des Weißbuchs von 1939 sind die Letzten, die diesen Irrglauben verbreiten sollten. Da sie uns versichern, die jüdische Bevölkerung, die in Palästina weiterhin unter einer doppelt so großen arabischen Mehrheit leben soll, würde nicht nur nicht unterdrückt werden, sondern käme zudem noch in den Genuss der Vorteile einer jüdischen Heimstätte, fragt sich, wie sie zu der Behauptung kommen, die Lage der Araber würde im umgekehrten Fall so katastrophal sein. Es hätte viel mehr Sinn ergeben, wenn die Autoren des Weißbuchs der arabischen Minderheit jene Garantien angeboten hätten, die sie für ausreichend hielten, um das Wohlbefinden der jüdischen Minderheit sicherzustellen.

Die Annahme, ethnische Minderheiten würde immer und überall unterdrückt, ist absurd und entspricht schlicht nicht den Tatsachen. Schotten und Waliser leben überall in England verstreut, doch behauptet niemand, sie seien benachteiligt. Oder man denke an die französischsprechende katholische Minderheit in der gemischten kanadischen Provinz Ontario. Sie wird alles andere als unterdrückt. Sowjetrussland hat sich zahlreicher Vergehen schuldig gemacht, doch wird niemand bestreiten, dass seine ethnischen Minderheiten weitgehende Gleichberechtigung genießen, sofern unter den dort herrschenden politischen Bedingungen überhaupt irgend etwas »genossen« werden kann. In der Tschechoslowakei ging es in dieser Hinsicht vorbildlich zu, und das Gleiche gilt heute für Finnland, wo die schwedische Minderheit in mancher Hinsicht bessergestellt ist als die schottische in Großbritannien. Auf Erden ist nichts perfekt, und es ist gewiss wahr, dass es auch unter den bestmöglichen Bedingungen angenehmer ist, einer Mehrheit als einer Minderheit anzugehören. Das heißt aber noch lange nicht, dass es immer und überall tragisch zu nehmen sei, wenn man sich in der Minderheit befindet. Jedes größere Volk verfügt über Ableger, die in anderen Ländern als Minderheiten leben. Es gibt Engländer in Südafrika, Franzosen in Kanada, Belgien und der Schweiz, und überall in der Welt gibt es Deutsche.

Ihre Situation hängt vom jeweiligen Regime ab. Unter einem integren Regime werden sie eine durchaus behagliche Existenz führen, und die Welt hat keinerlei Grund anzunehmen, die jüdische Staatskunst sei zur Errichtung eines solchen Regimes weniger befähigt als die Englands, Kanadas oder der Schweiz. Immerhin hat die Welt die Maßstäbe dafür, wie der »Fremdling, der in deinen Toren ist«, zu behandeln sei, aus jüdischen Quellen bezogen.

Eine Minderheit zu sein, ist nur dann eine Tragödie, wenn ein Volk immer und überall ausschließlich als Minderheit unter fremden Nationen verstreut lebt, keinen Winkel der Erde sein Eigen nennen kann und über keine Heimat verfügt, in der es Zuflucht suchen kann. In dieser Lage befinden die Araber sich nicht. Sie verfügen über vier arabische Länder östlich und fünf weitere westlich des Suezkanals. Manche dieser Länder sind bereits unabhängig, andere noch nicht. Doch gibt es in allen diesen Ländern eine eindeutige arabische Mehrheit. Jedes von ihnen stellt bereits eine nationale Heimstätte für die Araber dar.

Es wäre ein unnützer Zeitvertreib, jetzt schon Verfassungsentwürfe für das jüdische Palästina zu schaffen. Da manche sich für den Fall, dass das Land zu einem jüdischen Staat würde, vielleicht wirklich um die Rechte der palästinensischen Araber sorgen, kann der Autor aber immerhin angeben, was den Juden in dieser Hinsicht für den Fall vorschwebt, dass sie in Palästina die Mehrheit stellen sollten und das Land seine Unabhängigkeit erlangen würde. Die nachstehenden Vorstellungen nicht des gemäßigten, sondern gerade des vermeintlich ›extremistischen‹ Flügels der zionistischen Bewegung bezüglich der Verfassung des künftigen Palästinas mögen diejenigen, die sich derartige Sorgen machen, beruhigen. Sie entstammen einem 1934 von der *Revisionistischen Exekutive* erarbeiteten Entwurf. Sie stellen also gewissermaßen das Schlimmste dar, das sich aus Sicht der palästinensischen Araber zutragen könnte. Es handelt sich nicht um ein offizielles Programm und der Autor würde es nicht in allen Einzelheiten verteidigen. Es steckt aber jede Menge Arbeit in dem Entwurf, der auf der Untersuchung vielfältiger Präzedenzfälle und zahlreicher Dokumente beruht, die in der Zeit, als die ostmitteleuropäische Intelligenz – die damals noch die russische einschloss – für die austromarxistischen Theorien des *Nationalitäten-Staats* [im Original deutsch] schwärmte, hohes Ansehen genossen, darunter die Bücher Rudolf Springers[57], das Protokoll des Brünner Parteitags [von 1899] der österreichischen Sozialdemokraten, das ausgezeichnete ungarische Gesetz von 1868 über den Gebrauch der Minderheitensprachen durch den öffentlichen Dienst und sogar die alte, wahrlich bemerkenswerte türkische Gesetzgebung, die die Autonomierechte der verschiedenen offiziell Millet (also »Nation«) genannten ethnischen und religiösen Minderheiten regelte, so des *Rum milleti, des Ermeni milleti* und des *Yahudi milleti* (also der Griechen, der Armenier und der Juden).

Hier können nur einige Abschnitte zitiert werden: Jene, die sich mit der bürgerlichen Gleichberechtigung, den Sprachrechten, der sogenannten »kulturellen Autonomie«, den heiligen Stätten und dem Bodenrecht befassen. Dabei wird nur auf die allgemeineren Aspekte eingegangen. Die folgenden Zitate belegen, was der Autor vor der Königlichen Kommission zu Palästina ausgesagt hat: Dass die Juden gewillt sind, der arabischen Minderheit in einem jüdischen Palästina ein Höchstmaß jener Rechte einzuräumen, die die Araber gefordert haben und die ihnen in anderen Ländern niemals gewährt worden sind.

Beim Lesen dieses Entwurfs sollte man in Erinnerung behalten, dass das Alpha und das Omega des Revisionistischen Zionismus

57 Rudolf Springer war eines der Pseudonyme des österreichischen Sozialdemokraten Karl Renner (1870–1950). Unter diesem Namen publizierte Renner etwa 1906 die Studie *Grundlagen und Entwicklungsziele der österreichisch-ungarischen Monarchie*.

lautet, Palästina solle erst dann zu einem unabhängigen Staat werden, wenn die Juden dort die Mehrheit stellen. Allerdings schwebte den Revisionisten damals (1934) als Staatsform eines unabhängigen Palästinas die eines unabhängigen Landes (Dominion) innerhalb des britischen Empire vor. Viele von ihnen streben das auch heute noch an.

I. Bürgerliche Gleichberechtigung

1. Vorausgesetzt, die Rückführung ausländischer Juden wird in keiner Weise behindert, und diese werden bei ihrer Ankunft automatisch Bürger Palästinas, soll das Prinzip der gleichen Rechte für alle Bürger, gleich welcher Rasse, Glaubensrichtung, Sprache oder Klasse in allen Bereichen des öffentlichen Lebens uneingeschränkt gelten.
2. In jeder Regierung, in der der Ministerpräsident ein Jude ist, soll den Arabern der Posten des stellvertretenden Ministerpräsidenten angeboten werden und umgekehrt.
3. Bei der Aufteilung der Lasten und Leistungen des Staats soll mit Blick auf die Parlamentswahlen, den öffentlichen Dienst, den Militärdienst und die Bewilligung von Haushaltsmitteln ein Proporz zwischen Juden und Arabern gelten.
4. Die gleiche Regel soll für gemischte Kommunalbehörden in den Städten und Landkreisen gelten.

II. Sprachen

1. Die hebräische und arabische Sprache sollen gleichberechtigt sein und den gleichen Rechtsstatus genießen.
2. Staatliche Gesetze, Bekanntmachungen und Anordnungen, Münzen, Banknoten und Briefmarken sowie sämtliche Publikationen und Inschriften, die auf Kosten des Staats erstellt werden, erlangen nur dann Gültigkeit, wenn sie gleichlautend auf Hebräisch und Arabisch erlassen werden.
3. Im Parlament, in den Gerichten, den Schulen und Hochschulen und in sämtlichen Dienststellen und Einrichtungen des Staats sollen Hebräisch und Arabisch den gleichen Rechtsstatus besitzen.
4. Sämtliche Dienststellen des Staats sollen auf mündliche oder schriftliche Anfragen in der Sprache der Anfrage antworten, ob Hebräisch oder Arabisch.

III. Kulturelle Autonomie

1. Die jüdischen und arabischen Nationalitäten sollen als gleichberechtigte autonome Körperschaften des öffentlichen Rechts anerkannt werden.
   Sollten die christlichen Araber oder weitere Bevölkerungsgruppen ebenfalls fordern, dass sie in bestimmtem Maße als eigenständig anerkannt werden, soll das Parlament die Möglichkeit haben, dieser Forderung zu entsprechen.
2. Die folgenden Angelegenheiten sollen, sofern sie deren Angehörige betreffen, vom Staat an die jeweiligen Nationalitäten übertragen werden:
   (a) der religiöse Status und Personenstandsfragen;
   (b) Sämtliche Zweige und Ebenen des Bildungswesens, insbesondere die verpflichtenden Grundstufen;
   (c) die öffentliche Wohlfahrt, einschließlich aller Formen öffentlicher Zuwendungen;
   (d) Die Erledigung gewöhnlicher Rechtsfälle, die die genannten Tatbestände betreffen.
3. Jede Nationalität soll eine eigene Abgeordnetenkammer wählen, die im Rahmen ihrer Autonomierechte Rechtsverordnungen zu erlassen, Steuern zu erheben und eine ihr rechenschaftspflichtige Exekutive zu bestellen berechtigt ist.
4. Die Nationalitäten sollen unabhängig von der sich aus den Wahlen ergebenden Zusammensetzung der jeweiligen Regierung jeweils durch einen parteiunabhängigen ständigen Minister mit Kabinettsrang in der Regierung des Landes vertreten sein.

VI. Die heiligen Stätten

1. Die im Auftrag des Völkerbunds festzulegenden relevanten Areale in der Altstadt von Jerusalem sollen das Botschaften international zugestandene Maß an Exterritorialität genießen.
2. Jedes dieser Gebiete soll als Kommune gelten, die durch einen von den betreffenden Religionsbehörden berufenen Rat verwaltet wird.
3. Die übrigen heiligen Stätten im Land sollen *mutatis mutandis* den gleichen Status erhalten.
4. Außer im Kriegsfall sollen Bürger sämtlicher Staaten als Pilger für einen angemessenen Zeitraum Passierscheine erhalten, vorausgesetzt, genuine Erfordernisse der Hygiene, des Verkehrswesens

oder der öffentlichen Sicherheit stehen dem nicht entgegen, und bedürftige Pilger werden auf Kosten der jeweiligen Religionsbehörde betreut und zu gegebener Zeit repatriiert.

5. Der Völkerbund soll einen Gesandten im Botschafterrang zur Wahrung der entsprechenden Interessen bestellen.

V. Bodenrecht

1. Es soll ein palästinensisches Gericht für Bodenfragen gebildet werden. Ihm sollen unter anderem Richter und Agrarexperten beider Nationalitäten angehören.
2. Sämtliche brachliegenden Grundstücke und solche, die nach Ansicht des Gerichts nicht angemessen bewirtschaftet werden, sollen (im zweiten Fall gegen angemessene Entschädigung) eingezogen und der staatlichen Landreserve zugeschlagen werden.
3. Nach Aufbesserung auf Kosten des Staats sollen die urbar gemachten Grundstücke der Bodenreserve in Parzellen aufgeteilt und Einzelbewerbern beziehungsweise Zusammenschlüssen von Bewerbern zu fairen Preisen und mittels günstiger Kredite zur Verfügung gestellt werden.
4. Die Parzellen sollen unter der Aufsicht des Gerichts für Bodenfragen ohne Ansehen der Nationalität an jüdische und arabische Bewerber beziehungsweise Zusammenschlüsse von Bewerbern vergeben werden.
5. Sämtliche Bewerber werden dem Gericht für Bodenfragen nachweisen müssen,
   (a) dass sie keine anderen Grundstücke besitzen;
   (b) dass sie, unabhängig davon, ob sie sie besitzen oder sie ihnen gestellt werden, über ausreichendes Kapital beziehungsweise die erforderliche Ausrüstung verfügen, um das Grundstück bewirtschaften zu können;
   (c) dass sie das Land persönlich bewirtschaften werden.

Ob all das ausreichen würde, um die Araber zum Verbleib in einem jüdischen Land zu bewegen, ist eine andere Frage. Wenn nicht, würde der Autor in ihrer Auswanderungsbereitschaft trotzdem keine Tragödie oder Katastrophe erkennen wollen. Die Königliche Kommission zu Palästina schreckte vor dem Vorschlag nicht zurück und Mut ist ansteckend. Da der Exodus von 350 000 Arabern aus einem Teil Palästinas bereits von autoritativer Seite ins Auge gefasst wurde, braucht uns der mögliche Auszug von 900 000 Arabern auch nicht um den Schlaf zu bringen. Nicht dass der Autor versteht, warum ein derartiger Exodus erforderlich sein sollte. In mancherlei Hinsicht wäre er geradezu schädlich. Sollte sich jedoch abzeichnen, dass die Araber lieber auswandern würden, sollte diese Option sachlich und unaufgeregt diskutiert werden.

Seit 1923, als innerhalb weniger Monate mindestens 700 000 Griechen nach Mazedonien und 350 000 Türken nach Thrakien und Anatolien übersiedelten,[58] sind derartige Umsiedlungen ein vertrautes Phänomen und das Konzept erfreut sich einer gewissen Beliebtheit. So verhasst er sonst auch ist, hat Hitler dessen Beliebtheit jüngst weiter vermehrt. Er wird natürlich heftig dafür kritisiert, dass er Deutsche aus dem Trentino[59] und dem Baltikum[60] abzieht und auf Feldern und in Häusern ansiedelt, die den Polen geraubt wurden. Doch richtet sich die Kritik daran in Wirklichkeit nicht gegen die Entfernung der Deutschen, sondern gegen das Ausrauben der Polen. Man kann sich des Eindrucks nicht erwehren, dass das Vorgehen, wären nur die Deutschen einerseits und die Italiener und Balten andererseits betroffen, sich für alle Beteiligten günstig auswirken würde. Wenn Roosevelt davon ausgeht, es werde nach dem Krieg möglicherweise 20 Millionen Flüchtlinge geben, nimmt er gewiss an, dass die Position der Minderheiten in etlichen Ländern unhaltbar geworden sei, so dass man eine radikale Lösung werde finden müssen. Nuisantia liegt bekanntlich zwischen Andivien und Hedulien[61] und wird von einem Potpourri beider Bevölkerungsgruppen bewohnt, doch bilden die Andivier die Mehrheit. Daher wurde es 1918 Andivien zugeschlagen. Das führte dazu, dass es in Andivien

58 Nach dem Ersten Weltkrieg und den Folgen des Griechisch-Türkischen Kriegs wurden nach religiösen Kriterien 1,2 Millionen anatolisch-christliche Griechen nach Griechenland und 400 000 Muslime aus Griechenland in die Türkei per Zwangsumsiedlung ausgetauscht. Die Umsiedlungspläne gehen auf die Friedenskonferenz von Lausanne auf die Initiative von Fridtjof Nansen zurück.

59 Bei der sogenannten »Option von Südtirol« (1939–1943) handelt es sich um ein Zwangsumsiedlung, die zwischen Hitler und Mussolini ausgehandelt wurde. Deutschsprachige Südtiroler wurden vor die Wahl gestellt, entweder in Tirol zu bleiben und italienisiert zu werden, oder ins Deutsche Reich auszuwandern. Letztlich waren es nur 75 000 Südtiroler die sich dafür entschieden, obwohl ursprünglich 85 Prozent der deutschsprachigen Bevölkerung dafür votierten.

60 Die Umsiedlung der Deutsch-Balten wurde 1939 vom Deutschen Reich initiiert. Zwischen Oktober und Dezember 1939 verließen 14 000 Deutsch-Balten Estland und 52 200 Lettland. Anfang 1941 folgten weitere 17 000 aus beiden Ländern.

61 Jabotinsky verwendet hier Namen aus der Botanik für die Minderheiten im fiktiven Land ›Nuisantia‹, dessen Namen er wiederum ableitet von *nuisance* (französisch): Belästigung.

nun eine Minderheit von 300 000 Heduliern gibt, die für Ärger sorgt. Demnach wäre es vielleicht angeraten, die Provinz an Hedulien anzuschließen. Doch dann gäbe es in Hedulien eine Minderheit von 500 000 Andiviern, und das Ergebnis wäre das Gleiche. Die Herrschaft der Mehrheit ist für sich genommen wohl doch kein Allheilmittel, übrigens auch, wenn es um den Wettbewerb der politischen Parteien geht. Wenn es um Nationalitäten geht, wirkt dieses Heilmittel eher als Reizmittel. Die Alternative, die Herrschaft der Minderheit, wäre noch schlimmer. Ein wirklich radikales Heilmittel würde ein Vorgehen im Sinne des griechischtürkischen Präzedenzfalls von 1923 darstellen. Ob das machbar wäre, scheint dem Autor offen gestanden fraglich. Jedenfalls sollten zunächst andere Lösungen in Betracht gezogen werden, die hier allerdings nicht diskutiert werden können. Auf der theoretischen Ebene gewinnt die Idee, man könne Minderheiten im großen Stil austauschen, jedenfalls selbst ›in den besten Kreisen‹ immer mehr Anhänger, und sie ist ganz gewiss kein Tabu mehr.

Wenn es darum geht, einer Minderheit die Auswanderung zu ermöglichen, gibt es im Übrigen eine gewaltige moralische Differenz zwischen dem palästinensischen Fall und dem aller anderen polyethnischen Gebiete. In allen anderen Fällen sind die Spannungen auf Dominanzbestrebungen zurückzuführen. Die eine Partei will dominieren beziehungsweise die schwächere Partei befürchtet, dass es so sei. Derartige Bestrebungen mögen gerechtfertigt oder zumindest entschuldbar sein oder erscheinen, weil sie einer ererbten Vitalität entspringen, deren Intensität nur mit einer geradezu engelhaften Selbstbeherrschung im Zaum gehalten werden könnte. Dennoch entsprechen sie keiner realen Notwendigkeit. Sie entspringen nicht dem Hunger, sondern einem ausgeprägten Appetit. Dagegen geht im Falle Palästinas jede Unannehmlichkeit für die einheimische Bevölkerung auf die tragische Notwendigkeit zurück, dass die Einwanderer eine Heimat finden müssen. Das hat nichts mit Dominanzbestrebungen zu tun. In vielen Fällen dürfte nicht einmal der persönliche Wunsch bestehen, sich in Palästina anzusiedeln. Es befinden sich Hunderttausende unter den Einwanderern, die lieber in ihrer alten Heimat geblieben wären, hätte man sie nicht vertrieben. Sie treibt wirklicher Hunger an und die von Nostalgie geprägte Leidenschaft von Menschen, die nirgends sonst eine Heimat finden können. Sollten die Araber es vorziehen auszuwandern, würde das ja gerade beweisen, dass sie anderswo sehr wohl eine neue Heimat finden können. Diese Konkurrenz zwischen dem »nirgendwo«

und dem »irgendwo« spiegelt ein grundlegendes Merkmal unseres modernen Zeitalters wider: Den unerlässlichen Ausgleich zwischen den Habenichtsen und den Betuchten. Kein Habenichts braucht ein schlechtes Gewissen zu haben, weil der längst überfällige Ausgleich ihn endlich begünstigt.

So viel scheint festzustehen: Jedes arabische Land, das den Mut und den Boden fände, derartige Auswanderer zu sich einzuladen, würde davon materiell enorm profitieren. Ihm stünden umgehend unbegrenzte Mengen Kapital und die weltweit besten Experten für ambitionierte Projekte im Bereich der Urbarmachung und Bewässerung zur Verfügung. Im Übrigen dürften die arabischen Wanderer alles, was nicht niet- und nagelfest ist, mit sich führen. Jedenfalls darf vermutet werden, dass sämtliche mit der Evakuierung der europäischen Zone des Antisemitismus verbundenen Schwierigkeiten dadurch erheblich verringert würden.

Das ist hier aber eine Nebensache, denn es hat mit den Kriegszielen nichts zu tun. Beiderseits des Jordans verfügt Palästina über genügend Raum nicht nur für die dort lebenden eine Million Araber, eine weitere Million ihrer Nachfahren und mehrere Millionen Juden, sondern auch für Frieden zwischen ihnen, und zwar so viel davon, dass dann auch in Europa Frieden einkehren würde.

19. Kapitel »Senatus Populusque Judaeorum«

Bei nüchterner und objektiver Betrachtung muss die allererste jüdische Kriegsforderung allerdings an die Juden selbst gerichtet werden: Sie müssen eine vereinte Front bilden. Schon längst hätten sie eine solche Front bilden, oder zumindest mit ihrer Bildung beginnen müssen. Angesichts des Kriegs duldet die Sache nun aber wirklich keinen weiteren Aufschub.

Einer vereinten Front bedarf es vor allem, um einen einzigen, gemeinsamen Forderungskatalog an die künftige Friedenskonferenz richten zu können. Das ist wichtiger noch als die Existenz einer einheitlichen nationalen Vertretung. Womöglich wäre es sogar eindrucksvoller, wenn ein Dutzend verschiedene jüdische Delegationen eine nach der anderen aufträte, um der Friedenskonferenz genau die gleichen Forderungen vorzutragen. Vielleicht würde das aber auch eher als irritierend empfunden. Doch ist das ein bloßes Gedankenspiel. Nimmt man an, dass unser Volk halbwegs bei Verstande ist, darf wohl davon ausgegangen werden, dass die Einigung auf ein gemeinsames Programm auch zur Entsendung einer einheitlichen Delegation zur Friedenskonferenz führen würde.

Doch mit der Entsendung einer einheitlichen Delegation zur Friedenskonferenz ist es bei weitem noch nicht getan. Aus den Entwicklungen der letzten Jahre und Jahrzehnte ergibt sich die Notwendigkeit, dass eine jüdische Delegation der Friedenskonferenz nicht nur ihre Forderungen vorträgt, sondern dort selbst mit am Tisch sitzt. Im nachfolgenden Schlusskapitel dieses Buchs wird die entscheidende Bedeutung dieser Forderung weiter herausgearbeitet. Wir verlangen den Status einer vollwertigen alliierten Nation mit einer anerkannten nationalen Zentralbehörde (falls es voreilig sein sollte, von einer Regierung zu sprechen) und einen Sitz an dem Tisch, an dem über unsere Forderungen entschieden werden wird. Doch bleibt dies ein unrealistisches Ansinnen, solange eine solche Zentralbehörde, deren Legitimation mit vernünftigen Argumenten von niemandem angezweifelt werden könnte, nicht besteht. Sie muss daher umgehend beziehungsweise rechtzeitig geschaffen werden, um im entscheidenden Augenblick handlungsfähig zu sein.

Geschieht das nicht, können die Juden zwar als Bittsteller angehört, nicht aber als Partner zu Rate gezogen werden. Und da es viele Bittsteller geben wird, droht die Gefahr, dass die Sache wieder wie in Evian ausgeht. Als man auf der dortigen Konferenz erfuhr, dass sage und schreibe achtzehn jüdische Delegationen angereist waren, wurde ein Komitee angewiesen, sich mit allen achtzehn Delegationen zu treffen. Jede Delegation beanspruchte dabei für sich, teils sicher zurecht, dass ihr Einfluss erdumspannend sei, und beharrte darauf, die Konferenz solle sich unbedingt mit ihrem (sich von dem der jeweils nachfolgenden Delegation fundamental unterscheidenden) Standpunkt als dem maßgeblichen auseinandersetzen. So bewilligte man jeder Delegation ganz unparteiisch jeweils fünf Minuten, um ihren Standpunkt vorzutragen. Womöglich müsste die Friedenskonferenz erneut so vorgehen, es sei denn natürlich, sie weigerte sich, die miteinander konkurrierenden Delegationen überhaupt anzuhören.

Ein anderer und vielleicht der schlimmste Fall überhaupt würde eintreten, wenn die Friedenskonferenz von sich aus beschließen sollte, lediglich einige wenige besonders autoritativ und solide anmutenden Organisationen vorzulassen. Es besteht die Gefahr, dass bestimmte gewichtige jüdische Organisationen selbst versuchen könnten, die Entwicklung in diese katastrophale Richtung zu lenken. Die Wahl fiele dann wahrscheinlich auf das *American Joint Distribution Committee* (die größte unserer Hilfsorganisationen), das *Joint Foreign Committee* (eine in London ansässige Organisation, die sich mit ihren politischen Interventionen über Jahrzehnte hinweg Verdienste erworben hat), die *Alliance Israélite Universelle, die Jewish Colonization Association* und vielleicht sogar auf die *Jewish Agency for Palestine*. Schlimmer könnte es offen gestanden nicht kommen. Die Vermischung von 18 verschiedenen Standpunkten ist zumindest insofern relativ harmlos, als sie ohnehin wirkungslos bleibt. Die Auswahl einiger weniger privilegierter Organisationen würde dagegen auf eine Präjudizierung der Ergebnisse hinauslaufen. Die Friedenskonferenz hätte dann, noch bevor sie die Juden überhaupt anhört, bereits beschlossen, was sie hören möchte.

Die größte einem solchen Vorgehen innewohnende Gefahr ist jene, die von ihm für den Zionismus ausgeht. Selbst wenn die *Jewish Agency* hinzugezogen oder es ihr gestattet würde, ihren Standpunkt in dieser erlesenen Runde vorzutragen, wäre sie ein Konkurrent unter mehreren und noch dazu in einer Position der Schwäche.

Würde die Friedenskonferenz nach einem Krieg wie dem jetzigen beschließen, mehrere als Vertreter bestimmter wohldefinierter Standpunkte (Vertrauen auf »rechtliche Gleichstellung«, Linderung durch Wohlfahrt, Linderung durch individuelle Infiltration, kollektive Ansiedlung außerhalb Palästinas, die zionistische Bewegung usw.) ausgewählte jüdische Organisationen anzuhören, müsste davon ausgegangen werden, dass es ihr um ein Flickwerk geht, in dessen Rahmen Palästina nur eine der möglichen Teillösungen darstellen soll.

Leider gibt es klare Anzeichen dafür, dass die Vertreter der *Jewish Agency* dieser Schwächung ihrer Position nicht nur nicht entgegentreten, sondern sie noch vorsätzlich befördern wollen. Dies geht unter anderem aus der wichtigen, jüngst in New York abgegebenen Erklärung ihres wichtigsten Wortführers hervor. Bei ihr handelte es sich offensichtlich um eine im Voraus vereinbarte programmatische Rede, denn ihre Eckpunkte werden andernorts von anderen Wortführern wiederholt. Die Kernaussage lautete: »Vorsichtige Schätzungen der Anzahl der Juden, die jährlich integriert werden könnten, würden sich auf die bestehenden Möglichkeiten beschränken. Weitere Gebiete wie den Negev, wo eines Tages gewiss Tausende leben und gedeihen werden, oder neue Optionen, die die Bodenforschung und neue Wasserfunde erst noch eröffnen mögen, würden sie nicht mit einbeziehen. Selbst innerhalb der engen Grenzen einer derartigen rein pragmatischen Betrachtung wäre Palästina imstande, bis auf Weiteres jährlich ungefähr 50 000 neue Einwanderer aufzunehmen.«

So steuert man auf einen garantierten Misserfolg zu. Selbst für diejenigen, die an die »pragmatische« Realität der Zahl von 50 000 Einwanderern glauben, stellt sie das offene Eingeständnis dar, dass der Zionismus nicht beansprucht, die Lösung der Tragödie zu sein. Rein rechnerisch bräuchte man auf diesem Wege 20 Jahre, um auch nur eine einzige Million Juden aus der Hölle zu retten. Tatsächlich würde dadurch überhaupt keine nennenswerte Evakuierung stattfinden, denn aufgrund der Auswahlkriterien der *Jewish Agency* würden die meisten Einwanderer Heranwachsende sein. Diejenigen im zeugungsfähigsten Alter (also die 23- bis 39jährigen) würden zurückbleiben und die Abwanderung mit ihrem Nachwuchs wieder ausgleichen. Im Vorfeld einer Friedenskonferenz, die sich bestenfalls damit befassen wird, wie die verwüstete Zone evakuiert werden kann, läuft diese Herangehensweise darauf hinaus, aus einem zionistischen Palästina lediglich eine der womöglich vorzuschlagenden unzureichenden Teillösungen zu machen.

Ja, so stünde Palästina gar als eine besonders unzulängliche mögliche Teillösung da, denn selbst eine kollektive Ansiedlung, von der explizit angenommen wird, es könne sich aus ihr im Erfolgsfall ein ausschließlich von Juden besiedeltes Gebiet entwickeln, könnte auf dieser Grundlage kaum gelingen. Britisch-Guayana und die Kimberleys mögen Hirngespinste sein, doch immerhin könnten die ersten 5000 Siedler, wenn sie es schafften, sich zu halten, dort ohne irgendwelche Nachbarn, die ihnen in die Quere geraten könnten, eine rein jüdische Provinz aufbauen. Bei einem Zustrom von nur 50 000 Einwanderern im Jahr würde aber mindestens die Lebensspanne einer langlebigen Generation vergehen, ehe man Westpalästina in ein mehrheitlich jüdisches Land verwandelt hätte. In der Zwischenzeit – nun, alle an der Friedenskonferenz beteiligten Parteien wissen, was in der Zwischenzeit auszustehen wäre. Geht man von einem derartigen Flickwerk aus (zugegebenermaßen handelt es sich nur um eines von mehreren, die zurzeit erwogen werden), bietet Palästina in der Tat keine besonders attraktive Geschäftsgrundlage.

Dies gilt umso mehr, als auf der Friedenskonferenz ohnehin niemand die Zahl von jährlich 50 000 Einwanderern akzeptieren dürfte. Die um den Verhandlungstisch versammelten Staatsmänner werden wohl kaum vergessen, dass es in dieser Frage seit Langem allgemein bekannte Meinungsverschiedenheiten gibt, ganz zu schweigen von der Vorgabe der Mandatsmacht, die die Einwanderung nach Palästina dauerhaft auf insgesamt 50 000 beschränken will. Um aus »insgesamt 50 000« »jährlich 50 000« zu machen, müssten die Bedenken der Briten und insbesondere der Widerstand der Araber überwunden werden. Sonst wird eine »vorsichtige Schätzung« dessen, was Palästina insgesamt zu bieten hat, auf sehr wenig Einwanderung und die Gefahr eines nimmer endenden Konflikts hinauslaufen. Dagegen haben Britisch-Guayana, San Domingo, die Kimberleys, Mindanao und all die übrigen Siedlungs- oder ›Einsicker‹-Gebiete, mögen sie ein kleines oder großes Flickwerk darstellen, immerhin den einen Vorteil: Die jeweiligen Regierungen sind den Vorhaben wohlgesinnt, und es besteht keine Gefahr, dass es zu Spannungen mit der örtlichen Bevölkerung (die es in einigen Fällen gar nicht gibt …) kommen könnte.

Wenn es nur als eines von mehreren Palliativmitteln auf die Tagesordnung gesetzt wird, besteht keine Chance, dass man Palästina den Vorzug gibt oder bei einer künftigen Friedenskonferenz auch nur ernsthaft in Betracht zieht. Von allen möglichen Notbehelfen ist Palästina politisch gesehen das schwierigste. Es ist mit Hindernissen behaftet, die nur mit erheblichem Mut bewältigt werden können. Es gibt keinen Grund, warum es nicht möglich sein sollte, den Widerstand der Araber und die Bedenken Großbritanniens zu überwinden. Doch wird es dazu einer entschlossenen Anstrengung bedürfen. Derartige Anstrengungen werden nicht für Almosen unternommen, die man anderswo leichter erhalten könnte, sondern nur, wenn sie sich lohnen, wenn eine große und nur auf diesem Weg erzielbare Belohnung in Aussicht steht.

Die Forderung nach der umfassenden jüdischen Besiedlung Palästinas wird sich als Kriegsziel nur dann durchsetzen können, wenn sie als umfassende Lösung des jüdischen Problems, als einzig praktikable Option für die Umsetzung eines Nordau-Plans und das einzige umfassende Heilmittel für den europäischen Krebs des Antisemitismus vorgestellt wird. Nur so wird man diese Forderung vor den internationalen Gremien jener Welt, die aus der gegenwärtigen großen Katastrophe hervorgehen wird, vertreten können. Diese Gremien werden gezwungen sein, umfassende Lösungen zu finden, und weder über die Zeit noch die Geduld verfügen, sich mit Lappalien und Schnickschnack abzugeben. Der Plan für Palästina muss als einzigartig in seiner materiellen und humanitären Reichweite und als mit allen konkurrierenden Vorhaben unvereinbar vorgestellt werden. Es muss klar gemacht werden, dass die übrigen Vorschläge es mit ihm nicht aufnehmen können und weitgehend wertlos sind.

Die jüdische Forderung an die künftige Friedenskonferenz sollte die beiden für die Geschichte unseres Volkes in der Neuzeit prägenden Vorstellungen miteinander verbinden. Diejenigen, die ihn wollen, brauchen den jüdischen Staat, diejenigen, die Osteuropa nicht hergeben will, brauchen wirkliche Gleichberechtigung. Die beiden Lösungen sind untrennbar miteinander verbunden, denn ohne den jüdischen Staat ist die Forderung nach rechtlicher Gleichstellung unrealistisch. Es handelt sich nicht um zwei miteinander verbundene Moleküle, sondern um ein einziges diatomisches. Sämtliche führenden Kräfte des internationalen Judentums müssen auf dieser Einheit bestehen, und sie muss dem internationalen Gremium, das über die Nachkriegsordnung zu bestimmen hat, von einer einzigen jüdischen Delegation im Namen einer einzigen Vertretung des Weltjudentums vorgestellt werden.

Lange wurde diskutiert, ob die Juden eine Nation oder lediglich eine Religionsgemeinschaft seien. Der Autor ist sich nicht sicher, ob diese alte Diskussion noch im Gange oder inzwischen beendet worden ist. Doch selbst wenn es noch Menschen geben sollte, die das so oder anders ›empfinden‹, sollte sich dies auf die Frage einer internationalen Zentrale nicht auswirken. Man kann eine globale Organisation der ganzen Judenheit in der Diaspora befürworten, ohne sich zu dem Standpunkt zu bekennen, die Juden seien eine verstreut lebende Nation. Auch Kirchen, deren Angehörige verstreut leben, können sich auf ökumenischer Grundlage zusammenschließen. Der inzwischen verstorbene Nathan Birnbaum,[62] ein produktiver und tiefsinniger Denker, der nach langer ideologischer Wanderschaft zu der Überzeugung gelangte, Israels Identität sei im Kern nicht national, sondern religiös, sprach sich vehement für die Schaffung einer »Welt-Kehillah«[63] aus, einer weltweiten Gemeinde oder Synagoge mit demokratischen Wahlen, die in allen Fragen der gegenseitigen Unterstützung und Verteidigung das Sagen haben sollte. Der Autor teilt diese Ansicht nicht, doch brauchen wir das hier nicht auszudiskutieren. Entscheidend ist vielmehr die Anerkennung eines übergeordneten gemeinsamen Interesses und einer einzigen Zentrale, die es verteidigen soll: »Senatus Populusque Judaeorum.«

Dies ist vielleicht der gewaltigste Stolperstein auf dem Weg zur Errettung der Juden. In den letzten Jahrzehnten haben die organisierten Selbstverteidigungsbestrebungen unseres verstreut lebenden Volks massiv zugenommen. Die Beteiligten sind sich der herausragenden materiellen und sittlichen Bedeutung dieser Bestrebungen für das jüdische Gemeinwesen lebhaft bewusst. Völlig zu Recht sind die entstandenen Gruppen auf ihren jeweiligen Charakter und ihre Unabhängigkeit stolz und hüten sie sorgsam. Zudem haben sie in der Regel je ihre eigene Ideologie beziehungsweise eine, deren Wortlaut sich grundlegend von jenem unterscheidet, mit dem ihre Konkurrenten die gleichen Ideen ausdrücken, so dass jeder Vorschlag, man könnte auch nur eine einzige Formulierung ändern, als Aufforderung zum Abschwören wahrgenommen wird. Gegen die Forderung nach einem gemeinsamen Programm und einer einzigen gemeinsamen Zentrale, die all diese sektionalen Souveränitäten ablösen würde, wird sich mit Sicherheit massiver Widerstand regen. Der Autor macht sich in dieser Hinsicht nichts vor. Die Forderung nach einer »gesamtjüdischen Einheitsfront« als solche erfreut sich durchaus einer gewissen Beliebtheit. Häufig hört man sie sogar aus

62 Nathan Birnbaum (1864–1937), österreichischer Schriftsteller, Journalist und Judaist, gründete die erste zionistische Studentenvereinigung *Kadimha* und prägte den Begriff des Zionismus. Wendete sich später vom Zionismus ab und dem orthodoxen Judentum zu.

63 *Kehillah* (aus dem Hebräischen): jüdische Gemeinde.

eben diesen Kreisen, die so eifrig um die Wahrung ihrer Eigenständigkeit bemüht sind. Doch verhält es sich damit ähnlich wie mit dem Ruf nach einer panarabischen Föderation (nicht, dass der Autor mit dieser Aussage irgend jemanden vor den Kopf stoßen will). Die arabischen Könige legen zwar alle höflichen Lippenbekenntnisse zu dem Vorhaben ab, doch würde keiner von ihnen auch nur einen Augenblick lang einem Vorschlag Gehör schenken, der seine Vollmachten begrenzen würde. Dass es je möglich sein sollte, mit Zustimmung der bestehenden Organisationen, der *Big Four* oder *Big Five*,[64] eine einheitliche Zentralvertretung des weltweiten Judentums zu schaffen, hält der Autor offen gestanden für unwahrscheinlich. Ebenso unwahrscheinlich dürfte es sein, dass sich zwischen den Parteien ein Konsens über ein gemeinsames Programm herstellen lassen könnte. Manche (aber nicht alle) würden vielleicht der Erstellung eines gemeinsamen Programms zustimmen, das schematisch aus den Lieblingsforderungen aller Beteiligten zusammengeschustert würde, vorausgesetzt keiner würde eine Priorität zugemessen, so dass etwa der Forderung nach der Zulassung jüdischer Ärzte in Tristan da Cunha ebenso viel Gewicht zugemessen würde wie jener nach der Besiedlung Palästinas. Und immer vorausgesetzt natürlich, Begriffe wie »jüdischer Staat« oder »Massenexodus« würden nicht verwendet, und Hinweise oder auch nur Anspielungen auf ketzerische Wahrheiten wie jene von der Verbindung zwischen der Verwirklichung der rechtlichen Gleichstellung der Juden im neuen Polen und der Anzahl der Juden, deren Auswanderung aus eben jenem neuen Polen ermöglicht werden kann, unterblieben. Wir hätten also wieder all die alten Rezepte beieinander, aber weder ein wirksames Heilmittel gegen den Krebs noch eine visionäre und überzeugende Parole vorzuweisen. Dass die Aufopferungsbereitschaft der verschiedenen Parteien ausreichen wird, um sich wirklich auf eine gemeinsame Formel für den jüdischen Wiederaufbau zu einigen, die so knapp, eindeutig und zielgerichtet wäre wie der Morgenruf Chanteclers, auf den der Sonnenaufgang antwortet,[65] und die Zentralkomitees sich freiwillig auf ernstzunehmende Weise einer gemeinsamen Zentrale unterwerfen, ist gleichermaßen unwahrscheinlich.

Dieses Buch ist nicht der richtige Ort, um die Mittel zu erörtern, mit denen man die Einheitsfront wird schaffen müssen. Doch so

64 Gemeint sind hier mit den *Big Four:* American Jewish Congress, American Jewish Committee, Jewish Labor Committee, B'nai B'rit – sowie als fünfte der *Big Five* vermutlich: Synagogue Council of America.

65 Nach der Tierfabel *Chantecler* von Edmond Rostand.

sicher wie unser Volk gerettet werden *muss*, so gewiss *muss* eine Einheitsfront des Weltjudentums geschaffen werden. Das Leben drängt in diese Richtung. Die öffentliche Meinung ist träge, doch am Ende wird sie nachziehen. Dann wird sie auch die erforderlichen Mittel ›entdecken‹ beziehungsweise, um genauer zu sein, begreifen, dass es gar nichts zu entdecken gibt, da es bereits hunderte instruktive, zuverlässige, einfache und wirksame Vorbilder gibt. Wenn sich Einheit nicht durch die Abdankung der regionalen Majestäten und Hoheiten erzielen lässt, muss die Demokratie, sofern sie noch lebt und am Leben zu bleiben beabsichtigt, eingreifen und ihre eigene Autorität auf eine Weise durchsetzen, die garantiert, dass sie alle anderen Mächte ablöst. Die Einrichtung einer weltweiten, gewählten jüdischen Abgeordnetenkammer ist seit langem überfällig. Man hätte sie schaffen sollen, als das polnische Judentum noch handlungsfähig war. Kanada hält im März 1940 Wahlen ab, und es gibt keinen Grund, warum man nicht auch die Juden in den meisten betroffenen Ländern wählen lassen könnte. Diese im Krieg gewählte Versammlung wäre natürlich ein gestutztes Gremium, doch wären in ihr gleichwohl einige der wirkungsmächtigsten jüdischen Kräfte vertreten. Dass sie durch eine Abstimmung nach den Regeln des allgemeinen Wahlrechts zustande käme, könnte bei allen noch existierenden freien und zivilisierten Ländern der Erde zudem einigen Eindruck machen.

Diese knappe Diskussion kann einem derart weitreichenden Thema unmöglich gerecht werden. Das Problem wird wahrscheinlich nur durch langwierige und hitzige interne Debatten zu lösen sein. Doch handelt es sich dabei eben um ein internes Problem, das in einem Buch, das der nichtjüdischen Welt die jüdischen Forderungen vortragen soll, nichts zu suchen hat. Wir belassen es also dabei, nochmals festzustellen, dass wir unseren Forderungen nicht werden Gehör verschaffen können, ohne eine globale jüdische ›Regierung‹ zu wählen, die sie vorbringen kann.

20. Kapitel Die jüdischen Kriegsforderungen

Die jüdischen Kriegsforderungen lauten: a) Eine jüdische Armee, die an den alliierten Fronten eingesetzt wird; b) Anerkennung einer globalen zivilen Zentralbehörde der Juden, die in allen internationalen Gremien, die sich mit Fragen der Migration und des Wiederaufbaus befassen, sowie am Tisch der künftigen Friedenskonferenz einen Sitz erhält; c) Garantie der bürgerlichen Gleichberechtigung als alliiertes Kriegsziel; d) Schaffung des jüdischen Staats als alliiertes Kriegsziel.

(a) Die Armee

Die *Jüdische Legion* wurde im August 1917 vom Kriegsministerium gebildet. Ursprünglich war sie offiziell als die 38. bis 41. Königlichen Füsiliere bekannt, dann wurde ihr aber der Name »Judäer« [Judeans] und ein eigenes Abzeichen (mit dem siebenarmigen Leuchter, der bei den Truppen allgemein als Röstgabel bekannt war) zuerkannt. Ihrem Register in Hounslow zufolge umfasste die Legion wahrscheinlich mehr als 10 000 Männer. Allerdings konnte nur die Hälfte von ihnen rechtzeitig ausgebildet werden, um sie noch in Palästina einsetzen zu können. Etwa 1300 von ihnen kamen aus Großbritannien, 1000 aus dem südlichen Teil Palästinas, den Allenby im Vorjahr befreit hatte, rund 2500 aus den Vereinigten Staaten und der Rest aus Kanada, Argentinien beziehungsweise der Gruppe der jüdischen Kriegsgefangenen in Alexandrien. Letztere meldeten sich freiwillig und wurden schließlich zugelassen, nachdem das Kriegsministerium ihnen die Aufnahme anfangs wiederholt verweigert hatte. Die Kommandeure der an der Front eingesetzten Bataillone waren J[ohn] H[enry] Patterson, ein irischer Protestant; Eliezer Margolin, ein australischer Jude, der sich in seiner frühen Jugend bereits als Pionier in Palästina aufgehalten hatte; F[rederik] Samuel, ein britischer Jude; und F[itzgerald M.] Scott, ein britischer Christ. Die Offiziere waren Juden und Christen, die Unteroffiziere vorwiegend und die einfachen Soldaten durchweg Juden. Während der abschließenden Offensive im September 1918 formten jüdische Truppen im

Jordantal die »Patterson-Kolonne«. Wie Allenby in einer seiner Depeschen ausdrücklich vermerkte, zeichnete diese sich dadurch aus, dass sie die wenige Meilen nördlich von Jericho gelegene Furt von Umm-esch-Schert einnahm. Dies war der erste Übergang, den die Alliierten besetzen konnten. Wenige Stunden später überquerte die ANZAC-Kavallerie[66] dort den Jordan und begann mit der Invasion Transjordaniens. Die Patterson-Kolonne war die erste britische Infanterieeinheit, die nach Transjordanien vorrückte. Oberst Margolin war nach der Eroberung der Stadt El-Salt als Leiter seines Bataillons der erste britische Kommandeur der Stadt. (Heute dürfen Juden Transjordanien nicht einmal betreten.) Nach der Vereinbarung des Waffenstillstands leisteten die Judäer in Westpalästina Garnisonsdienst. Während der Unruhen, die 1919 in Ägypten ausbrachen und zur Verlegung der meisten britischen Truppen nach Kairo führten, oblag den Judäern die Bewachung der gesamten Bahnstrecke von Romani auf der Sinaihalbinsel bis nach Haifa. Auf dem auf dem Ölberg gelegenen Militärfriedhof gibt es eine Abteilung mit jüdischen Gräbern. Viele sind es nicht. Die jüdischen Bataillone konnten sich im Kampf nicht in größerem Umfang bewähren, vielleicht weil sie zufällig in Gebieten stationiert waren, in denen es nicht zu intensiveren Kampfhandlungen kam. Was man ihnen auftrug, machten sie aber gut. Als der gegenwärtige Krieg begann, gab es keinen Grund, diesem Vorbild nicht zu folgen, und daran hat sich nichts geändert.

Allerdings wird man dieses Mal über die Reichweite und den Charakter des damaligen Einsatzes hinausgehen müssen. Es muss sich offiziell um eine jüdische Armee und nicht nur um eine Legion innerhalb der britischen Armee handeln. Sie muss mindestens 100 000 Mann umfassen und an sämtlichen alliierten Fronten eingesetzt werden, um zu beweisen, was manche nur zu gerne vergessen würden: Dass dies ebenso sehr der Krieg der Juden wie der Großbritanniens, Frankreichs oder Polens ist.

Der tausendundeins ausgezeichneten Gründe dafür, dass eine jüdische Armee ungewöhnlich und »unmöglich« wäre, solange es keinen jüdischen Staat und kein jüdisches Finanzministerium gibt, um sie zu finanzieren, ist sich der Autor durchaus bewusst. Doch sind diese Gründe alle bedeutungslos. Ungewöhnlich wäre die jüdische Armee gewiss, aber unmöglich? Unsinn! Zugegeben, wie jedes Kind weiß, gibt es nicht genügend jüdische Generäle, Offiziere und (insbesondere) Unteroffiziere, um eine Armee anzuführen. Anfangs

66 ANZAC: Australian and New Zealand Army Corps.

werden in einer jüdischen Armee nur die gewöhnlichen Soldaten durchweg Juden sein. Doch wird das genügen, um eine sehr große Zahl von Rekruten anzuziehen und in ihnen einen starken und erhabenen Kampfgeist zu wecken. Fraglich ist allenfalls, wie man die größtmögliche Zahl von Rekruten mobilisieren und sie zu Höchstleistungen anspornen könnte, sollten weitere 100 000 Männer (oder vielleicht noch mehr) an der Front gebraucht werden. Auch die Lösung des Finanzierungsproblems liegt auf der Hand. Wenn 100 000 oder noch mehr Männer gebraucht werden, wird man sie, so wie man es mit den Polen und Tschechen getan hat, auf Kosten der Alliierten ausrüsten, ernähren und ausbilden müssen. Die geforderte offizielle Anerkennung als Armee wird an den Kosten herzlich wenig ändern. Dass es noch keinen jüdischen Staat gibt, stimmt allerdings. Dass es aber keinen jüdischen Fiskus gebe, ist nicht ganz korrekt. Als durchaus relevante, von Idealen gesteuerte Macht gibt es ihn durchaus. Er unterstützt unzählige Menschen in zwei Dutzend Ländern und finanziert eine ganze großartige, sich über alle Kontinente erstreckende Galaxie von Wohlfahrts-, Bildungs- und Siedlungsunternehmungen. Die Bildung einer jüdischen Armee wird ihn in noch nie für möglich gehaltenem Ausmaß mobilisieren. Auch in anderer Hinsicht mag er sich noch als außerordentlich hilfreich erweisen, insbesondere, wenn gleichzeitig mit der Rekrutierung einer jüdischen Armee auch eine alle Juden vertretende zivile Zentrale anerkannt würde.

In den Ländern, die weder zu den Alliierten gehören, noch vom Feind kontrolliert oder in Schach gehalten werden (wozu zurzeit auch die Sowjetunion gehört), gibt es heute mehr als sechs Millionen Juden, von denen man ohne Übertreibung sagen kann, dass ihnen nichts wichtiger wäre, als einen Beitrag zur Niederringung des gemeinsamen Feindes leisten zu können. Ungefähr 1,2 Millionen von ihnen sind Männer im Alter von 18 bis 35. Von besonderem Interesse ist dabei Palästina. Allein dort gibt es 100 000 Männer im wehrfähigen Alter, die überwiegend nicht nur überhaupt militärisch ausgebildet worden, sondern auch in jener altmodischen, im Nahen Osten aber noch nicht gänzlich überholten Form der Kriegsführung recht erfahren sind. Dies sind potenzielle Ressourcen, die man schon aus quantitativen Gründen nicht außer Acht lassen sollte, von ihrem sittlichen Wert im Krieg ganz zu schweigen.

Zugegeben, es gibt die weit verbreitete Ansicht (jedenfalls zum Zeitpunkt dieser Niederschrift im Februar 1940, vielleicht wird es, wenn das Buch erscheint, bereits anders sein), dass Mannstärke für die Art der Kriegsführung, mit der die Alliierten jetzt konfrontiert sind, nicht von Bedeutung sei. Vor kurzem hörte jemand in ziemlich gehobenen Kreisen die folgende scherzhafte Bemerkung: »Sollte die größte neutrale Macht anbieten, sich uns anzuschließen, kämen wir in erhebliche Verlegenheit, denn wo würden wir an der westlichen Front *Lebensraum* [im Original deutsch] für sie finden?« Doch müssen wir uns alle mit der Einsicht anfreunden, dass andere Wege beschritten werden müssen, falls der Krieg je in einen entscheidenden Sieg münden soll. Dabei handelt es sich nicht nur um eine pragmatische Notwendigkeit, sondern auch um eine Frage des Kampfgeists. Das Interesse der Neutralen (noch immer drei Viertel der Gegner des Nationalsozialismus) an den sporadischen Meldungen von der Front nimmt bereits ab. Den dramatischen täglichen Meldungen über die Ereignisse zur See und in der Luft mangelt es an der Würde der groß angelegten kollektiven Anstrengung, ohne die es keinen richtigen Krieg, sondern lediglich eine Art außerordentlich grausamen und hochgradig motorisierten Guerillakampf gibt. Das könnte verfänglich werden. Neutralität ist heutzutage eine teure Angelegenheit. Sie bringt erhebliche Verluste und Verdruss mit sich. Werden sie durch eine leidenschaftliche und atemlose Erregung darüber, was sich in jedem Augenblick an der Front ereignet, ausgeglichen, werden diese Nachteile geduldig, ja sogar mit einer gewissen Genugtuung hingenommen, denn im Grunde sympathisieren die Neutralen alle mit den Alliierten. Von öder Monotonie allein kann Sympathie aber nicht leben. Dies erklärt die beharrlichen Rückfälle selbst jener neutralen Mächte, denen kein bisschen weniger an der Zerschlagung des Nazismus gelegen ist als uns, in das Gerede vom Frieden. Das krasse quantitative Missverhältnis zwischen den Kriegsereignissen und der Enormität der beteiligten Kräfte, die Tatsache, dass das Geschehen an der Front im Vergleich zu den auf dem Spiel stehenden geradezu kosmischen Fragen so wenig hermacht, untergräbt ihren Kampfgeist. Es gibt gewiss ernstzunehmende materielle Gründe dafür, dass man diese Form der Kriegsführung die erste Phase dieses Konflikts hat dominieren lassen, und man kann dafür insofern nur dankbar sein, als dies die Akkumulation vermehrter Ressourcen ermöglicht hat. Doch darf damit nicht länger fortgefahren werden, als es unbedingt notwendig und förderlich ist.

Dies sind gewiss enorm hartherzige Erwägungen, doch entsprechen sie der menschlichen Natur und werden wahrscheinlich von den meisten unmittelbar betroffenen Völkern geteilt. Auch solange die Notwendigkeit dieser monotonen Kriegsführung noch fortbesteht, ließe sich deren einschläfernder Wirkung auf den Kampfgeist der nicht am Krieg beteiligten Nationen einiges entgegensetzen, wenn es sechs Millionen unter ihnen lebende Seelen gäbe, die statt nur passive Opfer zu sein, ein unmittelbares und aktives Interesse an den Kampfhandlungen hätten.

Der Autor ist sich über die verschiedenen mit der Neutralität einhergehenden rechtlichen Bestimmungen im Klaren. Sie existieren, sie müssen berücksichtigt und mit äußerster Umsicht beachtet werden. Allerdings wissen wir aus Erfahrung, dass man sich zwar leicht im Gewebe der von ihnen vorgeschriebenen Verbote verfangen kann, dieses aber auch extrem elastisch ist. Weder Schweden noch Italien sind am Krieg beteiligt, doch könnte man sich vorstellen, dass es dort jeweils einen Nukleus von Schweden und Italienern gibt, die ein aktives Interesse an der Mannerheim-Linie[67] haben, ohne darum bei der Öffentlichkeit wirklich anzuecken. Nicht, dass dies eine perfekte Analogie zu dem hier verhandelten Tatbestand darstellt. Sie soll nur die Elastizität der betreffenden Regeln illustrieren. Andererseits sind die Beschränkungen durchaus feinmaschig. Schon aus diesem Grund wäre eine jüdische Armee weit zweckmäßiger als eine jüdische Legion innerhalb der Armee eines anderen Volks. Der Unterschied, der ohnehin klar sein müsste, kann vielleicht mit einer weiteren illustrativen Analogie verdeutlicht werden: Die Antinazipropaganda der Alliierten könnte selbst in Ländern, die mit den Alliierten sympathisieren, als problematisch empfunden werden. Die Antinazipropaganda von Juden wäre dagegen etwas ganz Selbstverständliches. Ein Aufruf an die Juden, sich an dem Konflikt zu beteiligen, könnte den Kampfgeist nachhaltig fördern. Käme er von den Briten oder den Franzosen, würde er argwöhnisch beäugt, käme er aus einer rein jüdischen Quelle, würde er ganz anders aufgefasst. So ist selbst die sonst so bedauerliche Zerstreuung in der Diaspora schließlich noch zu etwas gut.

Eine jüdische Armee wäre jüdischen Einheiten unter fremder Flagge in erster Linie wegen ihrer Größe und ihres Schwungs vorzuziehen. Der Autor ist seit mehr als einem Vierteljahrhundert beharrlich mit der Förderung dessen befasst, was manche als jüdischen Militarismus bezeichnet haben. Er hat daher enge Kontakte zu jener Art junger Juden unterhalten, deren Gesinnung auf den Ruf des

67 Finnische Verteidigungslinie im Winterkrieg 1939/40 gegen die Sowjetunion, zwischen dem Ladogasee und dem Finnischen Meerbusen, benannt nach dem finnischen Oberbefehlshaber Carl Gustaf Emil Mannerheim.

Signalhorns anspricht. Inzwischen sind das fast alle jungen Juden. So kann er ohne den geringsten Zweifel bestätigen, dass der Aufruf, sich jüdischen Regimentern unter alliierter Flagge anzuschließen, tausende von ihnen anziehen, der Ansturm auf eine jüdische Armee dagegen ganze überfüllte Straßenzüge leerfegen würde.

(b) Die zivile Zentrale

Der Autor vermeidet den Begriff »jüdische Regierung«, um die Diskussion nicht durch vorgeschützte Missverständnisse zu verkomplizieren. So ergibt sich die ärgerliche Notwendigkeit einer Ersatzterminologie, die nur phrasenhaft und aufgesetzt klingen kann. Dabei gibt es für Missverständnisse eigentlich gar keinen Anlass. Niemand kann ernsthaft vermuten, dass mit einer derartigen »Regierung« der Anspruch verbunden wäre, jüdischen Bürgern über die Köpfe der Parlamente, der Regierungen und der Polizei der verschiedenen Länder hinweg verbindliche Befehle erteilen zu können. Diese Vorstellung ergibt schon insofern keinen Sinn, als es bereits einen Präzedenzfall gibt: Die polnische Exilregierung. Sie denkt nicht daran, den Polen in Polen Anweisungen zu geben, denn diese würden massakriert, befolgten sie derartige Anweisungen. Sie beansprucht auch keine Befehlsgewalt über polnische Bürger außerhalb Polens, selbst wenn sie in den alliierten Ländern leben. Dennoch trägt sie den Namen »Regierung« und sie ist auch in einem für diesen Krieg entscheidenden Sinne eine Regierung. Würden die Alliierten einräumen, dass ein durch bestialische Gewalt faktisch ausgelöschtes Staatswesen auch rechtlich aufgehört habe zu existieren, würde dieses Zugeständnis die Luft heillos verpesten, die wir zum Atmen benötigen.

Keine Analogie muss in jeder Hinsicht perfekt sein. Die polnische und die tschechische Nation haben zum Glück weniger auszustehen als die Juden. Sie bewohnen das Territorium, um dessen Befreiung sie kämpfen, während die Juden in der Zerstreuung leben. Dennoch stimmt die Analogie grundsätzlich. Es geht um das Prinzip, dass eine zerschlagene Nation noch immer eine Nation ist, und auf der Liste der zerschlagenen Nationen, die der Wiedererrichtung harren, kann der obdachlose Teil des jüdischen Volks mit Fug und Recht einen Platz beanspruchen.

Der polnische Anspruch auf die Wiederherstellung Polens wird durch die Bezeichnung »Polnische Regierung« anerkannt. Im Falle der Tschechoslowakei heißt das entsprechende Gremium »Nationalkomitee«. Darauf, wie wir die jüdische Variante des *Senatus*

Populusque nennen, kommt es nicht an. Entscheidend ist die Tatsache, dass es ein von anderen Schwierigkeiten klar unterschiedenes Problem von enormer Bedeutung für das Wohlbefinden und den Frieden der Welt gibt, das sechzehn Millionen Menschen betrifft und bei dem es für fünf oder sechs Millionen von ihnen ganz konkret ums Überleben geht. Entscheidend ist die Tatsache, dass die Frauen und Männer dieses Volks ebenso intensiv darauf bedacht sind, zur Lösung ihres Problems beizutragen wie die Angehörigen jeder normalen Nation, dass sie über eine sittliche und materielle Kraft verfügen, die einen gewaltigen Beitrag zu jener Lösung leisten kann, und dass ihnen die Chance gegeben werden sollte, dies zu tun. Damit haben wir es dem Wesen und der Größenordnung nach mit dem zu tun, was das Wörterbuch eine »Nation« nennt, vor der »nationale« Aufgaben liegen. Wenn andere Nationen helfen wollen, müssen sie als erstes jene jüdische Entität an den Verhandlungstisch holen, um über die Kriegsziele und die Mittel zu ihrer Durchsetzung zu beraten. Nur das besagt die Bezeichnung »jüdische Regierung« in diesem Zusammenhang. Es geht um eine »Zentrale«, eine »Führung«, einen »Vorstand«, ein »Präsidium«, eine »Behörde«, die berechtigt ist, nicht als Bittsteller, sondern als Partner zu verhandeln und mit anderen zusammenzuarbeiten.

Dabei ist sich der Autor eines gewaltigen Hindernisses bewusst, dem jeder moralische Wert abgeht: des Dünkels. Gerade in der Bürokratie gibt es eine bestimmte Mentalität, die über die unerhörte Impertinenz der Juden, nicht mehr Bittsteller sein zu wollen, und ihre Anmaßung, als gleichberechtigte Partner behandelt werden zu wollen, mit Sicherheit schockiert und verärgert sein wird. Mit dieser Blasiertheit wird man es eines Tags aufnehmen müssen, vielleicht am besten gleich heute. Sie äußert sich zunächst darin, dass schlicht nicht zur Kenntnis genommen wird, wer in diesem Drama der Hauptleidtragende ist und wessen Unglück einfach nicht ernstgenommen wird. Es mangelt der betreffenden Mentalität wohl schlicht an der erforderlichen Empathie. Doch entbehrt dieser Dünkel auch jeder praktischen Berechtigung. Man braucht hier nicht in einen Wettbewerb abstrakter Überlegenheitsansprüche (»Wer hat die Bibel geschrieben?« – »Wo ist euer Shakespeare?«) einzutreten. Es gibt Völker, die weder eine Bibel noch einen Shakespeare vorzuweisen haben und dennoch in Belangen der Staatskunst völlig glaubwürdig auftreten können. Wenn es um den Intellekt und die Bildung ihrer Elite, deren politische Fähigkeit und Erfahrung und die Befähigung als Siedler geht, dürften wohl nur wenige Nationen es mit dem jüdischen Volk aufnehmen wollen. Es spricht gar nichts dagegen, seine tatsächliche Überlegenheit herauszustreichen. Ebenso soll man unbegründete Ansprüche durchaus zurückweisen. So wäre es völlig berechtigt, die Forderung nach einem jüdischen Sitz im Generalstab der Alliierten (sollte sie zum gegenwärtigen Zeitpunkt erhoben werden) abzulehnen, denn in diesem Bereich haben wir noch viel zu lernen. Doch auf der politischen Ebene, wo wir gleich viel zu lernen und zu lehren haben, würde eine derartige Weigerung lediglich einen billigen und unbegründeten Dünkel widerspiegeln, der die Erfolgsaussichten der gemeinsamen Sache nur schmälern kann. Ihm muss mit aller Kraft der Vernunft widerstanden, und er muss mit aller Verachtung, die er verdient, zurückgewiesen werden. Hat man ihn erst überwunden, wird sich wahrscheinlich herausstellen, dass er überhaupt das einzige Hindernis war, das einer offensichtlich vernünftigen und förderlichen Entscheidung im Wege stand: Der Anerkennung einer obersten Vertretung des weltweiten Judentums als vollwertiger Partner beim Aufbau einer Welt des Friedens.

(c) Die Zusicherung der bürgerlichen Gleichberechtigung

Selbst wenn das jüdische Problem durch ein Wunder völlig aus Europa verschwände, würde die Durchsetzung der rechtlichen Gleichstellung der Angehörigen aller ethnischen Gruppen, die sich ein Territorium teilen, wahrscheinlich mehrere Generationen in Anspruch nehmen. Es gab eine Zeit, in der Menschen annahmen, diese Gleichstellung könne überall einfach durch ihre Festschreibung in einem Rechtsdokument garantiert werden. Es gibt noch immer Staatsmänner, die das zu glauben behaupten. Doch wenn es um Ostmitteleuropa geht, kann kein vernünftiger, mündiger Mensch diesen Optimismus teilen. Es gehört nicht zu jenen Gebieten, in denen dieses Wunder vollbracht werden könnte, ohne dass eine stets greifbare übergeordnete Instanz seine Umsetzung immer wieder erzwingt.

Wenn es zivilisiert zugehen soll, wird man zumindest in Europa die uneingeschränkte Souveränität der Nationen hintanstellen müssen. Den Staatsmännern scheint dies allmählich zu dämmern, und es gibt viel weniger Widerstand gegen diese Annahme, als man vielleicht erwartet hätte, auch wenn diese Einsicht sich in der Praxis nicht immer niederschlägt. In den meisten Köpfen spukt noch immer die Schuljungenillusion herum, die nationale Souveränität müsse nur in internationalen Fragen durch Zugeständnisse qualifiziert werden. Im Innern könne die Souveränität aber uneingeschränkt bleiben, ohne die Nachbarn in irgendeiner Form zu gefährden. Konkret hieße das, dass der Nationalsozialismus, solange er nur innerhalb Deutschlands gepredigt und praktiziert würde, keine Gefahr für dessen Nachbarn darstellen würde. Das ist Unsinn. Das Spektrum der »inneren« Angelegenheiten einer Nation, die sich in keiner Weise auf andere Nationen auswirken, ist sehr begrenzt und wird jeden Tag kleiner. Niemand wird diese prinzipielle Einsicht soweit treiben wollen, dass alles, was in Griechenland geschieht und erlitten wird, jeden Portugiesen etwas angehen sollte und umgekehrt. Soweit es um Belange der gegenseitigen Sicherheit geht, ist die Unterteilung in äußere und innere Angelegenheiten aber auf jeden Fall ein Pennälerkonzept. Wenn mit den Abflüssen deines Nachbarn etwas nicht stimmt, ist das auch dein Problem, und du hast jedes Recht, die Polizei zu rufen.

Wie die Welt dieses heikle Problem lösen kann, ist nicht das Thema dieses Buchs. Da wir alle in erster Linie damit befasst sein werden, einen weiteren Krieg zu verhindern, ist die Annahme immerhin nicht abwegig, dass irgendein Mechanismus gefunden werden wird, um »innere« Angelegenheiten, die auf mehr oder weniger direkte und greifbare Weise zu einer neuerlichen Kriegsgefahr beitragen könnten, gutnachbarlich im Griff zu behalten. So schnell dürfte die Welt auch nicht vergessen, dass Überwachung ohne die Androhung von Zwang nicht funktioniert. Es wird Überwachungsmechanismen und für mögliche Regelverstöße Maßnahmen zur sofortigen, schnellen und wahrscheinlich durchaus schmerzhaften Durchsetzung geben. Sollte es beispielsweise demilitarisierte Zonen geben und einer ihrer Eigentümer plötzlich versuchen, sie wieder zu bewaffnen, wird das wahrscheinlich als Kriegsgrund betrachtet und eine Form von bewaffneter Besetzung oder Schlimmeres nach sich ziehen. Es geht hier nicht darum, die Konditionen einer künftigen Vereinbarung zu erraten, sondern lediglich darum, zu betonen, dass man diesen Sturm nicht wird abklingen lassen, ohne eine in jeder Hinsicht praktikable, effiziente und automatisch aktivierte Maschinerie zu schaffen, um jeden, der eine Lunte zu legen beginnt, außer Gefecht zu setzen, ehe er über die ersten Schritte hinauskommt.

Der Autor meint, dass die Behandlung ethnischer oder religiöser Minderheiten mit Blick auf eine mögliche Kriegsgefahr zu den bedeutsamsten »inneren« Angelegenheiten gehört. Ein Jahrhundert europäischer Geschichte hat das unter Beweis gestellt. Der Anspruch auf Souveränität kann Verstöße gegen das Prinzip der Gleichberechtigung nicht rechtfertigen. Jeder Schritt in diese Richtung kommt dem Legen einer Lunte gleich. Die Erzwingungsmaschinerie muss dann umgehend in Gang gesetzt werden, um den Schuldigen das Handwerk zu legen.

Um hinreichend durchsetzungsfähig zu sein, muss die Garantie der Gleichberechtigung unter anderem zwei Bedingungen erfüllen: Sie muss von großer Ernsthaftigkeit sein, und man muss sorgsam darauf achten, sie in völlig angemessener Form abzufassen. Die Ernsthaftigkeit muss sich darin niederschlagen, dass die Klauseln und Paragraphen zur Gleichberechtigung nicht bloß in Verträge, die sich mit anderen Sachverhalten befassen, eingefügt werden. Von keinem einzigen dieser anderen Sachverhalte geht auch nur ein Zehntel des dem Minderheitenproblem innewohnenden verheerenden, toxischen Gewaltpotenzials aus. Keine der Maßgaben, die diese anderen Sachverhalte betreffen, hat als Prophylaxe ein Zehntel der weitreichenden Bedeutung, die den Bestimmungen zur Regelung des Minderheitenproblems zukommt. Es gibt auch unter all den Problemen der nationalen und internationalen Staatskunst keines, das gleich kompliziert wäre und bei dem es dermaßen auf die Einzelheiten und sorgsam durchdachte Voraussicht ankäme. Die Friedenskonferenz sollte dieses spezifische Problem daher zum Gegenstand eigenständiger Verhandlungen machen, die in eine eigenständige Garantie der rechtlichen Gleichstellung münden.

Doch muss diese Garantie auch in angemessener Form abgefasst sein. Eine Verordnung ist dann sinnlos, wenn sie mit der Natur normaler Menschen unvereinbar ist oder sich über Bedingungen hinwegsetzt, die es dem durchschnittlich gehorsamen Bürger beim besten Willen mehr oder weniger unmöglich machen, sie einzuhalten. Dort, wo sie aufgrund der sachlichen Verhältnisse nur in ihr Gegenteil verkehrt werden kann, kann die rechtliche Gleichstellung nicht durchgesetzt werden. Nehmen wir zur Veranschaulichung ein fiktives Beispiel: Den Fall Ruritaniens.[68] Die Breitköpfe, die die Mehrheit stellen, sind achtbare, aber schlichte Menschen. Die Langköpfe, die eine Minderheit von 20 Prozent stellen, sind ebenfalls achtbare, dabei aber überaus aufgeweckte Menschen. Das Prinzip der rechtlichen Gleichstellung wird im ganzen Land, in allen öffentlichen und privaten Lebensbereichen minuziös angewandt. Nun verhält es sich aber so, dass zweisprachige Bewerber in aller Regel den Vorzug erhalten, wenn es um Stellen in der Regierung

68 Fiktiver Ort der Handlung des Romans *Der Gefangene von Zenda* (1894) von Anthony Hope.

und den Kommunalverwaltungen geht. Die Breitköpfe sind penibel und emsig, sprechen aber nur ihre eigene Sprache. Dagegen sind die Langköpfe hervorragende Linguisten. Bei strenger Anwendung der rechtlichen Gleichstellung und des meritokratischen Prinzips unabhängig von den Schädelmaßen erhält also unweigerlich der zu den Langköpfen gehörende Kandidat den Zuschlag. Innerhalb eines Vierteljahrhunderts hat dies dazu geführt, dass 75 Prozent der besten Stellen in der Regierung und den Kommunalverwaltungen mit Langköpfen besetzt worden sind. Im Handel und in den freien Berufen verhält es sich ähnlich. Die Breitköpfe werfen nun die Frage auf, ob das fair sei. Sollten Menschen, denen Gott keine Sprachbegabung mitgegeben hat, benachteiligt werden? Sollte es beim Genuss der gleichen Rechte nicht irgendeine Art Proporz geben?

Eine angemessene Regelung muss derlei Fragen berücksichtigen. Das Problem der Gleichberechtigung erschöpft sich nicht in den Prinzipien der Chancengleichheit und der Meritokratie. Womöglich haben diese mit dem Kern des Problems sogar herzlich wenig zu tun. Um einander im Wettbewerb wirklich gleichgestellt zu sein, werden Jockeys gewogen und die Gewichtsunterschiede zwischen ihnen ausgeglichen. Auch Golfer werden unterschiedlich eingestuft. Eine Garantie der Gleichberechtigung müsste einerseits gewährleisten, dass die 20 Langköpfe die ihnen zustehenden 20 und nicht bloß neunzehn Laibe erhalten, andererseits aber auch, dass die Breitköpfe 80 und nicht bloß 79 Rationen bekommen.

Ob eine solche Garantie, gleich wie perfekt, tatsächlich das Wunder bewirken und eine Situation herbeiführen kann, die Spannungen wirksam verhindert, kann nur die Zukunft zeigen. Manche bezweifeln es und meinen, eine weltweite Umverteilung der Rassen, also die systematische Evakuierung sämtlicher verstreut lebenden Minderheiten, stelle die einzig mögliche Lösung des Minderheitenproblems dar. Das mag übertrieben sein. Es gibt Minderheiten, die zwar vom Hauptsiedlungsgebiet ihrer Ethnie abgeschnitten sind, gleichwohl aber monoethnische ›Inseln‹ oder Enklaven bilden, oder zumindest ihre eigenen Dörfer haben, so dass sie nur am Markttag an die Mehrheitsbevölkerung geraten. Oder es mag Fälle geben, in denen die beiden Rassen gut zueinander passen und auf sich gestellt dazu neigen mögen, mit der Zeit untereinander zu heiraten beziehungsweise die geringfügigen Differenzen zwischen ihnen einfach zu vergessen. Die Garantieerklärung muss alles einberechnen, was sich vorhersehen lässt. Ob sich das Problem tatsächlich lösen lässt, wird sich dann erst mit der Zeit erweisen.

Die Garantieerklärung muss angemessen sein und ihre Urheber dürfen sich nicht Unmögliches von ihr erwarten. Vor allem dürfen sie nicht annehmen, die Gleichberechtigung der Juden könnte in Ostmitteleuropa jemals mehr als bloßer Schein sein, solange die übrigen, an den anderen Verhandlungen der Friedenskonferenz beteiligten Staatsmänner keinen jüdischen Staat errichten.

(d) Der Staat

Dieses Buch hat sich in Gänze diesem Thema gewidmet. Hier brauchen nur die entscheidenden Punkte noch einmal wiederholt zu werden.

Der jüdische Staat stellt ein angemessenes und sachgemäßes Kriegsziel dar. Ohne ihn kann das Geschwür, das die Gesundheit Europas beeinträchtigt, nicht geheilt werden. Denn ohne ihn kann es keine angemessene Emigration jener Millionen geben, deren alte Heimat keinesfalls mehr zu halten ist. Ohne ihn gibt es keine Gleichberechtigung, und ohne Gleichberechtigung gibt es keinen Frieden.

Es muss ein international anerkanntes Gremium geben, das sich von nun mit diesem Problem befasst und den Plan oder die Pläne, der oder die der künftigen Friedenskonferenz vorgelegt werden soll(en), vorbereitet. Sollte dieses Gremium das Zwischenstaatliche Flüchtlingskomitee sein, muss es in Absprache mit den jüdischen Interessenvertretungen umorganisiert, erweitert und angewiesen werden, sich nicht länger an Teillösungen abzuarbeiten, sondern sich auf das Problem des jüdischen Staats zu konzentrieren.

Mit Blick auf die geografischen Optionen, mit denen sich dieses Gremium vor einer Entscheidung womöglich wird beschäftigen müssen, darf keine im Voraus ausgeschlossen werden. Es muss angewiesen werden, jeden Plan, der auf den ersten Blick die entscheidenden Merkmale einer ernsthaften Lösung zu besitzen scheint, zu untersuchen. Sollte dies erforderlich sein, muss es jede Provinz dessen, was wir Fata Morgana-Land genannt haben, in Betracht ziehen. Doch muss die Prüfung des Palästinaplans auf ihrer Tagesordnung ganz oben stehen. Dies ist ein reeller Vorschlag, der außer Versuchen einer Präjudizierung in der einen oder anderen Richtung nichts ausschließt.

Die Juden werden für das ohnehin leicht Beweisbare den Nachweis erbringen müssen: Dass nämlich der Palästinaplan all seinen Nachteilen zum Trotz und von allen anderen Erwägungen einmal ganz abgesehen der einzig praktikable ist.

Nachwort von John Henry Patterson[1]

Ich hatte die Ehre, ein Vierteljahrhundert lang mit Vladimir Jabotinsky befreundet zu sein und sein Vertrauen zu genießen. Ich erlebte mit, wie er auf dem Schlachtfeld half, die Türken aus Palästina zu verdrängen. Ich hörte mit an, wie er in London vor der Peel-Kommission im Oberhaus vehement die Interessen seines Volks vertrat. Ich habe mit großem Interesse verfolgt, wie er sich in all den Jahren auf ergreifende Weise selbstlos und unermüdlich für die Emanzipation der jüdischen Massen in Osteuropa verausgabte.

Die Weigerung der antijüdischen Clique in der britischen Regierung, Englands Zusagen zu erfüllen, brachte zahllose Zurückweisungen und bittere Enttäuschungen mit sich, doch hat Jabotinsky niemals sein Vertrauen in das Gespür des britischen Volks für Rechtschaffenheit und Gerechtigkeit verloren. Großherzig und unbefangen hat Jabotinsky niemals bezweifelt, dass das britische Volk, wenn ihm das jüdische Anliegen sach- und tatsachengemäß nahgebracht würde, seiner Regierung jeglichen Vertrauensbruch verübeln und verlangen würde, dass das feierliche Versprechen, das England dem jüdischen Volk gegeben hat, erfüllt werde.

Ich habe Jabotinskys Glauben an den Gerechtigkeitssinn des britischen Volks stets geteilt und teile ihn auch weiterhin. Es wäre die reinste Heuchelei, sollte England verkünden, es kämpfe in diesem Krieg für die Aufrechterhaltung der Freiheit, der Demokratie und der Verbindlichkeit des einmal gegebenen Worts, an sein eigenes feierliches Versprechen sich aber nicht halten wollte.

Das Ergebnis eines derartigen Verrats wären Millionen obdachlose und verfolgte Menschen, denen die rechtmäßige Zugehörigkeit zum Kreise der Nationen verwehrt würde.

1 John Henry Patterson (1867–1847), britischer Offizier, Autor und zionistischer Aktivist, langjähriger Kolonialbeamter in Kenia, Kommandant des *Zionist Mule Corps*, dass an der Schlacht von Gallipoli teilnahm; über seine Zeit im Nahen Osten verfasste er zwei Bücher: *Zionisten bei Gallipoli* (1916) und *Juden in Palästina* (1922). In der amerikanischen Originalausgabe wird er mit seinem militärischen Rang als Colonel und mit seinem britischen Verdienstorden genannt: D. S. O. (Distinguished Service Order).

Das jüdische Volk (und England im Übrigen auch) schuldet Vladimir Jabotinsky, dem Kämpfer für Gerechtigkeit und Redlichkeit erheblichen Dank. In diesem entscheidenden Moment der jüdischen Geschichte, da die Juden allerorten auf stürmischer See hin und her geschleudert werden, fehlt uns der prophetische Mut Jabotinskys auf bedrückende Weise. Vieles von dem, was er über die gegenwärtige Lage dachte und empfand, ist in diesem Buch *The Jewish War Front* enthalten. Obwohl es schon 1939 verfasst wurde,[2] war er sich auch darin bereits über das Entstehen und die Implikationen dieses globalen Kampfs völlig im Klaren.

Wäre er nicht gestorben, würden seine Beharrlichkeit und sein politischer Scharfsinn heute im Kampf um die Sicherung einer starken nationalstaatlichen Grundlage für sein Volk in Palästina eine entscheidende Rolle spielen.

Doch hat es nicht sollen sein.

Mögen seine prophetischen Worte, die so deutlich aus den Seiten dieses Buchs sprechen, viele tausend Leser finden.

Möge dieses Buch das jüdische Volk dazu animieren, sich zusammenzuschließen und sich den Schlachtruf Jabotinskys zu eigen zu machen:

Eretz Jisrael den Kindern Israels!

2 Jabotinsky schrieb das Buch, kaum vorstellbar, in der kurzen Zeit von Januar bis Februar 1940.

Anhang

Gerhard Scheit

Die Bewaffnung des Gestors – von Theodor Herzl zu Vladimir Jabotinsky

I

»Die Juden«, heißt es im *Judenstaat* von Theodor Herzl, »haben die ganze Nacht ihrer Geschichte hindurch nicht aufgehört, diesen königlichen Traum zu träumen: ›Übers Jahr in Jerusalem!‹ ist unser altes Wort. Nun handelt es sich darum, zu zeigen, daß aus dem Traum ein tagheller Gedanke werden kann.«[1]

Taghell ist der Gedanke, insofern Herzl von Anfang an die »unternehmerische« Seite der Frage, also die sogenannte ursprüngliche Akkumulation, soweit sie tatsächlich zunächst nur Akkumulation sein kann, solange kein Land da ist, von der staatlichen Seite, also der Schaffung eines Souveräns, zu trennen versteht, um sie letztlich doch als Einheit zu begreifen. Für die Bürgschaften, die nötig seien, müsse auf der einen Seite eine »moralische Person« auftreten, in Gestalt einer »*Society of Jews*«, welche »Subjekt von Rechten außerhalb der Privat-Vermögenssphäre« sei; auf der anderen aber stehe die »juristische Person der *Jewish Company*«, der das »Erwerbswesen« zukomme. Wenig später sollte in London eine Bank für die finanziellen Aufgaben der Bewegung gegründet werden, er bezeichnet sie als »Kolonialbank«, konzipiert sie jedoch als künftige Zentralbank, als Voraussetzung, die Kreditvergabe zu regeln und insofern aber auch autonom zu agieren. Die »politischen Leiter der Bewegung« sollen die Bank »lediglich beaufsichtigen … Die Inkompatibilität des Politischen mit dem Geschäftlichen ist Ehrensache.«[2] Die »freiwilligen Beamten« der politischen Bewegung aber haben sich um die »Herbeischaffung« der »rechtlichen Sicherheiten« zu kümmern, und in dieser Aufgabe, die einem Souverän zukommt, unterscheidet sich die zionistische Bewegung auch von allen sonstigen privaten Bemühungen einer Auswanderung nach Palästina, die nur »mit Gönnermiene«

1 Theodor Herzl: Der Judenstaat. Gesammelte Zionistische Werke. Hrsg. v. Leon Kellner. Bd. 1. Berlin 1934, S. 31.

2 Theodor Herzl: Die jüdische Kolonialbank (19. November 1897). Gesammelte Zionistische Werke. Bd. 1. Berlin 1934, S. 248.

ein »paar Familien Wohltaten« erweisen können, die »sich knapp auf die Köpfe der zufällig Begünstigten beschränken und schon deren Verwandte und Nachbarn in unveränderter Not lassen«.[3]

Die Bewegung hin zu dieser Einheit, die in ihrem Inneren die Trennung von Geschäftlichem und Politischem anerkannte, könne mit »vollkommen gesetzlichen Mitteln eingeleitet werden«, sie könne »überhaupt nur durchgeführt werden unter freundlicher Mitwirkung der beteiligten Regierungen, die davon Vorteile haben«. Ähnlich wie bereits Moses Hess, dessen Schrift Herzl überaus zu schätzen wusste,[4] baut auch Herzl auf die zivilisierten Nationen, denen er nur soweit vertraut, als er unterstellt, dass sie, wie zivilisiert sie auch immer sein mögen, den Auszug der Juden als Vorteil sehen würden. Jedenfalls sei die Judenfrage als »politische Weltfrage« im »Rate der Kulturvölker« zu regeln und es gehe darum, dass der *Jewish Society* ein Land völkerrechtlich zugesichert werde.[5] Wie wenig Herzl diesen Rat der Kulturvölker und die völkerrechtliche Zusicherung nicht im Sinne eines Weltsouveräns versteht, der den Juden die Gnade eines eigenen Lands erweisen werde, vielmehr unter dem Gesichtspunkt von gegebenen Machtkonstellationen zwischen den Staaten, die prinzipiell auf Gewalt beruhen, zeigt sich schon darin, dass seiner Auffassung gemäß die *Jewish Company*, durch die das Kapital, das für die Gründung nötig ist, akkumulieren soll, »nach den Gesetzen und unter dem Schutze Englands«, und mit Hauptsitz in London zu gründen sei. Einerseits gewährt dieser Hegemon im Inneren die Rationalität der geschäftlichen Tätigkeiten, andererseits hat er nach außen hin die Gewalt, die Rechte der darin aktiven Eigentümer zu wahren.

Was den zu gründenden Souverän selbst betrifft, macht sich Herzl keine Illusionen darüber, was alle Kulturvölker gemeinsam haben und worauf auch der künftige Judenstaat beruhen muss. »Die allgemeine Verbrüderung ist nicht einmal ein schöner Traum. Der Feind ist nötig für die höchsten Anstrengungen der Persönlichkeit.« Und

3 Theodor Herzl: Die Millionen der Ica (31. März 1899). Gesammelte Zionistische Werke. Bd. 1. Berlin 1934, S. 348.

4 Moses Hess: Rom und Jerusalem. Die letzte Nationalitätenfrage [1862]. Hrsg. v. Esther von Krosigk. Saarbrücken 2007. »Welch ein hoher edler Geist. Alles, was wir versuchten, steht schon bei ihm. Lästig nur das Hegelianische seiner Terminologie. Herrlich das Spinozistisch-Jüdische und Nationale. Seit Spinoza hat das Judentum keinen größeren Geist hervorgebracht als diesen vergessenen verblaßten Moses Heß!« Theodor Herzl: Tagebücher. Zweiter Band. Gesammelte Zionistische Werke in fünf Bänden. Bd. 3. Berlin 1934, S. 599.

5 Herzl: Der Judenstaat (wie Anm. 1), S. 25 u. 50.

hier kommt zu dem taghellen Gedanken die finstere Perspektive hinzu, die vom Hobbesschen *Leviathan* verkörpert wird. Nicht zufällig spricht Herzl davon, dass »im Staat eine Mischung von Menschlichem und Übermenschlichem« vorliege.[6] In seiner späteren »Rede in der Österreichisch-Israelitischen Union« wird er als »ausreichende Definition für die Nation« sowenig wie Hobbes auf gemeinsame Abstammung und »Blutsurenge« (Marx) verweisen, sondern die Existenz einer »historischen Gruppe von Menschen« angeben, »die erkennbar zusammengehört, einen gemeinsamen Feind hat«.[7] Was Letzteres betrifft hat Herzl schon im *Judenstaat* die besondere Prädestination der Juden für das »Entstehen einer neuen Souveränität« hervorgehoben: »Wir sind ein Volk – der Feind macht uns ohne unseren Willen dazu, wie das immer in der Geschichte so war.«[8] Zugleich ist sich Herzl darüber im Klaren, dass der moderne Antisemitismus »ganz verschieden« sei »von allen Formen des Judenhasses, die wir in der Geschichte kennengelernt haben« und er müsse verschieden sein, »weil er hinter einer vollständigen Emanzipation auftritt«. Herzl weiß nur zu gut, worauf diese vollständige Emanzipation der Juden zu Staatsbürgern beruht, gerade in dieser Rede betont er, welche Rolle die Durchsetzung des Kapitalverhältnisses in der Entstehung der modernen Gesellschaft spielt: »Zur Zeit der Judenverfolgung am Rhein begann man in Oberitalien Wechsel auszustellen, die das Münzgeschäft sehr erleichterten und die *differentia loci* ausglichen. Die Aktie, die in den oberitalienischen Städten auch im 14. Jahrhundert aufgekommen ist, war noch sehr rudimentär.« Aber alle diese Elemente seien inzwischen »wichtige Bestandteile unseres Lebens und unserer Kultur« geworden. »Alles andere, Kriege, Friedensschlüsse, fürstliche Heiraten und womit man uns sonst noch in den Geschichtsbüchern belästigt, ist gleichgültig gegenüber diesen großen Wasserscheiden der Geschichte.«[9] Wie schon der junge Marx hat Herzl erkannt, dass diese letzte große Wasserscheide zwar die politische Emanzipation der Juden zu Staatsbürgern aufs Tapet brachte.[10] Doch sein ganzes Konzept beruht darauf, dass diese

6 Ebd., S. 101 u. 86.

7 Theodor Herzl: Rede in der Österreichisch-Israelitischen Union (7. November 1896). Gesammelte Zionistische Werke. Bd. 1. Berlin 1934, S. 125.

8 Herzl: Der Judenstaat (wie Anm. 1), S. 42.

9 Herzl: Rede in der Österreichisch-Israelitischen Union (wie Anm. 7), S. 125 u. 122.

10 So sehr Marx sich in seiner Schrift *Zur Judenfrage* antisemitischer Klischees gerade auch in der Beschreibung der bürgerlichen Gesellschaft bedient hatte, er widersprach den Antisemiten von Anfang an darin, dass er die Gleichberechtigung der Juden forderte.

politische Emanzipation bloß neue Formen des Judenhasses zeugt. Eben daraus schließt Herzl, dass die Juden auf der Ebene, auf der sie als Staatsbürger mit den Nichtjuden gleichgestellt sind, den Kampf gegen den Antisemitismus immer nur verlieren können. So sehr nach seiner Auffassung einerseits die Gleichstellung und damit die Vermittlungsformen des Kapitals, die er als Jurist argumentierend naturgemäß ganz anders benennt, zu verteidigen wären, so sehr versteht es Herzl andererseits zu verdeutlichen, dass der Antisemitismus nur auf der Basis eines eigenen Staats der Juden bekämpft werden kann. Die Juden haben »überall ehrlich versucht«, in der sie »umgebenden Volksgemeinschaft unterzugehen« und lediglich den Glauben ihrer Väter zu bewahren. »Man läßt es nicht zu. Vergebens sind wir treue und an manchen Orten sogar überschwängliche Patrioten, vergebens bringen wir dieselben Opfer an Gut und Blut wie unsere Mitbürger …« Die Gründe dafür interessieren ihn nicht weiter, nur Eines: »Im jetzigen Zustande der Welt und wohl noch in unabsehbarer Zeit geht Macht vor Recht. Wir sind also vergebens überall brave Patrioten, wie es die Hugenotten waren, die man zu wandern zwang. Wenn man uns in Ruhe ließe … Aber ich glaube, man wird uns nicht in Ruhe lassen.« Die Entscheidung für die staatliche Lösung der Antisemitenfrage zeigt sich also nicht zuletzt darin, dass Herzl jede weitere Suche nach Ursachen und Bedingungen des Antisemitismus abbricht, ihn vielmehr als gegebenes und offenbar unabänderliches Faktum akzeptiert – das ebenso »tief im Volksgemüt« sitzt wie es die Macht, die das Volk regiert, prägt –, um daraus die praktischen Konsequenzen zu ziehen.

Herzl sprach von einer »ganz eigentümlichen Neubildung auf noch unbestimmtem Territorium«, wenn es darum ging, wie die *Society of Jews* diesen Souverän vorwegnehmen könnte. Als gelerntem Juristen bot sich ihm zur Erläuterung solcher Eigentümlichkeit eine spezielle Anleihe beim römischen Recht an, die *negotiorum gestio.* »Wenn das Gut eines Behinderten in Gefahr ist, darf jeder hinzutreten und es retten. Das ist der Gestor, der Führer fremder Geschäfte. Er hat keinen Auftrag, das heißt keinen menschlichen Auftrag. Sein Auftrag ist ihm von einer höheren Notwendigkeit erteilt.« Dabei sei die *gestio* »auf das Wohl des Dominus« gerichtet, »des Volkes, zu dem ja auch der Gestor selbst gehört. Der Gestor verwaltet also ein Gut, dessen Miteigentümer er ist.« Er kann aber »die Zustimmung der unzähligen Miteigentümer im günstigsten Fall nur vermuten«.[11] Im Nachhinein vermag in

11 Herzl: Der Judenstaat (wie Anm. 1), S. 26, 27 u. 86 f.

einem Verfahren ermittelt zu werden, ob und inwieweit deren Interessen tatsächlich entsprochen worden ist. Dieses ›Rechtsinstitut‹ eignete sich gerade deshalb, die Frage eines zu schaffenden Souveräns darzulegen, weil es selbst noch keine Souveränität im modernen Sinn zur Bedingung hatte, wie das ganze römische Recht war es vielmehr der Balance verschiedener, nebeneinander existierender Machtbereiche entsprungen. Die *negotiorum gestio* setzt gewissermaßen voraus, dass kein Souverän als ubiquitäre und übergeordnete Instanz vorhanden ist, der selbst die Geschäfte des verhinderten Eigentümers in die Hand nehmen oder dafür einen Auftrag erteilen könnte; es wird prinzipiell niemand daran gehindert, sich ihrer zu bemächtigen, und erst *post festum*, wenn der Eigentümer sich zurückmeldet, ist ein Gleichgewicht der Interessen zu eruieren.

Für Herzl war der Ausgangspunkt die Lage der Juden in der weltweiten Diaspora, der hier gleichsam die Bedeutung des Territoriums gegeben wird, auf dem das römische Recht gegolten hatte. Es handelt sich damit um eine Übertragung, bei der sich der Inhalt zugleich vollständig ändert: Denn das Gut, um das es dem zionistischen Gestor geht, ist das Leben der Juden, ihre Selbsterhaltung. Sie ist in Gefahr, weil die Juden keinen Staat haben, also behindert werden, sich um sie zu kümmern. »Das Judenvolk ist gegenwärtig durch die Diaspora verhindert, seine politischen Geschäfte selbst zu führen. Dabei ist es auf verschiedenen Punkten in schwerer oder leichterer Bedrängnis. Es braucht vor allem einen Gestor.« Der Gestor kann die Zustimmung der unzähligen ›Miteigentümer‹ auch hier nur vermuten, hat aber angesichts der Pogrome und des immer gefährlicher werdenden Antisemitismus die besten Gründe dafür.[12] Wenn Herzl

12 Die Negativität in der Begründung zeigt sich etwa auch sehr deutlich in einer Rede von Herzls Freund und Herausgeber seiner Werke Leon Kellner: »Wien sagt uns, das Jüdische sei keine Sprache, folglich könne die Regierung die Juden nicht als Nationalität anerkennen, denn die Grundlage für die Anerkennung der Nationalität sei die Sprache. Staatstheoretiker von anderer Färbung sagen, die Juden seien keine Nation, denn es fehle ihnen der Boden; wieder andere sagen, sie können die Juden nicht als Nation anerkennen, weil sie nicht bewiesen haben, daß sie eine reine Rasse sind und dergleichen Kinkerlitzchen mehr. Die Juden von heute sagen etwas ganz anderes und dagegen, glaube ich, gibt es keinen Einwand: Ihr fragt uns, was wir seien und wir sagen euch, wir sind eine Nation; und da kommt ihr mit allerlei Gründen und sagt, wir seien keine. Gut. Da werden wir bescheidener und sagen: Unser Wort gilt nicht; so fragen wir euch, die anerkannten Nationalitäten. Sind wir Rumänen? [Zwischenruf] Keine Spur! Wir fragen die Ruthenen: Zählen Sie uns zu den Ruthenen, wenn wir die ruthenische Sprache sprechen? Denn es gibt viele Juden, die vortrefflich Ruthenisch sprechen. Die Ruthenen antworten: Keine Spur! Nun kommen die Deutschen. Ich bilde

wie viele Zionisten nach ihm dachte, dass die Gründung des Staats letztlich auch das Ende der Diaspora beinhalten würde, so lehrt seine Bestimmung des Gestors doch zugleich, dass auch noch der einmal gegründete Staat, solange es die Diaspora gibt, im Verhältnis zu ihr etwas von der Bedeutung eines Gestors behalten muss. So hat Joachim Bruhn betont, »dass der Staat Israel seine Staatsräson niemals allein nur daraus beziehen kann, dass er Staat aller seiner Bürger ist, sondern in seiner fortwährenden Eigenschaft als Gestor im Sinne Herzls auch Repräsentant, Organ und Agent ist aller Abwesenden, und dass das in seinem Staatscharakter ein Doppeltes hineinbringt: Er ist demokratisch, aber er ist nicht so demokratisch, dass er nicht zu unterscheiden wüsste zwischen der Titularnation des Staates und denjenigen, die auch noch da wohnen, und er ist eben universal gerichtet, indem er in seiner Staatlichkeit in Form dieses Gesetzes das Recht aller Anderen auf Staatsbürgerschaft inkorporiert …« Mit diesem Gesetz ist das *Law of Return* gemeint, das es den in der Diaspora Lebenden ermöglicht, jederzeit in Israel einzuwandern. Seine Gültigkeit bis heute, ist Ausdruck dessen, dass jene »Gestor-Funktion, von der Herzl sprach, noch nicht erloschen ist; sie kann auch gar nicht erloschen sein, weil ja die Bedrohungssituation keineswegs aufgehört hat …«[13]

»*Quasi ex contractu*«, begründet Herzl sein Handeln und benennt damit etwas wie die zionistische Adaption des imaginären Vertrags unter den Bürgern, mit dem Hobbes die Entstehung des Leviathan erklärt hat. Das Eingreifen eines Einzelnen als Gestor geschieht damit sozusagen auf gut Glück. Er kann weder seine besondere Eignung, noch den genauen Zeitpunkt dafür, mit Bestimmtheit begründen. Die Tatsache, dass Herzl selbst »alle Fäden in die Hand nimmt und handelt«, weise ihn, so Gerhard Biller mit Bezug auf

mir ein, daß viele von uns die deutsche Sprache und Literatur so sehr in sich aufgenommen haben, daß man sie nach der Sprache sicherlich nicht von den arischen Deutschen unterscheidet. Richtet man aber an die Deutschen die Frage, ob jene Leute, die die deutsche Sprache, Literatur und Kultur in sich aufgenommen haben, Deutsche sind, dann werden die Herren sicherlich mit ›Nein‹ antworten. Was sind wir also? Sie selbst sagen, daß wir nicht Rumänen, nicht Deutsche und nicht Ruthenen sind; wir sagen Ihnen, wir sind Juden!« (Rede des Abgeordneten Prof. Dr. Leon Kellner zur Begründung des Antrags auf Aenderung der Landtagswahlordnung, 13. Jänner 1913. In: Der Jüdische Volksrat 106/1913, S. 1 f.; siehe Gerald Stourzh: Galten die Juden als Nationalität Altösterreichs? In: Studia Judaica Austriaca 1984, S. 73–98.)

13 Joachim Bruhn: Die Einsamkeit Theodor Herzls. Der Hass auf Israel und die Arbeit der materialistischen Staatskritik. In: sans phrase 16/2020, S. 23.

Carl Schmitts *Politische Theologie*, als »Dezisionisten ersten Ranges aus. Sein Verdienst war es, den Ausnahmezustand erkannt zu haben, in dem die Juden sich befanden, und daß dieser Ausnahmezustand zu seiner Beendigung einer souveränen Entscheidung bedurfte, die wegen der Unübersichtlichkeit der Lage einer Begründung gegenüber Dritten nicht bedurfte. Die Normen des Handelns lagen nun bei Herzl selbst, der zudem wegen der aktuellen jüdischen Lage einsah, daß rasch gehandelt werden müsse. Sein Ziel war in erster Linie politisch, der Rechtsanspruch jedoch war moralisch und historisch begründet.«[14] Anders als in der *Politischen Theologie*, wie sie Schmitt formulieren sollte, war aber durch den Zionismus der Staat überhaupt erst zu schaffen, von dem aus der Ausnahmezustand, in dem die Juden lebten, als solcher auch definiert zu werden vermag. Erst das Ziel des Judenstaats gibt überhaupt den wahren Begriff der »Judennot«, die in den Staaten herrscht; macht deutlich, woran die Proklamation der Menschenrechte nichts ändert. Genau darin liegt die *Einsamkeit Theodor Herzls*, von der Joachim Bruhn spricht, um unter diesem Titel die Nähe zu Machiavellis Bestrebungen zu betonen. Es handelt sich sozusagen um die politische Bewahrheitung der berühmten Geschichte, die Baron Münchhausen erzählt hat, oder besser gesagt ihres *Gestus*: Wie lässt sich die nationale Einheit einer bürgerlich-republikanischen Staatlichkeit herstellen, wenn deren prospektive Bürger untereinander eben noch gar keine von unmittelbaren Zwängen emanzipierenden Vertragsbeziehungen eingehen können. Der Rückgriff auf die römische Rechtsfigur des Gestors soll beides verbinden – Machiavelli und Hobbes: Vorwegnahme des imaginären Vertrags, mit dem dann *post festum* die Anerkennung eines Gewaltmonopols erklärt wird, also jener Macht, die allein die Einhaltung der wirklichen Verträge garantiert.

In einer seiner letzten Reden – nicht zufällig in einer Krisensituation gehalten, nachdem Herzl aus den eigenen Reihen scharf angegriffen worden war, weil er das englische Angebot überhaupt erwog, Uganda statt Palästina als Territorium zu akzeptieren – tritt besonders hervor, inwieweit es sich hier nur um ein *quasi ex contractu* handeln kann. Es geht nicht um die Mehrheit der jüdischen Bevölkerung, die in Gestalt des Zionismus einen Vertrag abgeschlossen hätte, an den der gewählte Repräsentant sich zu halten habe, sondern der

14 Gerhard Biller: Theodor Herzl. In: Metzler Lexikon jüdischer Philosophen. Philosophisches Denken des Judentums von der Antike bis zur Gegenwart. Hrsg. v. Andreas B. Kilcher und Otfried Fraisse. Stuttgart; Weimar 2003, S. 290.

Gestor kann und muss auch gegen die ohnehin nur zu erahnende Mehrheit handeln können, um deren Interessen zu übernehmen und ihre Einheit überhaupt herzustellen. Zunächst beschreibt Herzl allein die subjektiven Voraussetzungen, derer es bedarf. (Er habe sich in Wien »eines Tages« von seinem »ganzen Lebenskreise«, von allen seinen »Bekannten und Freunden losgesagt« und sei »als ein einsamer Mensch für das eingetreten, was ich für nötig gehalten habe. Ich habe nicht das Majoritätsbedürfnis, ich brauche keine Majorität.«) Doch dann betont er so deutlich wie kaum an anderer Stelle die Notwendigkeit, dass es diesen Gestor, einen Stellvertreter-Souverän, geben müsse; dass die Einheit in einer bestimmten Situation der Hand eines Einzelnen anzuvertrauen sei, nach welchen demokratischen Regeln auch immer er dazu bestimmt wäre, weil die Form der Organisation allein sie nicht hervorbringe. »Selbst wenn wir schon so viele Hundertausende Anhänger hätten, wie wir jetzt Zehntausende haben, selbst dann wäre die Organisation für die Erlangung des Zieles ein unerheblicher Faktor. Sie kann vielleicht die Mittel herbeischaffen, aber um mit den Faktoren, um die es sich handelt, zum Ziele zu gelangen, dazu ist die Organisation als solche absolut nicht imstande. Diese Funktion kann ausschließlich von der Führung ausgeübt werden.« Es komme allein auf die Beharrlichkeit im Festhalten des Ziels an, hätte aber die Organisation keine Führung, die diese Beharrlichkeit verkörpert und »in jedem Augenblick imstande ist, in die allgemeine Lage, heute in Frankreich, morgen in Italien, übermorgen in England einzugreifen, dann wäre die zionistische Bewegung nur ein Spiel mit Worten, nur eine Bewegung von Leuten, die schon zufrieden sind, wenn sie in ihr Ehrenposten haben«. Die große Kraft zur Erlangung des Ziels wäre nicht »in einem Verband von Konventikeln« aufzufinden. Sie zu begründen, könnte sich Herzl direkt auf die Hobbes'sche Auffassung berufen, wonach die Einheit des Staats nach außen hin erst das Überleben im *state of nature* zwischen den Staaten ermöglicht, näher liegt ihm freilich, Graf Bülow aus einer Rede im deutschen Reichstag zu zitieren, der die »vollständig unrichtige und unberechtigte Behauptung« zurückwies, »daß eine Partei die auswärtige Politik bestimmen könne. Ich führe diejenige auswärtige Politik, die nach meiner Kenntnis der internationalen Sachlage am besten den Interessen der deutschen Nation entspricht.«[15] Noch in seinem letzten zionistischen Text legt

15 Theodor Herzl: Palästina oder Uganda (Ansprache bei der Sitzung des Großen Aktionskomitees der Zionistischen Organisation. Wien, 11. bis 15. April 1904).

Herzl jedenfalls alles Gewicht darauf, dass »das dringendste Erfordernis unserer Bewegung, die Einheitlichkeit unserer Organisation, gesichert« werde.[16]

Dem entspricht auch die Position, die Herzl zur Religion einnimmt: Er weiß, welche besondere Rolle ihr zukommt, als dem jahrtausendealten Stellvertreter eines eigenen Reichs, und er bedachte auch ihre Bedeutung für die Gründung des neuen Staats, er würdigte einerseits die »Kolonisierungsbewegung«, die »vor mehr als fünfzig Jahren in streng frommen Kreisen durch die angesehensten Rabbiner ins Leben gerufen worden« waren, und schickte andererseits seine Schrift noch vor der Publikation etwa an die Oberrabbiner von London und Wien, um zu erfahren, wie sie sein Konzept beurteilten. Aber das sagt noch nichts, über die Rolle der Religion im Staat selbst. Hier präjudizierte er einfach: es werde keine Theokratie geben. »Der Glaube hält uns zusammen, die Wissenschaft macht uns frei. Wir werden daher theokratische Velleitäten unserer Geistlichen gar nicht aufkommen lassen. Wir werden sie in ihren Tempeln festzuhalten wissen, wie wir unser Berufsheer in den Kasernen festhalten werden.« Alles wird unter dem Gesichtspunkt notwendiger Einheit des Staats betrachtet: »Heer und Klerus sollen so hoch geehrt werden, wie es ihre schönen Funktionen erfordern und verdienen. In den Staat, der sie auszeichnet, haben sie nichts dreinzureden, denn sie werden äußere und innere Schwierigkeiten heraufbeschwören. Jeder ist in seinem Bekenntnis oder in seinem Unglauben so frei und unbeschränkt wie in seiner Nationalität. Und fügt es sich, daß auch Andersgläubige, Andersnationale unter uns wohnen, so werden wir ihnen einen ehrenvollen Schutz und die Rechtsgleichheit gewähren.« Die strikte Orientierung am westlichen Souveränitätstypus verstellt Herzl gleichwohl ein wenig, in welchen Formen im neuen Staat der alte Glaube fortleben kann, soweit er eben weiterhin jene Funktionen des Zusammenhaltens behält, sowenig wie die Diaspora sich durch den neuen Staat vollständig erübrigen könnte. So stellt Herzl die ironisch getönte Frage im Hinblick auf die gemeinsame Sprache: »Wir können doch nicht Hebräisch miteinander reden. Wer von uns weiß genug Hebräisch, um in dieser Sprache ein Bahnbillet zu verlangen?«[17] Im Allgemeinen aber wusste er, dass der Zionismus gerade das Merkwürdige habe, was ehedem für unmöglich gehalten

Gesammelte Zionistische Werke. Bd. 1. Berlin 1934, S. 502 f. u. 504.

16 Theodor Herzl: Die Konferenz der Verständigung (Mai 1904). Gesammelte Zionistische Werke. Bd. 1. Berlin 1934, S. 510.

17 Herzl: Der Judenstaat (wie Anm. 1), S. 95 u. 94.

wurde, nämlich »die enge Verbindung der modernsten Elemente des Judentums mit den konservativsten«.[18]

Aber sämtliche Fragen des neuen Staats werden unter einem einzigen Gesichtspunkt aufgeworfen: dass sein höchstes Gut die Selbsterhaltung der Juden ist. Deren Leben zu bewahren, heißt, das Objekt, das dies ermöglicht, zu bestimmen und zu bekommen: das Gewaltmonopol über ein Territorium, von dem die anderen, die Feinde, ausgeschlossen bleiben. Der Zionismus sei in diesem Sinn »ein Friedenstifter«, aber es gehe ihm »freilich dabei wie Friedensstiftern gewöhnlich: er muß sich am meisten herumschlagen«.[19] Umso mehr, wenn diese Feinde ein Feind sind: der ewige Antisemit.

Anders als Machiavelli konnte sich Herzl nicht an einen Fürsten wenden, sondern musste sich auf die Suche nach der geeigneten hegemonialen Macht begeben. So wie der Gestor im römischen Reich sich zwar auf den Dominus berufen mochte, aber auf die augenblickliche, durch kein wirkliches Gewaltmonopol gedeckte und fixierte Konstellation der verschiedenen gesellschaftlichen Kräfte Rücksicht nehmen musste, so hat der zionistische Gestor, der sich auf die Selbsterhaltung des jüdischen Volks beruft, genau sich zu überlegen, mit welchen Staaten und gegen welche er die Übernahme der Geschäfte durchführen kann. Er hat also auf die jeweilige Konstellation der Mächte zu achten und zu bestimmen, welcher Hegemon oder welches hegemoniale Bündnis seiner Interessenslage jeweils gemäß ist. Für Herzl gab es zwar, was die finanzielle Akkumulation betraf, die deutliche Präferenz für Großbritannien, aber was das Territorium anlangte, setzte er zunächst Hoffnungen auch auf den Sultan des Osmanischen Reichs und den deutschen Kaiser. Kurz nach Publikation des *Judenstaats* getraute er sich »sogar zu behaupten, daß die Juden keinen großmütigeren Freund haben als Seine Majestät den jetzt regierenden Sultan!«[20] Er zählte dabei auf eine gewisse Rationalität auf Seiten der Interessenspolitik des Osmanischen Reichs: Der Sultan wisse, er könne »eine Hilfe für seine Finanzen, die einzig wirksame …, nur durch eine Verständigung mit Juden, und zwar mit Juden, welche die jüdische Politik und nicht Kabinettspolitik in irgendeinem Auftrage betreiben, erzielen«.[21] So sah Herzl vor,

18 Theodor Herzl: Eröffnungsrede zum ersten Kongreß (29. August 1897). Gesammelte Zionistische Werke. Bd. 1. Berlin 1934, S. 176.

19 Ebd., S. 180.

20 Herzl: Rede im Makkabäer-Klub (London, 6. Juli 1896). Gesammelte Zionistische Werke. Bd. 1. Berlin 1934, S. 113.

21 Herzl: Rede in der Österreichisch-Israelitischen Union (wie Anm. 7), S. 129.

dass die Kolonialbank in London für die türkische Regierung finanzielle Dienste leisten könnte, »insoweit und insolange hierfür ein Gegenwert in der Form von ausreichenden Rechtszugeständnissen für die Ansiedler erfolgt«.[22]

Um diesen Deal gleichsam weltpolitisch abzusichern, traf sich Herzl 1899 auch mit dem deutschen Kaiser in Konstantinopel und richtete wenig später in Jerusalem eine Ansprache an ihn, worin er ›Seine Majestät‹ »um Ihre hohe Hilfe« zur Verwirklichung der zionistischen Pläne bat: »Ein Kaiser des Friedens zieht mächtig ein in die ewige Stadt! Wir Juden grüßen Eure Majestät in diesem hohen Augenblick und wünschen dabei aus tiefster Brust, daß ein Zeitalter des Friedens und der Gerechtigkeit anbrechen möge für alle Menschen.«[23]

Es spricht einiges dafür, dass Herzl damals im deutschen Kaiser den »Rat der Kulturvölker« verkörpert sah, der die völkerrechtliche Anerkennung für den jüdischen Staat durchzusetzen vermag. Tatsächlich aber konnte Herzl nur darauf rechnen, dass Deutschland als immer mächtiger werdender Hegemon in dieser Region Druck auf den Sultan auszuüben imstande war. Die ablehnende Reaktion des deutschen Kaisers belehrte ihn allerdings sogleich eines Besseren. Und bald folgte auch die Enttäuschung über den Sultan, der sich zwar dazu bereit erklärte, den Juden sein Reich zu öffnen und ihnen die türkische Staatsbürgerschaft versprach, aber gerade die Ansiedelung in Palästina vorerst wenigstens ausschloss und keineswegs konzedierte, ein geschlossenes Territorium in seinem Reich für die zionistische Bewegung bereitzustellen. Die ursprünglich mit dem Osmanischen Reich zusammenhängenden Illusionen schlugen sich unverkennbar noch in Herzls Roman *Altneuland* nieder, der 1902 erschien. Darin gab Herzl der Versuchung nach, seine Hoffnungen sich als Utopie auszumalen, etwas, das er sich doch sonst in seinem Buch *Der Judenstaat* wie in seinen zionistischen Reden und Artikeln im Wesentlichen gerade verbat. Aber schon 1899 sagte er in einer Rede in London, »wenn ich nicht so heillose Angst davor hätte, ein Phantast und Utopist gescholten zu werden, würde ich Ihnen die kommende Einrichtung unseres Landes schildern, mit Eisenbahnen, Telegraphen, Automobilcars und anderen solchen fabelhafte Dingen, die noch nie ein Mensch gesehen hat.... Vielleicht werden wir

22 Herzl: Die Millionen der Ica (wie Anm. 3), S. 349.

23 Theodor Herzl: Ansprache an den deutschen Kaiser in Jerusalem (2. November 1899). Gesammelte Zionistische Werke. Bd. 1. Berlin 1934, S. 327.

bei dieser Gelegenheit die Möglichkeit sozialer Verbesserungen entdecken und verwirklichen, die auch den Mühseligen und Beladenen anderer Völker zunutze kommen. Dann erst werden wir wahre Israeliten sein.«[24] In solchen Worten brach sich bei Herzl, der so weit entfernt ist von den jüdischen Traditionen, der messianische Impuls Bahn, noch vor der Gründung des Judenstaats wird jene innere Ambivalenz spürbar, wie sie Gershom Scholem später unmittelbar zur Sprache bringen konnte: Es sei kein Wunder, »daß die Bereitschaft zum unwiderruflichen Einsatz aufs Konkrete, das sich nicht mehr vertrösten will, eine aus Grauen und Untergang geborene Bereitschaft, die die jüdische Geschichte erst in unserer Generation gefunden hat, als sie den utopischen Rückzug auf Zion antrat, von Obertönen des Messianismus begleitet ist, ohne doch – der Geschichte selber und nicht einer Metageschichte verschworen – sich ihm verschreiben zu können. Ob sie diesen Einsatz aushält, ohne in der Krise des messianischen Anspruchs, den sie damit mindestens virtuell heraufbeschwört, unterzugehen – das ist die Frage, die aus der großen und gefährlichen Vergangenheit heraus der Jude dieser Zeit an seine Gegenwart und seine Zukunft hat.«[25] Diese Krise des messianischen Anspruchs zeigt sich bei *Altneuland:* Die Utopie, die Herzl im Jahr 1923 angesiedelt hat, dementiert die Einsichten des *Judenstaats* und legt nahe, dass die Juden für sich ein Land gewinnen und behalten können, ohne einen eigenen Souverän im klassischen Sinn zu benötigen. Ihre Gemeinschaft steht im Roman unter dem Schutz des Osmanischen Reichs. Spätere Anti- und Postzionisten glauben hier ein umfangreiches Arsenal für ihre Zwecke zu finden, indem sie das »Märchen«, das Herzl, wie er selbst sagt, nur »bei den Lagerfeuern erzähle, um meine armen Leute auf der Wanderung bei gutem Mut zu erhalten«[26], als »Herzls neue Theorie von Herrschaft und Macht« ausgeben, »die ihn weit über die meisten Nationalisten des 19. Jahrhunderts« hinaushebe. »Altneuland ist kein Nationalstaat, sondern eine ›Neue Gesellschaft‹ außer- und oberhalb des üblichen europäischen Nationalismus.«[27] Dabei gibt sich die Utopie bei Herzl doch deutlich genug als phantastischer Roman zu erkennen, in dem die Zeit, ganz nach dem Willen des Osmanischen Reichs, stillgestellt

24 Theodor Herzl: Rede in London (1899). Gesammelte Zionistische Werke. Bd. 1. Berlin 1934, S. 361 f.
25 Gershom Scholem: Über einige Grundbegriffe des Judentums. Frankfurt am Main 1970, S. 167.
26 Zit. n. Amos Elon: Theodor Herzl. Eine Biographie. Wien; München 1974, S. 343.
27 So Amos Elon selber in seiner Herzl-Biographie, ebd., S. 344.

scheint: Der Sultan gibt den Juden das Land und erspart ihnen damit die Staatswerdung. Die »Neue Gesellschaft für die Kolonisierung von Palästina«, wie der Roman sie sich ausmalt, regelt zwar, was sonst ein Staat regelt, nämlich Infrastruktur und innere Sicherheit, bleibt aber insofern ein bloß privates Unternehmen, als sie keine eigene Armee besitzt, um ihre Souveränität nach außen hin zu behaupten.

Eben darin besteht das falsch Utopische, und damit hängt aufs Engste das Märchenhafteste an diesem Märchen zusammen, dass es nämlich keine Antisemiten mehr gibt, eine Vorstellung, die allerdings bereits im *Judenstaat* vorbereitet ist. Die Rückkehr der Juden nach Palästina und der Einflussbereich der »Neuen Gesellschaft«, der über Beirut und Damaskus hinausreicht, erzeugt keinerlei Spannung bei der arabischen Bevölkerung, denn diese profitiert in allem von den neuen Gegebenheiten. Allein die Akkumulation von Reichtum, die in kapitalistischer oder genossenschaftlicher Form erfolgt, lässt nicht nur die Konflikte zwischen den Staaten und Bevölkerungsgruppen verschwinden, sondern auch den Wahn, die abstrakte Dimension des Kapitals im Judentum zu personifizieren. Bei den miteinander Arbeitenden handelte es sich wie in Spinozas Philosophie nur um verschiedene Modi ein und derselben Substanz, die als Inbegriff von Selbsterhaltung gedacht wird. So entsteht hier etwas, das heute unter dem Markenzeichen einer multikulturellen Gesellschaft firmiert: Konglomerat, das der Einheit spottet, eine Gesellschaft ohne Staat und Religion als Einheitsstiftendes. Das Scheitern, eine freie Assoziation von Individuen zur Darstellung zu bringen, bestätigt noch einmal das Bilderverbot: Es rächt sich gleichsam für den Verstoß darin, dass Herzl in diesem Roman über zwischenmenschliche Beziehungen erzählt, als hätte ihn Freiherr Adolph Knigge inspiriert.

In seiner politischen Tätigkeit als Gestor der Juden jedoch folgte Herzl weiterhin den Einsichten des *Judenstaats* und gab rasch die Illusionen auf, die sich an den Sultan und den deutschen Kaiser geheftet hatten. Er wandte sich dem Westen und der englischen Regierung zu. Seine späten Reden betreffen vor allem die Vorschläge, die von dieser Seite als Ersatz für Palästina gemacht wurden, zum einen war das der Sinai, zum anderen Uganda. Dass Herzl auf sie einging, obwohl er doch betonte, dass »selbstverständlich das jüdische Volk kein anderes Endziel haben kann als Palästina«[28], hat

28 Theodor Herzl: Sechste Kongressrede (24. August 1903). Gesammelte Zionistische Werke. Bd. 1. Berlin 1934, S. 494.

einerseits mit der Notsituation der jüdischen Bevölkerung zu tun, die sich in Russland gerade zuspitzte, wie das Pogrom von Kishinev vor Augen führte, und jedes Provisorium war hier besser als gar nichts. Andererseits wusste Herzl, dass er gegenüber dem englischen Hegemon ein gewisses Entgegenkommen signalisieren musste. In seinem letzten zionistischen Text begründet er anlässlich des Uganda-Angebots noch einmal, wie wichtig die Frage ist, an welche hegemoniale Macht man sich wende: »Es gibt keine kompliziertere politische Frage als die unsrige. Wir haben durchaus keine Almosen empfangen, und unsere Politik ist keine Bettelpolitik. Wir sind mit der englischen Regierung als Nation in Verhandlungen getreten und setzen diese Unterhandlungen als Nation fort. In der Ostafrikafrage fällt der Umstand stark ins Gewicht, daß der Kongreß von der territorial größten Macht der Welt offiziell als der Vertreter des jüdischen Volkes anerkannt wurde. Unsere Geschichte weiß kein ähnliches Beispiel mehr aufzuweisen.«[29]

II

Diese Umorientierung auf den Hegemon des Westens zeichnete die weitere Entwicklung des Zionismus vor: Im Ersten Weltkrieg, mit dem der deutsche Kaiser, den Herzl einmal als Kaiser des Friedens hatte sehen wollen, die deutsche Katastrophenpolitik zu exekutieren begann, gründeten Vladimir Jabotinsky und Joseph Trumpeldor die *Jüdische Legion*: eine militärische Truppe mit dem Zweck, auf der Seite der britischen Armee im Nahen Osten zu kämpfen. So wenig Unterstützung diese Idee zunächst in zionistischen Kreisen fand, sie konnte dennoch realisiert werden, und das noch ehe es Chaim Weizmann gelang, die englische Regierung zur Balfour-Erklärung zu bewegen. Wie Herzl verstand sich Jabotinsky als Führer »fremder Geschäfte«, hatte unmittelbar »keinen Auftrag«, konnte die Zustimmung derer, die am Handeln gehindert wurden, nur vermuten und darauf hoffen, dass sich im Nachhinein die Wahrung ihrer Interessen zeigen werde. In diesem Sinn schrieb er schließlich rückblickend: »Zieht man bloß die Kriegsepoche in Betracht, so gebühren fünfzig Prozent des Verdienstes an der Balfour-Deklaration der Legion. Denn die Welt ist kein Freigut, Einzelpersonen gibt man keine Balfour-Deklaration, man gibt sie einer Bewegung« – und zwar einer,

29 Herzl: Die Konferenz der Verständigung (wie Anm. 16), S. 509.

die zu den Waffen greift.[30] Erst mit der Bewaffnung sollte die Anleihe bei der römischen Rechtsfigur des Gestors aufgehen, sodass der Zionismus das Erbe Machiavellis und Bodins, Hobbes' und Spinozas anzutreten nicht mehr gehindert werden konnte.

In seinen Erinnerungen an diese Legion schrieb Jabotinsky auch, dass für ihn schon vor dem Ersten Weltkrieg das Osmanische Reich kein Land mehr war, »sondern nur ein trauriges Mißverständnis«[31] – im Gegensatz zu seinem späteren Gegenspieler von der Seite der zionistischen Linken, David Ben Gurion, der den Juden in Palästina noch empfahl, auf der Seite dieses Reichs zu kämpfen. Die Hinwendung zu dem richtigen Hegemon blieb die schwierigste ›außenpolitische‹ Frage für den Zionismus. So deutlich es Jabotinsky im Ersten Weltkrieg vor Augen stand, dass ein von den Briten regiertes Palästina besser für die Zionisten war, so unmissverständlich waren die Enttäuschungen, die man hier hinnehmen musste, sobald es unmittelbar um die Verteidigung gegen Angriffe der Araber ging: Das begann spätestens mit der von den Engländern betriebenen Demobilisierung der jüdischen Legion, die doch Jabotinsky als Anfang eines militärischen Schutzes der Juden in Palästina sehen wollte, sowie der Reaktion auf den arabischen Aufstand von 1920 beziehungsweise die Gegenwehr von jüdischer Seite. Während Jabotinsky dabei das Kommando der ersten *Hagana* übernahm – der vom *Jischuv*, der jüdischen Gemeinde in Palästina, organisierten Verteidigungstruppe, zu der nun viele ehemalige Mitglieder der Legion gehörten –, quittierte die britische Militärverwaltung diesen Einsatz zum Schutz jüdischer Siedlungen vor den arabischen Pogrom-Rackets, die schon damals vom späteren Großmufti Amin al-Husseini aufgehetzt wurden, mit der Verhaftung mehrerer ihrer Mitglieder, worauf sich Jabotinsky selbst stellte. Zu 15 Jahren Zwangsarbeit verurteilt und in die Festung Akko verbracht, kam er zwar bald darauf unter der mittlerweile eingerichteten zivilen Verwaltung wieder frei, aber ein Jahr später bestätigten die nächsten Ausschreitungen, denen bereits 46 Juden zum Opfer fielen, alle seine Befürchtungen: »For Jabotinsky, this proved how right he had been to insist on a postwar role for the now fully disbanded legion. ›As long as there were 5000 Jewish soldiers in Palestine, there were no anti-Jewish disturbances there,‹ he wrote Winston Churchill, then serving as Secretary of State for Colonies. ›When their number dropped to 400 [in 1920], six Jews were killed

30 Wladimir Jabotinsky: Die jüdische Legion im Weltkrieg. Berlin 1930, S. 255 f.
31 Ebd., S. 7.

in Jerusalem. Now that they have been demobilized entirely, over 30 Jews have been killed in Jaffa [alone].‹ Unless the legion was revived, he warned, the Yishuv would have to train and maintain a paramilitary force of its own.«[32] In seinem Buch über *Die jüdische Legion im Weltkrieg* heißt es in diesem Sinn: »Solange die fünftausend Mann Palästina beschützten, herrschte Ruhe – selbst in stürmischen Zeiten, wo sie fast die einzigen waren. Mit dem Augenblick, wo sie verschwanden, begann eine Serie von Überfällen: Jerusalem, Jaffa, Petach-Tikwah, dann wieder Jerusalem. Unsere Gegner werden nach Erklärungen fahnden, werden zu beweisen suchen, daß ›gar nicht aus diesem Grunde‹ … Sie mögen sich schämen! Wie immer man zur Legion steht – das tatsächliche Verdienst, weiß Gott wieviel jüdisches Blut gerettet zu haben, darf man diesen fünftausend jüdischen jungen Leuten nicht streitig machen.«[33]

Doch Jabotinsky sah das Problem immer auch im Zusammenhang mit der Lage in der Diaspora – und das Pogrom von Kishinev, das ihn einstmals zum Zionisten *sans phrase* werden ließ, war längst in den Schatten gestellt worden: in den Krisenjahren zwischen 1917 und 1921 wurden mindestens 75 000 Juden in einer Vielzahl von Massakern umgebracht. In den heftigsten Kontroversen, die Jabotinsky ab 1921 als Mitglied der *Zionistischen Exekutive* unter Weizmann führte, ging es nicht nur um den Status der Hagana und die Stellung zur englischen Mandatsmacht, sondern auch darum, auf welche Weise und mit welchen Bündnissen, etwa in der Ukraine, eine jüdische Selbstverteidigungstruppe aufzubauen wäre, um weitere Pogrome zu verhindern. Uneins mit der politischen Linie der Exekutive in diesen Fragen, schied er schließlich 1923 aus dem Gremium aus und engagierte sich wenig später wiederum auf eigene Faust an verschiedenen Orten, vor allem in den Baltischen Staaten und Polen, für die Aufstellung paramilitärischer Jugendgruppen, die schließlich 1927 unter dem Namen *Betar* (mit dem auch an den inzwischen bei der Verteidigung des Jischuv gefallenen Trumpeldor erinnert werden sollte) vereinigt wurden. Er selbst musste dafür immer wieder den Vorwurf des Militarismus in Kauf nehmen. »Even if I am told that to shoot is militarism, particularly in the present world, which hates militarism and strives for peace I would also not disagree very much, although I am not so certain that the ›world‹ has truly such peaceful aspirations. I would even concede that it is very sad for us Jews at a

32 Hillel Halkin: Jabotinsky. A Life. New Haven; London 2014, S. 135.
33 Jabotinsky: Die jüdische Legion (wie Anm. 30), S. 254.

time like this to be forced to learn to shoot. But we are forced to it, and it is futile to argue against the compulsion of a historical reality. The force of historical reality teaches us a very simple lesson. If we should all be educated people and learn to plough the land and to build houses and all be able to speak Hebrew and know our whole national literature from the Songs of Devorah until Avigdor Hameiri and Shlonsky, and yet not know how to shoot, then there is no hope. If, however, you will be able to shoot, then there still is some hope. That is the lesson of the historical reality of our day and of the days of our children – the experiences of the past 15 years and the prospects for the next 15 to 20 years.«[34] Unmissverständlicher als für die meisten anderen Zionisten seiner Zeit, die in vieler Hinsicht dachten wie Herzl lediglich im *Altneuland*-Roman phantasierte, dass nämlich die »nationale Heimstätte« nicht unbedingt eines Souveräns bedürfte, ergab sich für Jabotinsky aus solchen Erfahrungen der Vorrang, das zionistische Engagement auf die Gründung eines jüdischen Staats hin auszurichten, wobei er keinen Zweifel ließ, dass dieser Staat auf dem anerkannten Monopol der Gewalt beruhen muss – auch wenn in dessen Vorbereitung die Einheitlichkeit der World Zionist Organization (WZO) nicht durchgehend gewahrt werden kann, sobald es um das schiere Überleben derer geht, für die der Staat gegründet werden soll. Um es mit Max Horkheimer auszudrücken: Die Rackets, die er in Gestalt von Betar und später Irgun zu schaffen half, sollten von Anfang an darauf zielen, ihren Charakter als Rackets auch wieder abzuwerfen und in jenem Monopol aufzugehen. Die Integration der Irgun-Kämpfer in die israelischen Streitkräfte vollzog sich dann – Jahre nach Jabotinskys Tod – auch sehr rasch; dass die Organisation selbst nicht ohne Gewalt aufgelöst wurde, verweist dabei noch einmal auf die schwierigen, die Einheit in Frage stellenden Bedingungen, unter denen die Bewaffnung des Gestors erfolgt war.

Im Laufe der 1920er Jahre gelangte Jabotinsky offenbar mehr und mehr zu der Auffassung, dass es, um die Frage der Gewalt weiterhin zum springenden Punkt zu machen, unabhängiger Organisationen und einer Opposition innerhalb des Zionismus bedurfte, wenigstens vorläufig. Neben Betar folgte daraus die Gründung einer eigenen politischen Vereinigung, die sich »revisionistisch« nannte, was nicht zuletzt Rückkehr zu Herzls *Judenstaat* signalisieren sollte. Sie wirkte

34 Vladimir Jabotinsky: Affen Pripatchook [in: The Jewish Herald, 12.9.1947]. In: The Political and Social Philosophy of Ze'ev Jabotinsky. Selected Writings. Hrsg. v. Mordechai Sarig. Übersetzt von Shimshon Feder. London; Portland 2013, S. 36.

zunächst innerhalb der Einheit der Zionistischen Organisation und nahm an deren Wahlen wie eine Partei innerhalb eines Staats teil, ehe sie schließlich aus ihr austrat und von außen auf sie einzuwirken oder an ihre Stelle zu treten versuchte. Wenn Jabotinsky in dieser Strategie die einzige Möglichkeit sah, Klarheit zu schaffen über die Erfordernisse und Mittel zum Schutz massenhafter Einwanderung wie zur Gründung des Staats, dann deshalb, weil er bei Weizmann und der *Jewish Agency* damit auf taube Ohren gestoßen war.[35] So kam er 1928 zu dem Urteil: »under its present leadership, the Zionist movement is also beeing conducted in a manner contrary to the interests of the ultimate aim of Zionism. In recent years, official Zionist leaders have given up the idea of a Jewish State in Palestine. They are busily whitewashing and justifying the British anti-Zionist regime.«[36]

Auch wenn man in den Reihen der zionistischen Linken, die schließlich in der Zionistischen Organisation die Mehrheit gewann, die Illusionen Weizmanns nicht unbedingt teilte, es gab auch hier die Tendenz, die Frage der organisierten Gewalt zu verdrängen. Auf diese Gefahr hat Jabotinsky beharrlich wie kein anderer hingewiesen. Für ihn hing das Problem aber aufs Engste mit dem Verhältnis zum Liberalismus zusammen. Herzls Auffassungen folgend, begriff er die Bedeutung der Vermittlungsformen, die gerade in der linken zionistischen Bewegung wie schon bei Moses Hess als das schlechthin *Bourgeoise* zurückgewiesen wurden. Jabotinsky argumentierte, was

35 So beim 14. Zionistischen Kongress in Wien 1925: »Recalling that during World War I he had assisted Jabotinsky in establishing the Jewish Legion [Jabotinsky joined the delegates in applauding this statement], Dr. Weizmann stated that at the present time he considered the demand for a Legion ›not only useless but even harmful. The key to the [present] situation is to be found on a different level: we have to open up the Near-East to Jewish initiative, in genuine friendship and cooperation with the Arabs.‹« Official Protocol of the Fourtheenth Zionist Congress, S. 323–328; zit. n. Joseph B. Schechtman: Fighter and Prophet. The Vladimir Jabotinsky Story. The Last Years. New York; London 1961, S. 43.

36 Protokoll der 3. Weltkonferenz der Union der Zionisten-Revisionisten. Paris 1929; zit. n. Schechtman: Fighter and Prophet (wie Anm. 35), S. 106. Tatsächlich erklärte Weizmann etwa bei einem Treffen des Zionistischen Aktionskomitees in Berlin am 27.8.1930: »Im Baseler Programm steht nichts über Judenstaat, auch in der Balfour-Deklaration nichts. Der Inhalt des Zionismus ist: Eine Reihe von bedeutenden materiellen Unterlagen in Palästina zu schaffen, auf denen sich ein autonomes, in sich geschlossenes und produktives Gemeinwesen aufbauen kann. … Die Jugend ist nicht von dem Wort Judenstaat hingerissen worden, sondern die Jugend ist zu uns gekommen, weil sie eine grosse Möglichkeit der Arbeit in Palästina sah.« (Chaim Weizmann: Reden und Aufsätze 1901–1936. Hrsg. v. Gustav Krojanker. Tel Aviv 1937, S. 215 f.)

Gesellschaft und Produktionsverhältnisse betrifft, stets für die Zirkulationssphäre, für die Durchsetzung des abstrakten Rechts, also für das Kapitalverhältnis. Seine Anleihen bei dem Sozialreformer Josef Popper-Lynkeus zeigen allerdings, dass er sich, was die weitere Zukunft betrifft, nicht unbedingt darauf festlegen wollte, ob gerade diese Formen die einzig wahren sein sollten. Für ihn stand aber offenkundig fest, dass es einen Souverän nur unter ihren Voraussetzungen geben werde. Unmittelbar politisch konnte er sich dabei auf die Einwanderungswelle nach 1924 stützen, als deren Vertreter und Fürsprecher er sich in gewisser Weise verstand: Es waren dies vor allem Angehörige des Mittelstands aus Polen, für die Nordamerika aufgrund der mittlerweile dort erlassenen Einwanderungsgesetze seine Bedeutung als Immigrationsziel weithin verloren hatte. Mit ihnen im Rücken trat Jabotinsky den ›antikapitalistischen‹ Tendenzen der vorangegangenen *Alija* (der jüdischen Einwanderung nach Palästina), zu der etwa auch Gershom Scholem gehörte, entschieden entgegen, indem er seinerseits nun den Mittelstand in gewisser Weise idealisierte: »In seiner Rede auf der dritten revisionistischen Weltkonferenz beklagte er, daß der Zionismus sich zu sehr von dem ›Umschichtungsgedanken‹, von dem Wunsch nach der ›Schaffung eines Volkes, das aus Bauern und Arbeitern besteht und keine Händler aufweist‹, leiten ließe.«[37] In einem Aufsatz von 1927 heißt es: »wir stammen nicht nur von einem Volk von Gesetzgebern, Propheten und Eroberern ab, sondern in den letzten 2000 Jahren auch von einem Volk von Händlern und Krämern.«[38] Das bestimmte auch sein Verhältnis zu Marx, wie in einem Artikel über die Tradition des Jubeljahrs, also des Sabbatjahrs, zum Ausdruck kommt: »The word bourgeois was regarded as despicable; the bourgeoisie beg forgiveness for their actual existence, as they feed on the fat of the land. In spite of this, I tend to think that even should a new Marx arrive on the scene and write three volumes on its ideal, it is well possible that it would not be Das Kapital but Jubilee.«[39] So versuchte also auch er – ähnlich wie Hannah Arendt oder Leo Strauss – den Begriff des Politischen vor der Kritik der politischen Ökonomie zu retten, indem er in die Antike auswich.

Gerade in der sozialistischen Orientierung sah Jabotinsky mehr und mehr die Ursache dafür, dass im Zionismus der Vorrang des zu

37 Nachum Orland: Israels Revisionisten. Die geistigen Väter Menachem Begins. München 1978, S. 69.

38 Zit. n. ebd.

39 Vladimir Jabotinsky: The Jubilee Ideal. In: The Political and Social Philosophy (wie Anm. 34), S. 86.

gründenden Staats gegenüber sozialpolitischen und kulturzionistischen Erwägungen verlorenzugehen drohe, so wie sich umgekehrt nach seinem eigenen Verständnis dieses Ziel nur durch die Anerkennung und Verteidigung der Vermittlungsformen der bürgerlichen Gesellschaft hindurch überhaupt wahrnehmen ließ. Darum ging die Forderung, eine liberale Gesellschaft aufzubauen mit der, ihren Gestor zu bewaffnen einher – was zugleich die schärfsten Aporien hervortrieb: Zum Einen zitiert Jabotinsky zustimmend Joseph Trumpeldors antiindividualistisches Credo: »›But among us must arise a generation which has neither interests nor habits. A piece of iron without crystallized form. Iron from which everything that the national machine requires should be made. Does it require a wheel? Here I am. A nail, a screw, a girder? Here I am. Police? Doctors? Actors? Lawyers? Teachers? Water-carriers? Here I am. I have no features, no feelings, no psychology, no name of my own. I am a servant of Zion, prepared for everything, bound to nothing, having one imperative: Build!‹ ›There are no such people‹, I said. ›There are.‹ I was mistaken. The first of them was sitting before me. He was himself a lawyer, a soldier, a farmer. He went to Tel Hai to seek work with the plough, found his death with a rifle, said ›Ein Davar‹ [never mind] and died immortal.«[40] Zum Anderen singt er das Lob des liberalen 19. Jahrhunderts: »Are you interested in the revival of Liberalism, the old-fashioned creed of the nineteenth century? I feel its time is coming; I think in about five years it will have enthusiastic crowds of youth to back it, and its catch-words will be repeated all the world over with the same hysteria as those of Communism used to be five years ago, those of Fascism today; only the effect will be deeper, as Liberalism has roots in human nature which all barrack-room religions lack.«[41] Aber ein solches Lob konnte bei Jabotinsky nichts an der Erkenntnis ändern, dass in den Staaten, in denen eine solche liberale Gesellschaft existiert, der Judenhass so wenig verschwunden ist und verschwinden wird, wie in den Staaten, in denen sie niemals existiert hatte und vielleicht auch weiterhin nicht existieren wird. Deshalb richtete er sein Denken auf die Bewaffnung des Gestors aus, durch die eine Einheit jener in der Diaspora entwickelten Vielfalt erst gesichert werden kann und der gegenüber wiederum die Frage sekundär erscheinen muss, in welchem Verhältnis die Gesellschaft in diesem

40 Vladimir Jabotinsky: The Story of the Jewish Legion. In: The Political and Social Philosophy (wie Anm. 34), S. 136.

41 Vladimir Jabotinsky: Letters in Englich, 9.12.1938. In: The Political and Social Philosophy (wie Anm. 34), S. 61.

von zionistischen Organisationen geschaffenen Staat dann zum Liberalismus des 19. Jahrhunderts stehen werde, wobei Jabotinsky allerdings den Faschismus von vornherein ausschloss: »This time only one ›philosophical‹ flight. I believe in the existence of a type of Zionist who does not care about the social colour of the ›State‹: I am such a Zionist. If I were to believe that the only way to attain statehood was Socialism, or that it would hasten its establishment by only one generation: I am prepared to agree. I will go even further: I shall even acquiesce to an Orthodox state which will force me to eat ›gefilte fish‹ from dawn to dusk (if there is no other way). Even worse: A Yiddish-speaking state which would be for me the end of spell. If there is no other way, I shall agree. Nevertheless, I will leave a will to my children to cause a revolution. However, on the outer flap of the envelope I shall inscribe – ›To be opened five years after the establishment of the Jewish State.‹ I have searched within my soul several times to ascertain whether these are my true feelings. And I believe they are.«[42]

Als eine Art innerer Panzerung erscheint es hingegen, wenn er in seiner 40 Jahre nach Herzls *Judenstaat* verfassten Schrift gleichen Titels die »Grundursache der jüdischen Tragödie« nicht darin sieht, »daß sich andere Völker zu uns schlecht verhalten« und dass darin auch nicht der »Urgrund des Zionismus« liege. Das Wesentliche an der Sache beruhe vielmehr darauf, »daß das jüdische Volk (bewußt, unterbewußt und unbewußt) immer seine soziale Selbständigkeit anstrebte und deshalb vermöchte es sich nie dem fremden Gesellschaftsgefüge anzupassen; es wird nicht ruhen, bis es nicht eine eigene Staatlichkeit geschaffen haben wird.«[43] Darum bezeichnet Micha Brumlik Jabotinsky mit Bezug auf den Historiker Michael Stanislawski mit einigem Recht als »kosmopolitischen Ultranationalisten« und attestiert ihm zugleich »äußerste Hellsicht«, was das Verhältnis zu den Arabern betrifft.[44] Nicht mehr die konkreten »Vorurteile«, die tief im »Volksgemüt« der Anderen sitzen, werden als der eigentliche Grund, die staatliche Selbständigkeit anzustreben, ins Auge gefasst, sondern der allgemeine Umstand, »daß es in der Welt ethnische

42 Vladimir Jabotinsky: Memoirs of a Contemporary. In: The Political and Social Philosophy (wie Anm. 34), S. 75.

43 Vladimir Jabotinsky: Der Judenstaat [Hebräisch, Tel Aviv 1936; Wien 1938]. In: Zionismus. Texte zu seiner Entwicklung. Hrsg. v. Julius H. Schoeps. 2. Aufl. Wiesbaden 1983, S. 265.

44 Micha Brumlik: Wann, wenn nicht jetzt? Versuch über die Gegenwart des Judentums. Berlin 2016, S. 73 f.

Gemeinschaften gibt, die mit völlig eigenartigem psychischen Apparat bedacht sind«, wobei Jabotinsky aber als »Faktum« hervorhebt, »daß die jüdische Gemeinschaft in dieser Hinsicht eine der eigenartigsten« sei.[45] Er bricht genau hier die Argumentation ab, es geht ihm nicht darum, dieses Eigenartigste näher zu begründen, sowenig wie es Herzl darum gegangen war, den Antisemitismus zu erklären. Zugleich betont Jabotinsky, die »negativen« Triebfedern der zionistischen Bewegung keineswegs zu vergessen: den Antisemitismus, die Pogrome, den wirtschaftlichen Druck.[46] Schon 1919 hatte er geschrieben: »Zionism ist the answer to the massacre of Jews. It is neither a moral consolation nor an intellectual exercise.«[47] Und ebenso vermag er, trotz jener inneren Panzerung durch ethnische Kategorien letztlich doch tief zu blicken, was die Triebkräfte des Antisemitismus betrifft – sobald er nämlich die politischen Aktionen des Feinds näher ins Auge fasst. So nimmt er das Pathologische am Judenhass gerade darin wahr, dass die Individuen das Objekt ihres Hasses, das sie vertreiben und vernichten wollen, zugleich existentiell benötigen und nicht verlieren dürfen. Daher erschien es Jabotinsky absurd, wenn von zionistischer Seite in irgendeiner Form mit den Nationalsozialisten verhandelt werden würde. Gerade bei denen, die doch die Juden in ihren Ländern und Städten nicht mehr haben wollten, gab es gleichzeitig nichts anderes als schiere »Unfähigkeit, die Bestrebungen des Zionismus und andere vergleichbare Aspirationen zu würdigen«. Und daraus leitete er die sich letztlich auch wirklich durchsetzende nationalsozialistische Palästina-Politik ab: »Logisch betrachtet müssten die Nazis eigentlich geneigt sein, jegliche Bewegung zu unterstützen, der es darum geht, die Juden aus Deutschland zu evakuieren. Doch, obwohl dies den Exodus nur behindern kann, haben sie in der Praxis mehr als jede andere Regierung unternommen, um in Palästina antijüdische Unruhen anzustiften. Würde man anstelle Palästinas Uganda, Angola oder Mindanao zur nationalen Heimstätte der Juden erklären, würden die Nazis dort allem Anschein nach ebenso verfahren. Der Sadismus möchte sein

45 Jabotinsky: Der Judenstaat (wie Anm. 43), S. 266.

46 »Ich anerkenne deren volle Bedeutung; ich räume ein, daß von den Anschlägen ihrer Kräfte auch der Intensitätsgrad ›des Auswanderungshungers‹ unter den jüdischen Massen abhängig ist. Dieser ›Emigrationshunger‹ ist offensichtlich ein wichtiges, überzeugendes und anschauliches Argument zugunsten des jüdischen Staates.« Ebd., S. 269.

47 Vladimir Jabotinsky in: Haaretz, 18. 12. 1919. In: The Political and Social Philosophy (wie Anm. 34), S. 6.

Opfer nicht verlieren. Der biblische Bericht über den Exodus ist die erste Darstellung dieser kuriosen Wechselwirkung zweier gegenläufiger Leidenschaften. Die eine will die verhasste Brut auslöschen, die andere ihren Auszug verhindern.«[48]

Aber auch mit dem Begriff der »ethnischen Gemeinschaft«[49] drückt Jabotinsky insofern etwas Wichtiges aus – etwas, worauf Herzl als unbewaffneter Gestor noch kein Augenmerk gelegt hat –, als er auf diese Weise betont, dass die Souveränität, die das Judentum braucht, nach innen hin eine Frage von Mehrheitsverhältnissen ist und bleiben muss, um die Juden nach außen hin schützen zu können. Über den jüdischen Staat schrieb er bereits 1923, seine Bedeutung liege in einer von ihm geschützten jüdischen Majorität: »Damit hat der Zionismus begonnen, und mit diesem Prinzip wird er weiterarbeiten, bis zu seiner Realisierung – oder er wird zum Scheitern verurteilt sein.«[50] Dafür steht Jabotinskys berühmt gewordener Begriff der »Iron Wall«: »The only way to unity is an Iron Wall, that is to say strengthening of a power in Eretz-Israel unapproachable to Arab influence; and that is just what the Arabs are fighting against.«[51]

Mit solchen Argumenten trat die revisionistische Bewegung für einen Staat auf beiden Seiten des Jordans, für eine starke Armee und für eine rasche jüdische Masseneinwanderung ein. Wenn das Ziel des Zionismus der Judenstaat ist, so verstehe der Revisionismus darunter, wie Richard Lichtheim, neben Jabotinsky einer seiner wichtigsten Proponenten, schreibt, »ein jüdisches Gemeinwesen zu beiden Seiten des Jordans, das auf der jüdischen Majorität im Lande festgegründet ruht. Jede Zielsetzung, die etwas anderes erstrebt, lehnen wir ab. … Wir brauchen Palästina für unser heimatloses Volk, die Araber verfügen rings um die Zentren ihrer ehemaligen Kultur über riesige ganz unentwickelte Gebiete. Wir sind imstande, die Umwandlung Palästinas zu beiden Seiten des Jordan in ein von mehreren Millionen Juden und vielleicht einer Million Arabern bewohntes modernes Kulturland zu vollziehen.«[52] Es handle sich insofern,

48 Vladimir Ze'ev Jabotinsky: Die jüdische Kriegsfront. In dieser Ausgabe: S. 55.

49 In dem hier vorliegenden Buch *Die jüdische Kriegsfront* passt sich Jabotinsky vielfach an die amerikanische Redeweise an und spricht von »race« und »races«.

50 Vladimir Jabotinsky: Ba-derech le-medina. Zit. n. Michael Brenner: Israel. Traum und Wirklichkeit des jüdischen Staates. Von Theodor Herzl bis heute. München 2016, S. 101.

51 Vladimir Jabotinsky: The Iron Wall [The Jewish Herald, 6 November 1937]. In: The Political and Social Philosophy (wie Anm. 34), S. 106.

52 Richard Lichtheim: Revisionismus [1931]. In: Zionismus. Texte zu seiner Entwicklung. Wiesbaden 1983, S. 262.

so Jabotinsky selbst, um den Vorgang einer »Kolonisation«, und es sei unvermeidlich und selbstverständlich, dass dieser Vorgang den palästinensischen Arabern »unannehmbar« erscheine, das alles liege »in der Natur der Dinge und die Natur der Dinge kann man unmöglich ändern«.[53] Jabotinsky wusste, so Michael Brenner, »dass der Judenstaat nicht ohne militärischen Einsatz zu etablieren war. Im Gegensatz zu Herzl und zu den Binationalisten des Brit Schalom war er sich sehr wohl des Widerstands von arabischer Seite bewusst. So stand für ihn, der bereits im Ersten Weltkrieg eine Jüdische Legion innerhalb der britischen Armee initiiert hatte, die Notwendigkeit einer jüdischen Armee außer Frage.«[54]

Es gehe eben nicht einfach um Kolonisation, sondern um eine Kolonisation, die durch politische Garantien zum jüdischen Staat hinführt. Wie schon Herzl wandte sich Jabotinsky gegen die Auffassung, dass sie von bloß privaten Initiativen statt von einem »nationalen Fonds« und einem politischen Gestor getragen werden könne. Darum erklärte er auch, die Bücher von Leo Pinsker und Herzl seien letztlich wichtiger gewesen als die Siedlungen von Bilu'im.[55] »Mass immigration is a question of governmental policiy, and to carry it into effect the systematic and positive assistance of the governement is required.«[56]

Anders als Herzl war er aber bereits mit den politischen Gegebenheiten vor Ort konfrontiert und schloss daraus, in welchem Maß der politische Prozess von der Organisierung politischer Gewalt abhängt: Bereits die Einwanderung der Juden müsse gegen den Willen der arabischen Bevölkerung durchgesetzt werden, darum brauche es paramilitärische Organisationen, welche die Juden schützen können und notwendig eine Provokation für die hegemoniale Macht darstellen müssen. Dieser in territorialen und militärischen Fragen eindeutigen Haltung gegenüber der arabischen Bevölkerung in Palästina entspricht aber auf der anderen Seite Jabotinskys Forderung nach gleichen religiösen und kulturellen Rechten für die im zukünftigen Staat lebende Minderheit der Araber – immer aber unter der Voraussetzung, dass es eine Minderheit bleiben muss. (Mit

53 Vladimir Jabotinsky: Die palästinensischen Araber [1936]. In: The Political and Social Philosophy (wie Anm. 34), S. 281.

54 Brenner: Israel (wie Anm. 50), S. 101.

55 Vladimir Jabotinsky: Etliche Brief Copien [1934]. In: The Political and Social Philosophy (wie Anm. 34), S. 14.

56 Vladimir Jabotinsky: What do the Zionist Revisionists Want? [1926]. In: The Political and Social Philosophy (wie Anm. 34), S. 11.

Autonomiekonzepten für nationale Minderheiten hatte er sich schon in seiner Dissertation anhand der Situation im Habsburgerreich beschäftigt.) Als flankierende Maßnahme wäre, wie er schließlich in seiner letzten Schrift *Die jüdische Kriegsfront* (*The Jewish War Front* bzw. *The War and the Jew* von 1940 bzw. 1942) ausführte, dem zukünftigen israelisch-jüdischen Präsidenten stets ein arabischer Vizepremier zur Seite zu stellen.[57] Juden und Araber sollen demnach proportional zu ihrer Bevölkerungsgröße die Ämter im Lande aufteilen; sowohl Hebräisch als auch Arabisch wären als Sprachen in Ämtern und Schulen anzuerkennen; jüdische und arabische Gemeinschaften firmierten als autonome Körperschaften vor dem Gesetz; diese wählten ihre eigene Abgeordnetenkammer, die das Recht besäße, im Rahmen der Autonomiebestimmungen Gesetze zu erlassen und Steuern einzufordern sowie eine jeweilige Exekutive zu ernennen, die der Abgeordnetenkammer Rechenschaft schuldete.[58] Dabei ist zu betonen, dass für Jabotinsky die Demokratie selbst, wie er sie in dieser späten Schrift – und im Unterschied zu früheren Äußerungen, die diese Frage offen lassen – für den neuen Staat als Vorbild erachtet, nicht auf den Rechten der Minderheiten, sondern auf denen des Individuums gründet, jene nur richtig verstanden und angewandt werden können, wenn diese Vorrang haben.

Über den Weg zu einem solchen Staat hatte Jabotinsky 1926 geschrieben: »Everything begins with a political struggle, around the Mount of Olives. This is the key to Zionism.«[59] Am Ölberg war in Jerusalem der Sitz der britischen Mandatsmacht, das heißt: der Kampf für den Staat ist mit und gegen den lokalen Hegemon zu führen. Und darum richtet sich noch und gerade die Schrift über *Die jüdische Kriegsfront* an die hegemoniale Macht, die inzwischen die neue Gestalt der westlichen Alliierten anzunehmen begann: Ihr Zweck sei es, so Jabotinsky, das »jüdische Problem« in die Kriegsziele der Alliierten aufzunehmen.[60] Mit dieser weitsichtigen Orientierung hing aber auch zusammen, dass er sich kurzsichtig gegen das 1933 unterzeichnete Transferabkommen mit Nazideutschland stellte, das *Ha'avara*-Abkommen, bei dem Chaim Arlosoroff von Ben Gurions

57 Vladimir Ze'ev Jabotinsky: Die jüdische Kriegsfront. In dieser Ausgabe: S. 168. Siehe hierzu Stephan Grigat: Persistenz des Antizionismus. In: sans phrase 9/2016; Brenner: Israel (wie Anm. 50), S. 104.

58 Siehe hierzu Brenner: Israel (wie Anm. 50), S. 104 f.

59 Vladimir Jabotinsky: Public Address in Haifa [1926]. In: The Political and Social Philosophy (wie Anm. 34), S. 12.

60 Zit. n. Brenner: Israel (wie Anm. 50), S. 104.

Arbeiterpartei *Mapai* federführend war und mit dem vielen Juden die Ausreise aus Nazideutschland ermöglicht werden konnte. (Anhänger von Jabotinsky wurden sogar beschuldigt, Arlosoroff ermordet zu haben.) Er begriff von Anfang an Nazideutschland als die größte Gefahr für das Judentum, die es ihm undenkbar erscheinen ließ, mit diesem Staat in irgendeiner Weise, auch nur vorübergehend, zu kooperieren. »Die Revisionisten befürchteten, daß durch dieses Abkommen die Boykottbewegung gegen Deutschland torpediert würde und verlangten, daß die zionistische Bewegung sich an die Spitze des weltweiten Kampfes gegen Deutschland stellte.«[61] Zugleich konnte Jabotinsky mit dieser Haltung demonstrieren, worin er völlig zurecht bestimmte Gruppierungen am Rande der revisionistischen Bewegung in die Irre gehen sah, die in ihrem Hass auf die Linke und den Bolschewismus die Nationalsozialisten verharmlosten und mit den faschistischen Bewegungen im übrigen Europa sympathisierten, sodass sie sogar an Hitler – vom Antisemitismus abgesehen – manches gut fanden. Er selbst, den seine Anhänger dazu drängten, die Rolle eines Führers zu übernehmen (die er aber schon deshalb nicht übernehmen konnte, weil er sich zu dieser Zeit nicht mehr in Palästina befand), lehnte eben auch den Faschismus italienischer Prägung ab, soweit er darin eine prinzipiell antiwestliche, antiliberale Ausrichtung erkannte,[62] er scheute aber – solange Mussolini noch nicht mit Hitler verbündet war – keineswegs davor zurück, den Briten anzudeuten, dass man unter bestimmten Umständen bereit wäre, lieber Italien als England in der Rolle der Mandatsmacht im Nahen Osten zu sehen und dementsprechend im Völkerbund

61 Orland: Israels Revisionisten (wie Anm. 37), S. 112.

62 »Notwithstanding my personal attitude towards Fascism, I can say that under the conditions of Jewish political reality, there is no place for Fascism. The essence of Fascism is based on the premise that the actions of every individual within society are subservient by compulsion to the State; and at the head of the State stands one leader who has the means of coercion and punishment. For the time being, the Jews have neither a state nor the means of coercion. All our organizations have voluntary membership. If someone, for any reason, is not pleased with one of its regulations, he is not forced to comply. He can leave whenever he so wishes. Conversely, someone may not be in agreement with a certain decision, but yet does not leave, it can mean only one thing. He has weighed all the pros and cons and decided to remain. Therefore, all our organizations are democratic. I would take it even one step further and state this it is not even a democracy, but rather a continuous referendum taking place every single minute by its ›subjects‹ who at that particular time and place belong to the association.« Reply to *Socialistichlesky Vostnik* [Hayarden, 3.10.1934]. In: The Political and Social Philosophy (wie Anm. 34), S. 65.

auftreten könnte;[63] oder davor, 1934 die Gründung der *Betar Naval Academy*, einer zionistischen Marineschule inmitten des faschistischen Italien zu befürworten und offiziell zu leiten, wo jüdische Kadetten aus ganz Europa, Palästina und Südafrika ausgebildet werden konnten. Dass diese Schule bereits 1938, vier Jahre nach ihrer Gründung wieder geschlossen wurde, als Mussolini die antijüdischen Gesetze erließ, wird ihn so wenig überrascht haben, wie er erstaunt darüber gewesen wäre, dass tatsächlich zukünftige Kommandeure der israelischen Marine aus ihr hervorgegangen sind.

Die mit dem Nationalsozialismus herannahende Katastrophe für das Judentum in Deutschland und Europa zwang in neuer, ungeahnter Weise dazu, die Situation in Palästina und den politischen Kampf dort im unmittelbarsten Zusammenhang mit der Lage in der Diaspora wie mit den internationalen Konflikten zu sehen. Darum waren für Jabotinsky die maximalen Forderungen von zionistischer Seite allein deshalb nötig, um die Weltöffentlichkeit und den westlichen Hegemon auf die Situation in Nazideutschland hinzustoßen, und eben darin kritisierte er die zurückhaltende und auf Kompromiss bedachte Politik der Zionistischen Organisation in den 1930er Jahren am schärfsten: »All the international conferences convened after Evian will remember that resolution of the Zionist Congress in Zurich. And they will remember something else too. At a time when Roosevelt called for a world conference and was certain that a mighty and united outcry would be heard from world Jewry – give us Eretz-Israel – it became abundantly clear that the Jewish and Zionist representatives

63 Orland: Israels Revisionisten (wie Anm. 37), S. 68. Ist es der heutigen Linken nicht mehr möglich, den Faschismusbegriff so einzusetzen, dass vom Kern des Nationalsozialismus geschwiegen werden kann, und muss sie also mittlerweile *nolens volens* von der Vernichtung der Juden in Deutschland sprechen, nutzt sie diesen Begriff immerhin noch dazu, über die gleichzeitige Bedrohung der Juden in Palästina hinwegzugehen. Enzo Traverso scheint dabei in der Rhetorik der Gleichsetzung unübertreffbar: »Der Antizionismus kann ein versteckter Antisemitismus sein, aber der Zionismus ist sicherlich nicht über jeden Verdacht erhaben. In seiner Geschichte kannte auch er seine eigenen faschistoiden Tendenzen. In den Dreißigerjahren wurde die Bewunderung für den Faschismus des Mufti von Jerusalem, Amin al-Husseini, vom ›revisionistischen‹ Zionisten Wladimir Zeev Jabotinsky geteilt, dessen Anhänger in Uniform paradierten. Bei beiden handelte es sich um ideologische Anleihen. Der nazistische Antisemitismus bot al-Husseini ein Argumentationsreservoir, mit dem er seinen panislamischen Antijudaismus rechtfertigen konnte; der Faschismus lieferte Jabotinsky das Modell eines radikalen Nationalismus. Der Erstere wollte ein islamistisches Palästina ohne Juden, der Letztere ein jüdisches Palästina ohne Araber.« (Enzo Traverso: Das Ende der jüdischen Moderne. Geschichte einer konservativen Wende. Hamburg 2017, S. 141 f.)

in fact do not want all of Eretz-Israel, do not demand all of Eretz-Israel. That was interpreted as a sign that matters are not so bad and that was why Roosevelt concluded that the tragedy was not so great.«[64]

Konnte dieses Insistieren auf maximalen Forderungen gar nicht besser begründet werden, so irrte Jabotinsky in seinem Kampf gegen jenes Transferabkommen von Arlosoroff. Wenn hier auf der einen Seite die Möglichkeit bestand, eine bestimmte Anzahl der unmittelbar Bedrohten in der Gegenwart zu retten und auf der anderen die Notwendigkeit, die Vernichtung abzuwehren, die den Juden insgesamt in naher Zukunft durch Deutschland drohte, so gilt zugleich die Einsicht, dass mit dem, was in der Gegenwart geschehen kann, nicht vollständig die Bedingungen des Handelns in der Zukunft festgelegt sind, da diese Bedingungen doch vom Verhalten anderer Akteure abhängig bleiben, die nicht vorauszusehen, nicht determiniert sind in dem Sinn, in dem das Ziel, die Juden zu vernichten, tatsächlich die nationalsozialistische Herrschaft determiniert hat. Der Eindruck entsteht, als würde Jabotinsky mit seiner strikten Ablehnung jenes Abkommens schon die tatsächliche Aussichtslosigkeit der Juden im Aufstand des Warschauer Ghettos antizipieren, schon in der letzten Strophe der von ihm geschriebenen Hymne von Betar heißt es: »To die or to conquer the hill – / Yodefet, Massada, Betar.«

Deterministisches Denken, wie es auch in Jabotinskys Ansichten über Ethnien beziehungsweise Rassen und deren Verhältnis zueinander immer wieder hervortritt, schlägt sich in umgekehrter Weise darin nieder, welche Bedeutung er offenbar der Notwendigkeit einer festgelegten Verfassung für den zu gründenden Staat geben wollte. Als Verfassung muss das Konzept, das er schließlich im letzten Kapitel der *Jüdischen Kriegsfront* entwarf, automatisch außer Acht lassen, welche Bedeutung der äußere Feind in Gestalt der umliegenden arabischen Staaten für die Einheit des neuen Staats der Juden annimmt, und das heißt in diesem Fall auch: in welchem Verhältnis die arabische Bevölkerung innerhalb dieses Staats zu jenem Feind steht. (Analog zur anti- oder postzionistischen Instrumentalisierung von Herzls *Altneuland* wird man darum womöglich auch einmal den Jabotinsky der *Jewish War Front* gegen den der *Iron Wall* ausspielen und sein Verfassungsmodell von 1940 zur Polemik gegen die israelische Politik nach dem Sechstagekrieg verwenden.) In gewisser Weise und im Gegensatz zu seiner sonst so klaren Sicht auf die Gewaltverhältnisse wird

64 Vladimir Jabotinsky: Address in Warsaw, 19 July 1938. In: The Political and Social Philosophy (wie Anm. 34), S. 100.

Jabotinsky hier von jener Aporie eingeholt – oder besser gesagt, von dem, was an ihr nicht antinomisch, was auf ihren beiden Seiten ohne inneren Widerspruch gedacht wird: auf der einen Seite (im Sinne des Trumpeldor-Zitats) vom Souverän aus das Verhalten der Bürger von der Funktion im Staat determiniert zu sehen; auf der anderen (im Sinne des Liberalismus des 19. Jahrhunderts) das Minimum an Freiheit, das die bürgerliche Gesellschaft geben kann, bereits als Gewähr für das friedliche Zusammenleben zu betrachten. Hier kehren die Ansichten wieder, die Hillel Halkin in seiner ausgezeichneten Biographie beim jungen Jabotinsky als die eines »Hobbesian democrat« bezeichnet, wobei diese Demokratisierung des Hobbesschen *Leviathan* sich gerade in bestimmten Illusionen äußert, die Jabotinsky mit den Völkerrechtstheorien des 19. Jahrhunderts teilt: »Despite *Homo Homini Lupus's* pessimism, he did not take an overly dim view of humanity. If nations, like individuals, were cruel and exploitative, this was because men were, not naturally evil, but naturally selfish in the promotion of their interests – and while human nature could not be changed, human interests could be. Within the framework of the state, this was achievable by the rule of law and a political system of checks and balances; between states, by an international order of free and independent peoples, each serving as a brake on the others. The wolf in man could be leashed by other men; the wolf in nations, by other nations. In adding one more state to the constellation of states, therefore, Zionism would not just be solving the Jewish problem. It would also be contributing to a multiplicity that, like the multiplicity of institutions in a society, prevented the over-concentration and abuse of power. Whichever ›came first‹, the individual, the nation, or humanity, all three needed each other.«[65]

Die wirkliche Verfassung des kommenden Staats sollte hingegen nicht unabhängig von dem geschaffen werden können, was eben Leo Strauss bei seiner Hobbes-Lektüre einmal als »Primat der Außenpolitik« bezeichnete.[66] In bestimmter Hinsicht gilt dieser Primat

65 Halkin: Jabotinsky (wie Anm. 32), S. 85.

66 Leo Strauss: Hobbes' politische Wissenschaft in ihrer Genesis [1935/1965]. Gesammelte Schriften. Bd. 3. Hobbes' politische Wissenschaft und zugehörige Schriften – Briefe. Hrsg. v. Heinrich und Wiebke Meier. Stuttgart; Weimar 2001, S. 183 f. Es handelt sich bei der Passage, die »the primacy of foreign policy« zum Gegenstand hat, charakteristischerweise um eine Passage, die Strauss für die englische Ausgabe von 1936 seiner ursprünglich deutsch geschriebenen Arbeit hinzugefügt hat (vgl. ebd., S. 774). Die Erkenntnis vom Primat der Außenpolitik bei Hobbes kann als erstes Zeichen der wenig später erfolgten offenen Parteinahme für Churchills Politik gelten.

für Israel in einem ungleich dramatischeren Sinn als für alle anderen Länder, da es doch immer zugleich als der Jude unter den Staaten bekämpft wurde und wird. Ihm trug schließlich auch der Umstand Rechnung, dass man auf eine geschriebene Verfassung verzichtete, so wie umgekehrt die nationalen Rechte und Pflichten der Araber dort einzuschränken waren und sind, wo es um die Essenz der Außenpolitik geht: bei der Aufnahme in die Armee. Bekanntlich werden arabische Israelis nicht verpflichtet, in ihr zu dienen, können aber darum ansuchen.

Zugleich zeigen sich hier ganz allgemein gewisse ideologische Grenzen des frühen Zionismus, soweit er wie in entsprechenden Überlegungen von Herzl oder Jabotinsky davon ausging, dass mit der Gründung des Staats Israel längerfristig nicht nur alle Juden in diesen Staat zögen und die Diaspora zu Ende ginge, sondern eben damit auch der Antisemitismus sukzessive zu verschwinden sich anschickte beziehungsweise nur noch das Dasein einer xenophobischen oder rassistischen Einstellung fristete, wie sie zwischen verschiedenen Nationen nun einmal unvermeidlich wäre. Beide ineinander greifenden Illusionen rühren daher, dass die Zionisten (fast gleichgültig, ob sie nun zum rechten oder linken Lager zählten) es zurecht nicht als ihre Aufgabe betrachteten, über jene Ursprünge des Antisemitismus aufzuklären, die ohnehin nur Kritik der politischen Ökonomie und Psychoanalyse sichtbar machen können. Es erstaunt darum in dieser Hinsicht nicht unbedingt, wie wenig sie damit rechnen konnten, dass die Beziehungen der Araber zu den Juden im jüdischen Staat sich anders darstellen würden als die jeder anderen Minderheit in jedem anderen Nationalstaat.[67]

67 So ist es auch irreführend, den Zionismus bloß als eine Ausprägung des Nationalismus unter anderen Nationalismen zu verstehen – und zwar irreführend nicht nur im denunziatorischen Sinn (Israel als Vorbild für rassistische Staaten), sondern auch im proisraelischen Verständnis (Israel als Musterstaat für den Westen). Um es mit Scholem auszudrücken: nur der Zionismus kennt die »Obertöne« des jüdischen Messianismus, die er auch nicht abstellen kann. Desto plumper der Versuch von Yoram Hazony, zionistische Argumente dafür zu verwenden, den Nationalismus ganz allgemein als Lösung in den gegenwärtigen Krisen zu propagieren. Als Äquivalent für die jüdische Religion in ihrem Verhältnis zum Zionismus gilt ihm für die westliche Staatenwelt eine »protestantische Struktur«, die sich von der katholischen eben darin unterscheide, dass sie nicht dem Nationalismus feindlich sei. In gewisser Weise knüpft der Autor damit zwar indirekt an Herzl und Jabotinsky an, doch nur an deren Illusionen, wonach der jüdische Staat ein Staat wie jeder andere sein könnte. Was diesen aber – kraft der Erfahrungen, die Israel als ›Jude unter den Staaten‹ machen musste – widerspricht, führt ein solcher Postzionismus der anderen Art, wie ihn Hazony bietet, allein darauf zurück, dass eben der

Es gehört nun aber zur Dialektik des Zionismus, dass Jabotinsky – und er war darin nicht der einzige Zionist – zu solchen Illusionen gerade dann Distanz gewinnen konnte, wenn er sich entweder auf die unmittelbaren Erfahrungen aus der jüdischen Geschichte oder auf die Religion, die aus solchen Erfahrungen hervorgegangen war, berief: Er schreibt 1931, dass kein Jude sich vorzustellen vermag, Erlösung könne darin bestehen, dass in Palästina ein Paradies für eine Minderheit erschaffen würde, während etwa in Europa die Massen weiterhin hungern und schmachten. »It is unacceptable to the Jewish mind, which is very ›programmatic‹ an practical – exactly in the way that we cannot accept the Christian concept of the ›Messiah‹; as if it were possible for a ›Messiah‹ to arrive and bring ›redemption‹ after which the world would resume to fight and hunger for another 1900 years and more. The Jewish perception of the Messiah is entirely different. He is in no hurry to come; and when he does, it will be over a period of time, much more difficult than beforehand. There will be ›Messianic agony‹; but upon his departure after finishing his work, there will be no more distress on earth. This is the only way that a Jew understands ›redemption‹ …«[68]

1937 wurde die Organisation Irgun gegründet (es gab bereits seit 1931 eine Vorläufer-Organisation als Abspaltung von der Hagana), um der mit dem neuen arabischen Aufstand ungleich gewachsenen Bedrohung aller Juden in Palästina, der Herr zu werden die britische Macht kaum etwas unternahm, mit Waffengewalt entgegenzutreten. Die seit den 1920er Jahren existierende Hagana erschien den Anhängern der Revisionisten in der Ausübung paramilitärischer Gewalt zu sehr den eigenen sozialistischen Konzepten und der fremden Mandatsmacht verpflichtet. Der ersten Welle der Attacken waren 1936 bereits 80 Juden zum Opfer gefallen, nachdem aber ein Jahr später in einer zweiten größeren Welle arabische Gruppen wieder begonnen hatten, überall im Land die jüdische Bevölkerung zu überfallen, zeigte man sich innerhalb der Irgun nunmehr bereit, mit Terroraktionen

Nationalismus in der Welt seit 1945 zu wenig als Tugend gegolten habe. Als deren Gegenbegriff firmieren die imperialistischen Untugenden, die Hazony nicht nur und zurecht im Nationalsozialismus, Bolschewismus und Islam am Werk sieht, sondern ebenso im Liberalismus beziehungsweise »Globalismus«, und damit – gegen Charles Krauthammer polemisierend – phasenweise auch in den USA, deren Bereitschaft, ihre Armeen in Europa zu stationieren, er für das heutige Appeasement ebenda verantwortlich machen möchte (Yoram Hazony: Nationalismus als Tugend. Graz 2020, S. 11 u. 48 f.).

68 Vladimir Jabotinsky: Immigration [1931]. In: The Political and Social Philosophy (wie Anm. 34), S. 7 f.

zu antworten. »The Irgun launched a campaign of fighting terror with terror, responding to the murder of innocent Jews with the murder of innocent Arabs. In the summer of 1938, when its offensive peaked, its bombs and bullets in Arab streets and marketplaces took nearly one hundred lives.«[69] Jabotinsky selbst, obwohl nominell Kommandant der Irgun, konnte allerdings auf diese Organisation nur wenig Einfluss geltend machen, da ihm seit 1930 die britische Mandatsmacht die Einreise nach Palästina verwehrte. Offiziell damit begründet, dass seine letzte Rede in Tel Aviv aufhetzend (»incendiary«) gewesen sei, demonstriert der damalige Erlass des High Comissioners of Palestine, wie die britische Macht Jabotinskys Anwesenheit in Palästina beurteilte, um ihr eigenes Versagen zu camouflieren. Dem Verfahren von 1930 waren ebenfalls Ausschreitungen der Araber vorangegangen, bei denen 133 Juden ermordet und 339 verletzt worden waren, wofür man ihn, die von ihm geleitete Jerusalemer Zeitung *Daily Mail* (*Do'ar ha-Yom*) und die Betar-Organisation verantwortlich machte: Weil sie gegen die Störung der betenden Juden an der Westmauer, der sogenannten Klagemauer, protestierten, hätten sie den Aufstand der Araber verursacht.

Seit Jahren in Europa lebend, wusste Jabotinsky also kaum Genaueres über konkrete Planung und Ausführung der Irgun-Attentate und reagierte zunächst auch ablehnend oder jedenfalls mit Unbehagen: »I see nothing heroic about shooting an Arab peasant in the back for bringing vegetables on his donkey to Tel Aviv.«[70] Doch schließlich, nachdem ein jüdischer Jugendlicher zum Tode verurteilt und hingerichtet worden war, weil er auf einen arabischen Bus geschossen hatte, ohne jemanden zu verletzen, rechtfertigte er sie, wenngleich oder weil er wusste: »The whole atmosphere is madness.«[71] So verglich er in einem Artikel für die Warschauer Zeitung *Hebrew Weekly* die Tötung unschuldiger Araber mit der Tötung unschuldiger Deutscher bei Bombenangriffen in einem Krieg, der noch gar nicht begonnen hatte, den er aber ebenso voraussah wie den Umstand, dass es die Deutschen sein sollten, die ihn beginnen und die ersten Luftangriffe auf London und Paris fliegen würden; und ließ vor einem polnisch-jüdischen Publikum dem Bericht darüber, dass die Juden sich nunmehr auch in den Straßen von Palästina nicht mehr zeigen könnten, ohne mit dem Schlimmsten rechnen zu

69 Halkin: Jabotinsky (wie Anm. 32), S. 208.
70 Zit. n. ebd., S. 209.
71 Zit. n. ebd.

müssen, die rhetorischen Fragen folgen: »Why, under such circumstances, should the Arabs stop what they're doing? ... Who doesn't understand that the greatest enemy of equality for Jews is he who says that the means used by the Arabs in their war against us must not be used by us against them?«[72] Hillel Halkin schreibt über diese Wendung in Jabotinskys Denken: »But Jabotinsky's questions were legitimate, too. If anti-terror terror had a deterrent value that could save even a single Jewish life, was it not defensible from a Jewish point of view? The moral calculus has yet to be invented that can deal with such equations. All that can be said is that, in the madness of the times, the commander-in-chief of the Irgun had chosen to ignore what the author of *The Five* had insisted on – that the ›moral equilibrium‹ of humanity rests on age-old inhibitions that, though they may retain their power when breached in practice, crumble to dust when challenged in theory. Kill an innocent peddler and you have but killed an innocent peddler. Ask ›But *why* should killing an innocent peddler be forbidden?‹ and nothing is forbidden any more.«[73] Es ist, als ob Jabotinskys Biograph damit die Unterscheidung in jenem Diktum aufgreifen würde, mit dem Benjamin in der *Einbahnstraße* an seine *Kritik der Gewalt* angeknüpft hat: »Die Tötung des Verbrechers kann sittlich sein – niemals ihre Legitimation«.[74] In diesem Fall müsste sie wohl lauten: Die Tötung Unschuldiger kann gerechtfertigt sein oder nicht – niemals ihre Legitimation. Etwas in diesem Sinn als gerechtfertigt zu bezeichnen – die Gerechtigkeit der bloßen Gegengewalt, also Rache –, ist deshalb keine Legitimation, weil zugleich die *madness* der Situation eingestanden wird, aus der es für den Einzelnen kein Entkommen gibt. Legitimation aber wäre bereits Leugnung jenes Wahnhaften, das als einziges Allgemeines, als Prinzip der Gerechtigkeit und der Gleichheit (»equality for Jews«, sagt Jabotinsky) und damit Maxime eines kategorischen Imperativs nur noch die Rache übriglässt, die nie wirklich unterschieden hat zwischen Individuum und Stamm.

Als einzige Möglichkeit aus diesem geschlossenen Kreislauf doch herauszuspringen, hat Jabotinsky –nicht anders als der Polisbürger Aischylos in seiner Konzeption der *Orestie* – eben die Staatsgründung begriffen. Anders als Aischylos, vielmehr in der Tradition der Propheten, musste er dabei – wie sich von der ersten Konzeption

72 Zit. n. ebd., S. 211.
73 Ebd.
74 Walter Benjamin: Einbahnstraße. Gesammelte Schriften. Bd. IV.1. Frankfurt am Main 1980, S. 138.

der *Iron Wall* bis zur *Jewish War Front* niederschlägt – eine besonders geartete Feindschaft gegenüber den Juden in Rechnung stellen. Wie verzweifelt aber die Lage in Palästina mittlerweile war und wie deutlich ihm zugleich die Notwendigkeit vor Augen trat, das Land für die großen Massen aller verfolgten und von der Vernichtung bedrohten Juden in Europa zu öffnen, zeigt sich daran, dass er eben zu dieser Zeit, also kurz vor Beginn des Zweiten Weltkriegs, zusammen mit der Irgun-Organisation eine Staatsgründung gewissermaßen auf eigene Faust und im Handstreich plante: Von Irgun-Leuten heimlich nach Palästina gebracht, sollte er einen Putsch leiten, bei dem Irgun die britischen Regierungsgebäude besetzt und der jüdische Staat ausgerufen wird. Für den durchaus ins Kalkül gezogenen Fall jedoch, dass der Aufstand niedergeschlagen würde, sollte er nach Europa zurückkehren und eine Exilregierung bilden.[75] Von Anfang an bekämpfte er allerdings eine Tendenz innerhalb der Irgun: So zentral für ihn die Bewaffnung des Gestors war, die Bewaffnung selbst durfte nicht an die Stelle des Gestors treten: Es bestand die Gefahr, dass die Frage, an welche hegemoniale Macht man sich zu wenden habe und wie das Freund-Feind-Verhältnis zu der einen mit dem zu der anderen Macht – hier das britische Mandatsregime, dort der Nationalsozialismus und seine Verbündeten – gegeneinander abzuwägen wären, nur noch militärisch betrachtet und entschieden würde. Für diese Tendenz stand Abraham Stern: »He and his associates defiantly disparaged the value of any Zionist ideology, of political thought and action: a nation and a homeland cannot be redeemed through writing books and articles, holding speeches or evolving political schemes they argued; *action directe* – a gun and a bomb – is the sole efficient instrument of a nation's struggle for liberation. This ›military Zionism‹ was developing into a determined opposition not only to the ›cultural Zionism‹ of Achad Haam and the minimalistic Zionism of Weizmann, but also to the political Greater Zionism of Jabotinsky. … Jabotinsky was also opposed to the Irgun's exclusive reliance on armed force. At a private gathering in Warsaw, he once heatedly said: ›In fact, their [Irgun's] philosophy is Weizmannism in reverse. Weizmann and his followers believe but in ›practical constructive work‹: one more dunam, one more cow, one more house. … To them, ›only thus‹ can Zionism be fulfilled. The Irgun leaders, too, have made ›only thus‹ their motto, substituting a rifle for the dunam-cow-house

75 Siehe Orland: Israels Revisionisten (wie Anm. 37), S. 207.

package. Both approaches are narrow-minded and wrong, because both are a-political.«[76]

Es war unvermeidlich, dass dieser Gegensatz innerhalb der Irgun mit dem Beginn des Zweiten Weltkriegs sich zuspitzte. Jabotinsky erklärte sich sogleich – nicht anders als Ben Gurion und Weizmann – für die Dauer dieses Kriegs England gegenüber loyal. Was er wenige Tage vor seinem Tod an Arye Altman, Leiter der *New Zionist Organization* in Palästina, schrieb, macht noch einmal deutlich, dass er nicht bereit war, die Situation in Palästina isoliert zu betrachten. Der Sieg über Nazideutschland galt ihm nunmehr – im Unterschied zu Stern – als die entscheidende Voraussetzung dafür, dass der jüdische Staat geschaffen werden konnte: »I dare say you must have many moments of bitter doubt: for the old ingrained peculiarities of the Colonial Office do not seem to have disappeared. I need not tell you to disregard them as long as humanly possible. When this crisis is over – happily and successfully over, I hope, all the atmosphere around us will be so different, all the contents of such terms as the League of Nations, Mandate, etc., will have so radically changed their implications, that hardly anything said or written during the crisis will have decisive value for the realities of the future. Other factors will decide this and other issues. It therefore seems to me that your best course is to help the British in the fight and to attach no undue importance to symbols or inferences.«[77]

Bereits vor dem Kriegsbeginn war es zu einer Annäherung an Ben Gurion gekommen, der sich seinerseits *nolens volens* Jabotinskys Positionen angeeignet hatte: »He had reached the conclusion that Jabotinsky had reached long before. Socialism could wait. A Jewish state able to save as many Jews as possible was the immediate priority – and it would have to be won by force of arms, no matter how great the odds against this were. The commanders of the Haganah were told to prepare for such an eventuality while stepping up the smuggling of Jewish immigrants into the country.«[78] Ein Bündnis von Irgun und Hagana für eine gemeinsame Front Ende 1938 scheiterte jedoch offenbar daran, dass Ben Gurion die Rückkehr der Revisionisten, die Auflösung ihrer Organisation, als Voraussetzung verlangte. Jabotinsky aber war nicht bereit, diese Unabhängigkeit aufzugeben, solange der neue Staat nicht geschaffen war, weil er wohl annahm,

76 Schechtman: Fighter and Prophet (wie Anm. 35), S. 456f.
77 Zit. n. ebd. S. 489.
78 Halkin: Jabotinsky (wie Anm. 32), S. 212.

gerade durch sie größeren Einfluss zu haben, sie voranzubringen. Wie nur wenige begriff er das ganze Ausmaß der unmittelbaren Gefahr, die der Kriegsbeginn für die Juden im Osten bedeutete, als deren Stimme er sich nicht zuletzt verstanden hatte, seit er die linken Zionisten kritisierte. Die Verzweiflung darüber hinderte ihn jedoch nicht, noch einmal von vorn zu beginnen und wie im Ersten Weltkrieg für die Aufstellung einer jüdischen Armee unter den Alliierten zu werben, offenbar erhoffte er sich eben davon die Gewinnung der staatlichen Einheit jenseits der alten, scheinbar unüberwindbaren Gräben innerhalb der Zionisten – wie um direkt dagegen anzukämpfen, dass diese staatliche Einheit erst möglich sein sollte, nachdem die Vernichtung der europäischen Juden zur Tatsache geworden wäre.

So erscheint das 1940, kurz nach seinem Tod, publizierte Buch *The Jewish War Front* wie die letzte Momentaufnahme des Zionismus vor der Shoah.

Renate Göllner

Auf der Suche nach der verlorenen Stadt – Jabotinskys Roman *Die Fünf*

Ich bin ein Sohn der Zeit, in der wir alles
hatten, … ich kenne Schmutz und Licht:
ihr Sohn bin ich, und lieb auch ihre Schatten,
ihr ganzes Gift lieb ich.

I

Es gab eine Zeit in der deutschsprachigen Öffentlichkeit, da wurde über Juden und Judentum lieber geschwiegen, um sich entweder nicht zu kompromittieren und als Antisemit bloßgestellt zu werden, oder auch um vermeintlich schlafende Hunde nicht zu wecken. Lieber sprach man von den Leistungen der Israelis in ihrem jungen Staat. Mit der erfolgreichen Vergangenheitsbewältigung hat sich gerade diese Verlegenheit vielfach auf die Zionisten und den Zionismus verschoben und trägt nun das ihre zu dem miserablen Wissensstand in Deutschland und in Österreich bei, wenn es um die Geschichte und die Vorgeschichte des Staats Israel geht. Geschrieben oder aus anderen Sprachen übersetzt, werden hier mit wenigen Ausnahmen letztlich nur Machwerke des Antizionismus (siehe etwa Enzo Traversos neues Buch *Das Ende der jüdischen Moderne*).

Kaum etwas kann diese Verschiebung besser illustrieren als die Publikations- und Rezeptionsgeschichte von Vladimir Jabotinskys Roman *Die Fünf*. Dass dieses Buch seit 2012 mit 75jähriger Verspätung – es war zum ersten Mal 1936 in Paris in einem russischen Verlag erschienen – endlich auch in deutscher Übersetzung vorliegt, ist der *Anderen Bibliothek* zu danken,[1] ebenso die darauf folgende Veröffentlichung einer neuen Übersetzung seines älteren Romans über die

1 Vladimir Jabotinsky: Die Fünf. Aus dem Russischen von Ganna-Maria Braungardt. Berlin 2012. Alle Zitate im Text stammen aus dieser Ausgabe. Joseph B. Schechtman, einer der Biographen Jabotinskys und dessen Weggefährte, schreibt, dass er mehrere Jahre an dem Roman schrieb und einige Kapitel bereits 1931 in einer Warschauer Zeitung erschienen waren. 1936 wurde das Buch zunächst in Paris, in russischer, 1947 dann posthum in hebräischer Sprache in Israel publiziert. Siehe Schechtman: Fighter and Prophet (wie Anm. 35 bei Scheit), S. 535.

biblische Figur des Simson: *Richter und Narr*.[2] Allerdings sucht man in diesen Bänden vergeblich nach einem Vor- oder Nachwort, das über diesen in der deutschsprachigen Öffentlichkeit so gut wie unbekannten Romanautor Auskunft geben würde. Bei der weithin positiven Resonanz im Feuilleton stößt man auf dieselbe Verlegenheit: Von Jabotinskys politischen Aktivitäten wird meist nur in Andeutungen gesprochen, die Möglichkeit, Roman und Politik nach Art des »seltsamen Falls von Dr. Jekyll und Mr. Hyde« darzustellen – einerseits der feinsinnige jüdische Romancier, andererseits der brutale zionistische Militarist –, wird offenbar vermieden, um sich eben nicht zu kompromittieren und wenigstens eine gewisse Distanz zum Antizionismus einzuhalten. (Erst in der Taschenbuchausgabe der *Fünf* 2017 im Aufbau-Verlag finden sich ein paar genauere politisch-biographische Hinweise als Klappentext, und sie weisen ein wenig in Richtung Dr. Jekyll und Mr. Hyde.)

Tatsächlich sind neben den beiden Romanen und abgesehen von Auszügen und Zitaten in Sammelbänden über den Zionismus meines Wissens seit seiner Broschüre *Der Judenstaat*, die 1938 in deutscher Übersetzung in Wien herauskam, keinerlei Schriften von Jabotinsky auf Deutsch erschienen. Daran wird auch der späte und überraschende Erfolg seiner beiden Romane vermutlich nur wenig ändern.

II

Jabotinsky, der zweisprachig, jiddisch und russisch aufwuchs, erwies sich als außerordentlich sprachbegabt, schrieb Prosa in acht und Lyrik in vier Sprachen, darunter Theaterstücke und Novellen; übersetzte Dante und Poe ins Hebräische und hebräische Dichtungen ins Russische. Neben Scholem Alejchem, Anna Achmatowa und Issak Babel zählt er zu den wichtigsten modernen Schriftstellern, die Odessa hervorgebracht hat. Sein Roman *Die Fünf* handelt von dieser Stadt.

Großgeworden in einer weitgehend assimilierten jüdischen Familie, erzählt Jabotinsky den gesellschaftlichen und politischen Nieder-

2 Vladimir Jabotinsky: Richter und Narr. Aus dem Russischen von Ganna-Maria Braungardt. Berlin 2013. Ursprünglich als Fortsetzung 1927 in einer russischsprachigen Zeitschrift in Paris publiziert, waren in deutscher Sprache vor 1933 bereits zwei verschiedene Übersetzungen des Romans erschienen, eine unter dem Titel: Philister über dir, Simson! Roman. Aus dem Russischen von Hans Ruoff. Weimar 1930.

gang des bürgerlich-jüdischen Odessas, während die *Geschichten aus Odessa*[3] von Isaak Babel – er ist als Sohn eines Händlers im jüdischen Viertel der Stadt, der Moldovanka[4], aufgewachsen – im Zeichen ostjüdischen Denkens und chassidischer Einflüsse stehen und von der anderen Seite der Stadt Auskunft geben; auch von der unbeschreiblichen Armut und der Halb- und Unterwelt mit ihren kleinen und großen ›Gaunern‹.

Kaum 16jährig begann Jabotinsky sich bereits als Feuilletonist der angesehenen liberalen Zeitung *Odesskaja Novostij* einen Namen zu machen. Nach dem Abitur studierte er mehrere Semester an der Universität Bern, in der Schweiz, wo sich wenige Jahre vor der russischen Revolution ganze Kolonien von Russinnen und Russen, unter ihnen so manche Revolutionäre aus dem Zarenreich, aufhielten. Bern, mit seiner deutschsprachigen Atmosphäre behagte ihm nicht sonderlich. Deutschland verkörperte für ihn »eine verhaßte Ordnung und Disziplin« und er entwickelte diesem Land gegenüber »eine gewisse Abneigung, die auch in späteren Jahren für seine Bewegung charakteristisch sein wird«.[5] So setzte er sein Studium anschließend in Rom fort und kehrte 21jährig als mittlerweile anerkannter Auslandskorrespondent nach Odessa zurück.

Odessa war um diese Zeit eine Hafenstadt von gleichsam babylonischer Vielfalt, die Jabotinskys selbst in seinem Roman mit Anleihen an die Bibel beschreibt.[6] Zehn verschiedene »Volksstämme« lebten hier nebeneinander, unter ihnen Armenier, Griechen, Polen, Russen, Deutsche und Ukrainer, »einer so pittoresk wie der andere, einer kurioser als der andere. Anfangs lachten sie über einander, dann lernten sie, auch über sich selbst zu lachen und über alles auf der Welt, sogar über das was wehtat, sogar über das was sie liebten. Allmählich schliffen sie ihre Bräuche aneinander ab, lernten ihre eigenen Altäre nicht mehr übermäßig ernst zu nehmen ...« Auf den Straßen waren hundert Sprachen zu hören, »das schönste Lied der Menschheit«. Von den knapp 400 000 Einwohnern waren ein Drittel Juden. Zwar existierte in der Vorstadt ein jüdisches Armenviertel,

3 Issak Babel: Geschichten aus Odessa. Autobiographische Erzählungen. Wien 1985.

4 Der Name Moldovanka geht auf die Ansiedlung der Moldawier zurück, die in diesem Viertel eine Bleibe fanden.

5 Orland: Israels Revisionisten (wie Anm. 37 bei Scheit), S. 10.

6 Der deutschen Übersetzerin Ganna-Maria Braungardt gelang es, wenigstens einen Eindruck von der Sprachenvielfalt zu geben, die in Odessa existierte und die das typische Odessaer Russisch prägte, mit all seinen sprachlichen Versatzstücken, Einsprengseln aus dem Jiddischen, Ukrainischen und Italienischen bis hin zum Deutschen.

doch lebte die Mehrzahl der jüdischen Bewohner über die ganze Stadt verstreut und war in gewisser Weise integriert. »Wenn ich die Augen zukneife … sehe ich noch heute … jenen großen Platz vor mir, ein Denkmal der edlen Architektur fremdländischer Meister des ersten Drittels des 19. Jahrhunderts und ein Zeugnis für die stille geschmackliche Eleganz der ersten Erbauer dieser Stadt – von de Ribas über Richelieu … bis hin zur gesamten Pioniergeneration von Negozianten und Schmugglern mit italienischen und griechischen Namen. … Der englische Club und etwas weiter weg die linke Fassade des Stadttheaters; das alles wurde zu unterschiedlichen Zeiten erbaut, aber stets mit gleicher Liebe zum fremdländischen, lateinischen und hellenistischen Genius dieser Stadt … Und gleich hier, direkt vor dem Haus der ›Literaturka‹ (das ebenfalls aussah wie ein Bruder der Villen, die ich in Siena gesehen habe), begann einer der Wege zum Hafen hinunter; an ruhigen Tagen roch es dort nach Pech, und das Echo der Speicherzüge drang herauf.«

Dank des ausgedehnten Handels mit Getreide und anderen Gütern war Mitte des 19. Jahrhunderts ein breites Bürgertum zu Wohlstand gelangt,[7] dem jedoch eine wachsende Zahl von Armen und Mittellosen gegenüberstand. Berühmt war diese kosmopolitische und europäische Stadt für ihre Leistungen auf dem Gebiet der Medizin, für ihre Architektur und ihre Theater, nicht zuletzt aber für jüdische Publizistik und Literatur: hier wurde 1860 die erste hebräischsprachige Zeitung (*Ha-Melitz*)[8] Russlands gedruckt. Die Emanzipation der Juden in Russland war wohl nirgendwo so weit fortgeschritten wie in dieser Metropole am Schwarzen Meer. Für einige Jahre gab es hier eine Atempause zwischen den judenfeindlichen Exzessen, von denen die Stadt bis 1905 weitgehend verschont blieb. Zugleich war Odessa eines der bedeutendsten Zentren jiddischer Kultur im Zarenreich, russischer Gründungsort der zionistischen Bewegung wie der jüdischen Arbeiterbewegung, also politischer Organisationen, deren Entstehung die Antwort war auf eine neue Welle von Pogromen, die die jüdische Bevölkerung in Angst und Schrecken versetzte und ihr ihre Macht- und Schutzlosigkeit vor Augen führte, schließlich auch dort, wo sie sich relativ sicher fühlte – wie in Odessa.

Tatsächlich fand unweit von Odessa, in Kishinev, der Hauptstadt von Bessarabien, das berüchtigtste Pogrom dieser Zeit statt, dem

7 http://ome-lexikon.uni-oldenburg.de/orte/odessa-odesa (letzter Zugriff: 21.9.2017).

8 Literal übersetzt: *Der Dolmetscher*, im modernen Hebräischen bedeutet das Wort eher Anwalt, Fürsprecher, Verteidiger, Vertreter, aber auch Verfechter. Siehe dazu: www.jewishencyclopedia.com/articles/7139-ha-meliz (letzter Zugriff: 26.9.2017).

bald darauf allerdings noch schlimmere folgten. Durch eine Ritualmordlegende ausgelöst, begannen am Ostersonntag 1903 die Ausschreitungen, als von einer *Partei der echt christlichen Arbeiter* Rache für den Tod eines jungen Mannes gefordert wurde. 47 Tote, darunter zwei Christen, und 500 Verletzte waren die Folge, fast ein Drittel der Häuser der Stadt waren zerstört oder beschädigt worden. Selbst die russischen Behörden waren vom Ausmaß der Verwüstung, vor allem aber auch von dem anschließenden Skandal, den das Pogrom auslöste, überrascht. In vielen der wichtigsten Zeitungen der westlichen Welt wurden erstmals die in Russland begangenen »Bestialitäten« beim Namen genannt und eine Protest-Petition von 317 Schriftstellern, unter ihnen auch Leo Tolstoi, fand große Aufmerksamkeit. Der Begriff Pogrom ist seit damals in allen Sprachen obligatorisch.[9]

Die Regierung Zar Nikolaus II. und vor allem dessen Behörden unterstützten den Antisemitismus, wo immer er sich förderlich für sie erweisen konnte und sich Gelegenheit dazu bot. In die Periode dieser Regentschaft fällt nicht nur das Pogrom in Kishinev, im gleichen Jahr wurden die *Protokolle der Weisen von Zion* gedruckt. »Die allgemeine Tendenz der Verwaltung bestand darin, die Juden um jeden Preis zu quälen, auch wenn man dabei das Gesetz verdrehen mußte.« Dies ermöglichte es der Behörde, den von ihnen Geduldeten noch mehr Geld abzupressen. »Die Polizei glaubte, bei der voll Mißgunst erfüllten Behandlung der Juden den Parolen der Regierung zu gehorchen und die sie betreffende Verfolgung sei nicht nur geduldet, sondern gewollt.«[10] Doch wie immer in solchen Fällen amalgamierte sich der Antisemitismus im Staatsapparat aufs Engste mit jenem der Bevölkerung: sämtliche sozialen Schichten haben sich an den Pogromen beteiligt; während die einen mordeten, plünderten die anderen, unter ihnen Kaufleute, Handwerker, Arbeiter, Bauern bis hin zu den freien Berufen.[11]

Für Jabotinsky bedeutete Kishinev die endgültige Hinwendung zum Zionismus. Er schloss sich der internationalen zionistischen Bewegung an und nahm am 6. Zionistischen Kongress in Basel 1903 teil, ebenso publizierte er mehrere Broschüren, worin er die Notwendigkeit eines zionistischen Staats hervorhob. Doch nicht nur mit diesem Anschluss an die zionistische Bewegung und mit

9 Léon Poliakov: Geschichte des Antisemitismus. Bd. 7. Zwischen Assimilation und »jüdischer Weltverschwörung«. Frankfurt am Main 1988, S. 150.

10 S. D. Urussow: Mémoires d'un gouverneur. Paris 1907, S. 51. Zit. n. Poliakov: Geschichte des Antisemitismus, Bd. 7 (wie Anm. 9), S. 139.

11 Poliakov: Geschichte des Antisemitismus, Bd. 7 (wie Anm. 9), S. 152.

journalistischer Arbeit reagierte Jabotinsky auf die neue Entfesselung der Gewalt gegen Juden, er setzte ihr auch unmittelbar etwas entgegen und beteiligte sich in Odessa an der kleinen Truppe *Haganazmit*, die ebenfalls 1903 zur Selbstverteidigung gegründet worden war und deren Wortführer er wurde. Um die Stadt vor möglichen Pogromen zu wappnen, wurden Gelder von wohlhabenden Juden gesammelt. So trat Jabotinsky mit dem vermögenden Geschäftsmann und späteren Bürgermeister von Tel Aviv Meir Dizengoff in Kontakt. Mit den Spenden wurden Waffen gekauft und weitere paramilitärische Einheiten organisiert.[12] Jabotinsky sammelte damit erste organisatorische Erfahrungen und Kenntnisse, die für seine weitere politische Entwicklung von großer Bedeutung werden sollten.

III

30 Jahre später schrieb Jabotinsky seinen Roman über diese Zeit in Odessa – den überwiegenden Teil wahrscheinlich in Paris, nachdem ihn die britische Mandatsmacht aus Palästina ausgewiesen hatte. Während dort 1936 ein neuer großer Aufstand der Araber begann und in Deutschland längst die systematische Verfolgung organisiert wurde, waren Jabotinsky, soviel er auch von Europa aus nach wie vor Einfluss zu nehmen suchte auf die Entwicklung in Palästina, die Hände gebunden. Auch innerhalb der von ihm gegründeten Verbände Betar und Irgun spürte er etwas wie eine Entfremdung. In einem Brief an seinen Freund Sioma Jacobi[13] kommt der Zwiespalt zum Ausdruck, in dem er seinen Roman *Die Fünf* zu schreiben begann: »The times are hard, old man. … Sometimes I begin to wonder – have I done wrong? A strange thing has happened: too much hatred has been created around me. … I would be happy to go back to our Paris apartment and devote myself to literature, but I can't allow myself to: many thousands want to follow me and their numbers grow daily.«[14]

12 Orland: Israels Revisionisten (wie Anm. 37 bei Scheit), S. 13.

13 Solomon (Sioma) Jacobi stammt aus Odessa und leitete zwischen 1934 und 1939 das Büro der Revisionisten in London. Mehr als 500 Briefe zeugen von der engen Freundschaft zwischen Jakobinsky und Jacobi. Siehe Rodney Benjamin; David Cebon: The Forgotten Zionist. The Life of Solomon (Sioma) Yankelevitsch Jacobi. Jerusalem; New York 2012.

14 Zit. n. Halkin: Jabotinsky (wie Anm. 32 bei Scheit), S. 185.

So viel an politischer Arbeit er nach wie vor auf sich nahm, so zahlreich die Artikel und Schriften waren, die er weiterhin verfasste und so viele Vorträge er gerade auch in diesen Jahren hielt, die Hinwendung zur literarischen Arbeit sollte dadurch nicht ausgeschlossen werden. Sie eröffnete ihm offenbar die Möglichkeit, sich der innersten Motive zu versichern: Rückbesinnung auf die Anfänge in Odessa.

Der Roman ist geschrieben wie ein langer Brief, der an den an Jacobi unmittelbar anzuknüpfen scheint. Ist seine Darstellungsweise auch aus dem Kontrast zu dem Hass, der Jabotinsky in der Gegenwart umgab, gewonnen, indem sie sich an ungeschmälerter Erfahrung eigener Kindheit orientiert, der Erzähler berichtet dennoch nicht von Jabotinskys eigener Familie, sondern von einer anderen, den Milgroms: Fünf Geschwister, deren Verschiedenheit kaum größer sein könnte, gehen aus dieser Familie hervor. »Aber eines ist sicher: Jene fünf sind mir nicht zufällig in Erinnerung geblieben; nicht nur weil ich Marussja und Serjosha sehr gern hatte und noch mehr ihre leichtsinnige, weise, leidgeprüfte Mutter – sondern weil in dieser Familie die ganze vorangegangene Epoche der jüdischen Russifizierung mit uns ihre – guten wie bösen – Rechnungen beglichen hat.«

Der jüngste in der Familie Milgrom, Serjosha, wird als »Wunderkind«, beschrieben, vielseitig begabt, in Musik, Literatur sowie mit einem Hang zu Karten-Trickspielen und nicht nur kleinen Gaunereien. »Im Grunde«, sagt sein Vater, Ignaz Albertowitsch, über ihn, »ist er ein Scharlatan; ich liebe Scharlatane«. Mutter Milgrom, die von der »Machtlosigkeit aller Mütter und Väter jener Generation des Umbruchs und Zusammenbruchs« überzeugt ist, ist sich gewiss, dass Erziehung eine weitgehend begrenzte, vor allem aber höchst undankbare Aufgabe ist: »Der letzte Mensch, auf den jemand hört, ist die eigene Mutter, oder der Vater, ganz egal. In jeder Generation wiederholt sich diese Tragödie, ... es ist immer das Gleiche: Was die Eltern predigen, haben die Kinder eines schönes Tages satt, und zugleich haben sie auch die Eltern satt. Danke, das will ich nicht haben.«

Neben Serjosha findet sich Torik, ein guter Schüler, der Geige spielt, viel liest, und in dessen Bücherregal Heinrich Graetz' *Geschichte der Juden* steht, übrigens das einzige Buch jüdischen Inhalts im ganzen Haus. Lika hingegen ist eine politische Rebellin, in deren Zimmer ein Porträt Ferdinand Lassalles hängt, stets ein wenig schlampig gekleidet, mit ruppigem Gebaren und mit abgekauten

Fingernägeln. Sie schließt sich einer Gruppe von Revolutionären an und muss ins Gefängnis, anschließend für zwei Jahre in die Verbannung. Marko ist überzeugter Nietzscheaner, hat gerade sein Abitur hinter sich, studiert in Petersburg Persisch und Sanskrit, kennt »sämtliche Unterschiede im Gottesverständnis von Judaismus und Christentum, vergleicht die Emanationen der Schechina mit der Idee der Dreifaltigkeit« und ist »überhaupt unerträglich tiefgründig«, ein treuer »Nichtsnutz«, wie ihn der Erzähler nennt.

Wenn Serjosha von sich sagt, seiner »eigentlichen Natur nach sei er weiblich, ein Schmetterlingsweibchen, geboren einzig zum Hätscheln, für das Vergnügen und übermütige Launen«, so ist er damit auch das Pendant zu Marussja, der Ältesten. Sie steht im Zentrum der Handlung – eine der bemerkenswertesten, sonderbarsten Frauengestalten der modernen russischen Literatur. Wenn der Erzähler euphorisch von »ihren gottlosen Ansichten über Herzensdinge« spricht, dann meint er ihre ständig wechselnden sexuellen Beziehungen. »Sie kniff die Augen zusammen, streckte sich und biss sich fest auf die Lippen – in diesem Augenblick hatte ihr Gesicht etwas Wölfisches oder Eichhörnchenhaftes, etwas Archaisches. ›Egal‹, flüstere sie, ›komme, was da wolle – ich werde tanzen.‹« Zuletzt jedoch glücklich zugleich und unglücklich verheiratet, wird sie sagen, dass sie zu den Seelen gehöre, »für die jenseits der Jugend kein Platz ist«. Ihre Jugend aber zeigt der Erzähler als ein unermüdliches Verführen der Anderen und in stets wechselnder Verliebtheit. Sie nachzuzeichnen bestimmt den Ton des Romans, der mit dem Wort endet, alles Gute, das es auf der Welt jetzt schon gebe, sei Zärtlichkeit.

Das Utopische liegt in diesem Ton. Darum widerspricht der Roman auch nicht dem Bilderverbot, verharmlost nicht die Bedrohung, die gerade dort unvermittelt auftritt, wo man sie gerade nicht erwartet. Denn gerade der Ton kann trügen, über das hinwegtäuschen, was in ihm gesagt wird. So äußert sich ein ukrainischer Operntenor zu dem Erzähler geradezu zärtlich: »Wir beide sind fortan unzertrennlich, Brüder fürs ganze Leben. Schade nur, dass die Leute noch vom Glauben reden: Der und der sei Russe, der und der Jude. Was macht das für einen Unterschied? Hauptsache die Seele ist gleich, wie bei uns beiden.« Und fügt dann hinzu: »Aber der X., bei dem ist es etwas anderes: Der hat eine jüdische Seele. Eine niederträchtige Seele …«

IV

Die Familienchronik neigt sich mit Beginn des Aufstands von 1905 ihrem Ende zu – als der berühmte Panzerkreuzer Potemkin der aufständischen Matrosen, die wegen der erbärmlichen und verdorbenen Versorgung zu meutern begonnen und das Schiff in ihre Gewalt gebracht hatten, im Hafen von Odessa vor Anker ging; als die Menschen auf die Straßen liefen, Schüsse durch die Stadt halten, am Hafen der Kornspeicher angezündet, und in einem Zelt unten am Hafen ein toter Matrose aufgebahrt wurde. Zwei Tage später marschierten bereits Truppen des Zaren durch die Stadt, um jene, die sich den Aufständischen angeschlossen hatten, zu überwältigen. Anders als die oftmals heldenhaft-revolutionäre Darstellung der Rebellion der Matrosen und der Bevölkerung gegen das verhasste Zarenregime, weiß Jabotinsky auch von ganz anderen, beklemmenden Szenen während des Aufstands zu berichten: Ein Bekannter, mit dem der Erzähler die jüdische Volkswehr organisiert hatte, suchte ihn damals tief verstört in der Nähe des Hafens auf: »Sagen Sie ihren Leuten: Die Lage ist brenzlig. Sie sollen die Knarren wieder ausgeben; denn wissen Sie, was die da unten (am Hafen) brüllen? Gegen die Juden brüllen sie – dass ihnen die Cholera das Gedärm zerreiße.« In Eisensteins berühmtem Film *Panzerkreuzer Potemkin* von 1925 war die antisemitische Gefahr zwar nicht ignoriert worden, aber sie erscheint durch die Idealisierung der Aufständischen verharmlost. Es ist hier ein einziger Mann, der in den Jubel der Revolutionäre hinein »Schlagt die Juden« schreit – und sofort stürzen sich die revolutionären Männer und Frauen auf ihn und begraben ihn unter ihren Schlägen. Damit ist das drohende Unheil gebannt.

Der Aufstand kündigt das Ende der Milgroms, der »sorglosen Familie« an. Aber er ist nicht die unmittelbare Ursache für ihr Unglück. Marko kommt ums Leben, als er einer Frau zu Hilfe eilt, von der glaubt, sie sei auf der zugefrorenen Newa im Eis versunken. Das Eis birst unter seinen Füßen und er ertrinkt. Serjosha, den unbeschwerten und haltlosen ›Scharlatan‹, trifft das Verhängnis während einer *mènage à trois* mit einem jungen Mädchen und deren Mutter, der Vater beziehungsweise Ehemann seiner beiden Geliebten schüttet ihm Säure ins Gesicht. Er erblindet und zieht sich gänzlich von allen Menschen zurück. Lika schließlich wird das düstere Leben einer Spionin führen.

Marussja, mittlerweile verheiratet und Mutter zweier kleinen Söhne, verbrennt in der eigenen Küche. Sie wärmt für den Jüngeren

Milch auf dem Petroleumkocher. Durch eine Unachtsamkeit fängt ihr Kleid Feuer und während sie versucht, sich den Kittel vom Leib zu zerren, nimmt sie aus Angst, ihr Kind könne ebenfalls in die Flammen geraten, einen Schrubber, fegt gleichsam den Kleinen zur Tür hinaus und schlägt die Tür hinter ihm zu. Der Wind, der durch das offene Fenster bläst, facht das Feuer an ihrem Kleid zusätzlich an und bald steht sie zur Gänze in Flammen. Die herbeigeeilten Nachbarn versuchen sofort in die Küche zu gelangen, die jedoch von innen versperrt ist. Marussja hat den Schlüssel abgezogen, um nur ja nicht hinauslaufen und sich in Sicherheit bringen zu können und damit womöglich den Kleinen, der schreiend vor der Türe sitzt, zu gefährden. Als die Türe endlich aufgebrochen wird, kommt jede Hilfe zu spät, der herbeigeeilte Arzt kann nur mehr ihren Tod feststellen.

Noch ehe der Erzähler über dieses Ende Marussjas berichtet, hat er mit einer eigenen Episode noch einmal deutlich gemacht, dass seine Verliebtheit im Verhältnis zu dieser Frau nicht zur sexuellen Erfüllung führte. Fast scheint es, als wäre das die Voraussetzung für seine Freiheit, ihre Freiheit in den sexuellen Beziehungen darzustellen. Dadurch aber wird die weibliche Figur zugleich in die Nähe einer Allegorie gerückt. Hillel Halkin vermutet sogar in seiner Biographie Jabotinskys, Marussja sei »a fictional projection of himself. A carefree young man of immense talent, he had not been forced to shoulder the burden of Zionist politics. But the Jewish house was on fire. Had it not been, he might have, like Torik, walked away from it with a clear conscience. As it was though, that was forbidden.« Und eine hebräische Schauspielerin erinnert sich an folgende Worte Jabotinskys: »I had two gates in me, one to my people and one to culture, literature, my writing. To keep it from hindering my work for the Jewish people, I locked the second gate with my own hands, took the key, and threw it as far into the depths as I could.«[15]

Nur Toriks weiteres Leben hat unmittelbar mit den politischen Ereignissen zu tun. Er wird zunächst als ein Mitglied jener jüdischen Selbstverteidigungsgruppe Haganazmit gezeigt, die ein kleines Waffenlager im jüdischen Viertel, der Moldowanka, anlegen. Das Ende des Romans handelt von seinem Entschluss, den entgegengesetzten Weg zu gehen: die Assimilation. Damit wird auch deutlich, dass die sorglose Familie der Milgroms in Wahrheit gar nicht assimiliert war, oder es handelte sich um einen Assimilationsprozess, der jede weitere Option offenließ. In einem Gespräch mit dem Erzähler legt Torik

15 Ebd., S. 189 f.

eine Art Geständnis ab und bittet ihn, mit seinem Vater zu reden. Er sei überzeugt, dass das jüdische Volk in alle Richtungen auseinander läuft und nie mehr zu sich selbst zurückkehren würde. Bund und Zionismus seien »klinisch betrachtet, ein und dasselbe. Der Bund ist die Vorbereitungsklasse, oder sagen wir die Volksschule: Er führt zum Zionismus. Ich glaube, es war Plechanow, der über den Bund gesagt hat, das seien ›Zionisten, die Angst vor der Seekrankheit haben‹. Der Zionismus hingegen ist schon eine Art vollwertiges Gymnasium. Er bereitet auf die Universität vor. Und diese ›Universität‹, wohin sie alle unbewusst streben und wo sie ankommen werden, heißt Assimilation. Eine allmähliche, lustlose, freudlose, meist sogar zunächst aber unausweichliche Assimilation mit Taufe, Mischehen und vollständiger Liquidierung der Rasse. Einen anderen Weg gibt es nicht.«

Der Erzähler kommentiert die Entscheidung nicht. Er hat ja mit diesem ganzen Roman einen sehr langen Brief im Jahr 1937 geschrieben und weiß, dass dem Empfänger bekannt ist, was in den letzten drei Jahrzehnten geschah.

Kurze Chronik zu Vladimir Ze'ev Jabotinskys Leben und Werk

1880 Vladimir Ze'ev Jabotinsky kommt in Odessa als 2. Kind einer jüdischen Familie auf die Welt. Der Vater, Yevgeni Grigorievitch Jabotinsky, ein Getreidehändler verstirbt, als der Sohn 6, seine Schwester 10 Jahre alt ist, worauf die Familie verarmt. Die Mutter, geborene Chava (Eva) Zak, eröffnet einen kleinen Laden und die Familie zieht in eine bescheidene Wohnung.

1898 bricht Jabotinsky das Gymnasium im Alter von 17 Jahren ab, nachdem ihm zugesagt wurde, als Korrespondent der Odessaer Lokalzeitung *Odesskiy Listok* arbeiten zu können; als Journalist hält er sich zunächst in Bern auf, wenig später wird er nach Rom geschickt. Hier belegt er verschiedene Vorlesungen, studiert unter anderem Philosophie, römisches Recht und politische Ökonomie, allerdings ohne einen Abschluss zu machen.

1901 Rückkehr nach Odessa, nachdem er ein großzügiges Angebot als festangestellter Korrespondent bei der liberalen Zeitung *Odesskaya Novosti* erhält, wo er Kolumnen und Feuilletons verfasst. Er schreibt für verschiedene Zeitungen und arbeitet als Übersetzer.

1902 Verhaftung nach einer Hausdursuchung durch die zaristische Polizei, weil er durch systemkritische Artikel und Kontakte zu Anarchisten und Revolutionären aufgefallen war. Nach 2 Monaten Haft kommt er wieder frei.

1903 Teilnahme am 6. Zionistischen Weltkongress in Basel, der unter dem Eindruck des Pogroms in Kishinev steht. Für Jabotinsky hatte dieses Pogrom den Ausschlag für die endgültige Hinwendung zum Zionismus gegeben. Es ist der letzte Kongress, an dem Theodor Herzl teilnimmt.

1907 Heirat mit Johanna (Anja) Gelperin, 3 Jahre später kommt der Sohn Eri zur Welt.

In den letzten Jahren vor dem Ersten Weltkrieg lebt Jabotinsky in Russland. Er beschäftigt sich mit Literatur und Übersetzungen ins Hebräische, bedeutend ist seine Übersetzung von Edgar Allen Poe's *Raven*. Politisch ist er damals nicht aktiv.

1914 hält sich Jabotinsky als Kriegsberichterstatter in Ägypten auf. Er plant eine jüdische Legion innerhalb der britischen Armee zu organisieren – gemeinsam mit Joseph Trumpeldor (einem mehrfach ausgezeichneten Angehörigen der russischen Armee und dem ersten Offizier jüdischer Herkunft), der in Russland die Bewegung der *Hechaluz* (Pioniere) gegründet hatte.

1917 gelingt gegen einigen Widerstand in England und nachdem die erste Einheit, das *Zion Mule Corps* 1916 wieder aufgelöst werden musste, die offizielle Gründung der Legion als Bataillone Nr.. 38 bis 41 der *Königlichen Füsiliere* (*Royal Fusiliers*) in der British Army. Jüdische Freiwillige aus Großbritannien, Russland, Kanada und den USA schließen sich ihr an, unter ihnen David Ben Gurion, Levi Eschkol, Berl Katznelson. Dem 38. Bataillon ist es zu danken, dass die Kämpfe zwischen dem 8. und 22. September 1918 zum Zusammenbruch der türkischen Armee in Palästina führen. In diesem Zusammenhang und in der Folge arbeitet Jabotinsky eng mit Chaim Weizmann in London zusammen.

Um die Jahreswende 1919/20 betreibt Jabotinsky mit anderen ehemaligen Angehörigen der Jüdischen Legion die Gründung einer Selbstverteidigungsorganisation in Palästina: die frühe *Hagana*, deren erster Kommandeur Jabotinsky mit Sitz in Jerusalem ist. Es folgen erste Zusammenstöße während einer religiösen Feier der Araber, in deren Verlauf 4 Tage lang pogromartige Überfälle auf Juden stattfinden. Im April wird Jabotinsky mit anderen Mitgliedern verhaftet und von einem britischen Militärgericht zu einer 15jährigen Gefängnisstrafe mit Zwangsarbeit in der Festung Akko verurteilt. Großer Druck von Seiten des Jischuvs veranlasst die Briten, ihn kurze Zeit später freizulassen. Im selben Jahr verlässt er Palästina.

1923 organisiert Jabotinsky in Riga, Lettland die zionistische Jugendorganisation *Beitar*; die Freiwilligen stammen zumeist aus den baltischen Staaten und Polen und setzten sich aus paramilitärischen Jugendgruppen zusammen. Der Name Beitar ist eine Abkürzung für »Brit Ha-Noar Ha-Ivri al shem Joseph Trumpeldor«, deutsch »Hebräischer Jugendbund Josef Trumpeldor«. Trumpeldor war 1920 bei der Verteidigung der exponierten jüdischen Siedlung Tel Chai ums Leben gekommen.

1923 erscheint der Essay *An Iron Wall* in russischer Sprache. Als Voraussetzung um Frieden mit den Arabern zu schließen, sieht Jabotinsky die unbedingte Notwendigkeit, einen starken jüdischen Staat zu errichten.

1924 Vortragsreise durch Deutschland, Österreich und der Tschechoslowakei, Aufenthalt in Wien. Die zionistische, schlagende Studentenverbindung *Unitas* läuft zu Jabotinskys Aktivisten über. Zusammentreffen mit Arthur Koestler, der ihn auf seiner Reise als Sekretär und Co-Redner in die Tschechoslowakei begleitet.

1925 Jabotinsky gründet in Paris mit seinen Anhängern die *Union der Zionisten-Revisionisten* (*Ha-Tzionim Ha-Revisonistim/Ha-Zohar*). Die revisionistische Organisation entstand als Folge der Kritik an der aktuellen Taktik und Strategie der zionistischen Bewegung, mit Revision ist die Rückkehr zu Herzls Zionismus gemeint. Im selben Jahr findet in Paris die erste Konferenz statt; ein Programm wird formuliert.

Ebenfalls 1925 findet im Wiener Konzerthaus der 14. Zionistische Kongress statt, an dem etwa 7000 Menschen, darunter auch die Revisionisten, teilnehmen. Er wird von militanten antisemitischen Protestmärschen und Ausschreitungen begleitet.

1927 erscheint Jabotinskys Roman über die biblische Figur Simson, zunächst in Fortsetzungen in einer russischsprachigen Zeitschrift in Paris; die deutsche Übersetzung von Hans Ruoff erscheint 1930 in Weimar unter dem Titel *Philister über dir, Simson!*

1928 Im November wird Jabotinsky Chefredakteur der Jerusalemer Tageszeitung *Doar Hayom*.

1930 verweigert die britische Mandatsmacht Jabotinsky die Einreise nach Palästina mit der offiziellen Begründung, er hätte bei seiner letzten Reise in Tel Aviv eine hetzerische Rede gehalten. Nach der Prager Konferenz (1930) wird das Zentralbüro der *Union* unter dem Vorsitz von Jabotinsky nach London verlegt.

1931 bei den Wahlen zum 17. Zionistischen Kongress verzeichnen die Revisionisten ihren größten Wahlerfolg.

1933 stellt sich Jabotinsky gegen das in diesem Jahr unterzeichnete Transferabkommen mit Nazideutschland, das bis 1939 in Kraft blieb. Dieses *Ha'avara*-Abkommen, das maßgeblich von Chaim Arlosoroff und Ben Gurions Arbeiterpartei Mapai ins Leben gerufen worden war, ermöglichte damals vielen Juden die Ausreise aus Deutschland. Die meisten Revisionisten vertraten die Auffassung, dass die zionistische Bewegung sich an die Spitze des Kampfes gegen Deutschland stellen sollte.

Im selben Jahr Ermordung Chaim Arlosoroffs am Strand von Tel Aviv. Revisionisten werden beschuldigt, ihn getötet zu haben.

1934 wird die *Betar Naval Academy*, eine zionistische Marineschule in Civitavecchia in Italien gegründet. Sie steht unter der Leitung von Jabotinsky und wurde mit Zustimmung von Benito Mussolini errichtet. Jüdische Kadetten aus ganz Europa, Palästina und Südafrika, unter ihnen zukünftige Kommandeure der israelischen Marine, werden dort ausgebildet. Sie wird 1938 geschlossen.

1936 erscheint Jabotinskys Roman über Odessa vor dem Ersten Weltkrieg in Paris: *Die Fünf*. (Deutschsprachige Erstausgabe 2012 in der *Anderen Bibliothek*.)

1936 wird in Palästina die Autobiographie Jabotinskys auf Hebräisch publiziert. (Englischsprachige Erstübersetzung 2014 *Story of My Life* in der Wyne State University Press, Detroit.)

1937 Gründung der Organisation *Irgun*. (Allerdings gab es bereits seit 1931 eine Vorläuferorganisation als Abspaltung von der Hagana). Angesichts der bedrohlichen Lage in Europa fordert Jabotinsky eine massenweise »Evakuierung« osteuropäischer Juden nach Palästina.

Im selben Jahr lehnt Jabotinsky in einer Rede vor der königlichen Kommission im Londoner *House of Lords* die Teilung Palästinas ab, und befindet sich mit dieser Position im Gegensatz zu Teilen der Linken, darunter *Brit Schalom* und *Ha-Schomer Haza'ir*, während es in der sozialistisch orientierten Kibbuzbewegung ebenfalls maßgebende Stimmen für ein ungeteiltes Land gibt.

1938 scheitert ein geplantes Bündnis zwischen Irgun und Hagana für eine gemeinsame Front, weil Ben Gurion die Auflösung der Revisionisten als Voraussetzung verlangte.

1939 Publikation des von den Briten herausgegebenen *Weißbuchs für Palästina*, mit dem die jüdische Einwanderung trotz der Situation der Juden in Europa massiv beschränkt wird (siehe hierzu Jabotinskys Bemerkungen im 12., 13. und 15. Kapitel des vorliegenden Buchs).

1940 Niederschrift des Buchs *The Jewish Warfront*, das noch im selben Jahr in London (bei George Allen and Unwin Ltd.) erscheint. Die zweite Ausgabe wird 1942 unter dem Titel *The War and the Jew* in New York (bei The Dial Press, Burton C. Hoffman) publiziert, mit einem Vorwort von Pierre van Paassen (*As I remember him*) und einem Nachwort von John Henry Patterson.

August 1940 stirbt Jabotinsky in New York an einem Herzinfarkt während seiner Aktivitäten zur Gründung einer jüdischen Legion. Seine Urne wird auf einem Friedhof in Long Island beigesetzt. Anja, seine Frau stirbt 1948.

1964 werden die sterblichen Überreste Jabotinskys und seiner Frau nach Israel gebracht. Jahrelang hatte sich Ben Gurion geweigert, dem ausdrücklichen Wunsch Jabotinskys nachzukommen, ein staatliches Dekret zu erlassen, auf Grund dessen er und seine

Frau in Israel begraben werden sollten. Erst Levy Eschkol kam als neuer israelischer Ministerpräsident dem Willen Jabotinskys nach und setzte sich für die Überstellung und das Grab auf dem Mount Herzl in Jerusalem ein, wo auch ein offizielles Begräbnis stattfand.

Auswahlbibliographie

Ausgaben der Schriften und Romane von Vladimir Ze'ev Jabotinsky

Altalena (Pseudonym): Feuilletons. Hrsg. v. Karl Baum. Mährisch Ostrau 1930.
Altalena (Pseudonym): Richter und Narr. Roman. München 1928; Philister über dir, Simson! Roman. Aus dem Russischen von Hans Ruoff. Weimar o.J. [1930]; Samson the Nazarite. London 1930; Richter und Narr. Roman. Aus dem Russischen von Ganna-Maria Baumgart. 2013 (Die Andere Bibliothek).
Der Judenstaat [Hebräisch Tel Aviv 1936; Wien 1938]. In: Zionismus. Texte zu seiner Entwicklung. Hrsg. v. Julius H. Schoeps. 2. Aufl. Wiesbaden 1983.
Die jüdische Legion im Weltkrieg. Berlin 1930; The Story of the Jewish Legion. New York 1945.
Die palästinensischen Araber [1936]. In: Zionismus. Texte zu seiner Entwicklung. Hg. v. Julius H. Schoeps. 2. Aufl. Wiesbaden 1983.
Vladimir Jabotinsky's Story of My Live [Hebräisch 1936]. Detroit 2016.
Die Fünf. Roman [Paris 1936]. Aus dem Russischen von Ganna-Maria Baumgart. Berlin 2012 (Die Andere Bibliothek).
The Jewish War Front. London 1940; The War and the Jew. With A Foreword by Pierre van Paassen and A Conclusion by Col. John Henry Patterson, D.S.O. New York 1942.
The Political and Social Philosophy of Ze'ev Jabotinsky. Selected Writings. Hrsg. v. Mordechai Sarig. Übersetzt von Shimshon Feder. London; Portland 2013.

Schriften über Vladimir Ze'ev Jabotinsky und den Zionismus

Benjamin, Rodney; Cebon, David: The Forgotten Zionist. The Life of Solomon (Sioma) Yankelevitsch Jacobi. Jerusalem; New York 2012.

Brenner, Michael: Israel. Traum und Wirklichkeit des jüdischen Staates. Von Theodor Herzl bis heute. München 2016.
Giloni, Moshe: Zeev Jabotinsky – Statesman, Soldier, Man of Vision. New York 1974.
Göllner, Renate: Auf der Suche nach der verlorenen Stadt – Jabotinskys Roman Die Fünf. In: sans phrase 11/2017, S. 214–222.
Halkin, Hillel: Zionism's Dark Star. Reassassing Jabotinsky's Vision. Washington 1997.
Halkin, Hillel: Jabotinsky. A Live. New Haven; London 2014.
Horowitz, Brian: Principle or Expediency: Vladimir Jabotinsky's Displays of Violence and the Construction of His Leadership. In: Jahrbuch des Simon-Dubnow-Instituts/Simon Dubnow Institute Yearbook XV/2016. Hrsg. v. Raphael Gross. Göttingen 2017, S. 15–32
Horowitz, Brian J.: Vladimir Jabotinsky's Russian Years, 1900–1925. Bloomington 2020.
Kaplan, Eran: The Jewish Radical Right. Revisionist Zionism and its Ideological Legacy. Wisconsin 2005.
Kaplan, Eran: Altalena. In: Dan Diner (Hg.): Enzyklopädie jüdischer Geschichte und Kultur (EJGK). Band 1: A–Cl. Stuttgart; Weimar 2011, S. 50–55.
Katz, Shmuel: Lone Wolf. A Biography of Vladimir (Ze'ev) Jabotinsky. 2 Volumes. New York 1995.
Koestler, Arthur: Als Zeuge der Zeit. Das Abenteuer meines Lebens. München 1983.
Kreppel, Jonas: Juden und Judentum von heute. Zürich, Wien und Leipzig 1925.
Lichtheim, Richard: Revisionismus (1931). In: Zionismus. Texte zu seiner Entwicklung. Hrsg. v. Julius H. Schoeps. Wiesbaden 1983.
Paassen, Pierre van: Vladimir Jabotinsky – A Reminiscense. New York 1958.
Orland, Nachum: Israels Revisionisten. Die geistigen Väter Menachim Begins. München 1978.
Reinharz, Yehuda; Shavit, Yaacov: The Road to September 1939. Zionists, Polish Jews, and the Yishuv on the Eve of World War II [Hebräisch 2013]. Waltham 2018.
Schechtman, Joseph B.: Rebel and Statesman. The Vladimir Jabotinsky Story. The Early Years. New York 1956.
Schechtman, Joseph B.: Fighter and Prophet. The Vladimir Jabotinsky Story. The Last Years. New York 1961.

Scheit, Gerhard: Die Bewaffnung des Gestors. Von Theodor Herzl zu Vladimir Jabotinsky. In: sans phrase 11/2017, S. 223–245.

Schoeps, Julius H. (Hg.): Zionismus. Texte zu seiner Entwicklung. 2. Aufl. Wiesbaden 1983.

Shavit, Yaakov: Jabotinsky and the Revisionist Movement 1925–1948. Abingdon (Oxon) 1988.

Weizmann, Chaim: Reden und Aufsätze 1901–1936. Hrsg. v. Gustav Krojanker. Tel Aviv 1937.

Weisl, Wolfgang von: Der Weg eines österreichischen Zionisten vom Untergang der Habsburgermonarchie zur Gründung des Staates Israel. Hsrg. v. Dietmar Goltschnigg. Wien 2019.

Zouplna, Jan: The Evolution of a Concept: The Relationship Between State and Religion in the Thought of Vladimir Jabotinsky, 1919–1940. In: Journal of Modern Jewish Studies 4/2005/3, S. 13–31.

Zouplna, Jan: Vladimir Jabotinsky and the Split within the Revisionist Union: From the Boulogne Agreement to the Katowice Putsch, 1931–33. In: Journal of Israeli History 24/2005/1, S. 35–63.